Herrn

Prof. Dr. Werner Abraham

mit freundlicher Empfehlung

und erquicklichen Grüßen

Richard Schulz

Minden in Westfalen

1986-02-22

Richard Schultz

Richard Schulz

Mein geliebtes Esperanto

Mia amata Esperanto

Wege zum Verständnis und zur Praxis der Internationalen Sprache

Bleicher Verlag

CIP-Kurztitelaufnahme der Deutschen Bibliothek

Schulz Richard:
Mein geliebtes Esperanto : Wege zum Verständnis u. zur Praxis d. internat. Sprache = Mia amata Esperanto / Richard Schulz. - 3. Aufl. - Gerlingen-Stuttgart : Bleicher, 1984.
(Aktuelles Taschenbuch)
ISBN 3-88350-012-7

1. Auflage 1976, 2. neu durchgesehene Auflage 1978,
3. überarbeitete und erweiterte Auflage 1984
Autorenfoto: Atelier Pfleiderer, 4950 Minden
Umschlag: Hans Schultz-Severin, Stuttgart
Satz und Druck: Maisch + Queck, 7016 Gerlingen
Bindearbeiten: Dollinger + Sohn, 7418 Metzingen
ISBN: 3-88350-012-7

GEWIDMET

in großer Dankbarkeit für die Förderung und Bereicherung, die mit mir Tausende anderer Esperantisten durch die Lektüre seiner Bücher und durch die persönliche Begegnung mit ihm erfahren haben

HERRN DR. IVO LAPENNA

nicht dem Professor für vergleichendes sowjetisches und osteuropäisches Recht an der Universität London, nicht dem verdienstvollen Vorkämpfer für die Überwindung sprachlicher Diskriminierung und nicht dem seinerzeit unermüdlichen jahrzehntelangen Förderer des Esperanto-Weltbundes als Vorstandsmitglied, Generalsekretär, Präsident, sondern

DEM MENSCHEN.

Erstes Kapitel / *Unua ĉapitro*

Ein Zahlenkode / *Numerala kodo*

Sie lesen in der Zeitung den Namen des birmanischen Politikers U Nu. Vermutlich kennen Sie die einsilbige Sprache der Birmanen mit ihren vielen Dialekten genau so wenig wie ich. Was werden wir also tun? Wir sprechen diesen Namen so aus, wie uns der Schnabel gewachsen ist. Wir sprechen also den Vokal „U“ und dann die Silbe „Nu“, als sagten wir „im Nu“ im Sinne von „blitzschnell“. Wahrscheinlich ist das sogar richtig. Aber ich weiß es nicht. Wohl aber weiß ich, daß wir *„unu“*, als ein Wort und kleingeschrieben, richtig aussprechen, wenn wir das Esperantowort für „eins“ meinen. Haben wir uns bei U Nu einer gewissen schwebenden Betonung bedient, indem wir beide Silben mit etwa dem gleichen Nachdruck und einer kleinen Pause zwischen ihnen sprachen, so werden wir „unu“ kaum bewußt und wie selbstverständlich, und damit sogar richtig, auf der ersten oder, wie wir lieber sagen wollen, auf der vorletzten Silbe betont und, ohne zwischen den Silben abzusetzen, ausgesprochen haben. So einfach ist *Esperanto*. Wir haben bereits eine Menge gelernt. Wiederholen wir: Das Zahlwort „ein, eins“ heißt auf Esperanto *unu*, und dieses Wort wird wie a l l e Esperantowörter auf der vorletzten Silbe betont.
Es mag vorkommen, daß wir gelegentlich allen Verkehrsmitteln, einschließlich dem eigenen PKW, entronnen, munter ausholend, unsere Straße ziehen und, uns selbst anfeuernd, uns innerlich zurufen: „Links-rechts, links-rechts, eins-zwei, eins-zwei, *unu-du, unu-du, . . .* “ Ja, da bin ich, sehr zielstrebig, nicht nolens, sondern volens, wieder ins *Esperanto* geraten. „Zwei“ heißt auf Esperanto *du*, geradeso wie wir unsern Duzbruder anreden, mit dem wir ein Duett singen wollen, was zu einem höchst vergnüglichen Zweikampf, einem Duell nämlich, ausarten kann.
Aller guten Dinge aber sind drei, *unu - du - tri* und keine Hexerei. Das schlucken Sie wahrscheinlich schon widerstandslos. Sei es, daß ein Trifolium, dazu müßte es allerdings ein überzähliges Blatt gehabt haben, Ihnen schon einmal Glück gebracht hat, sei es, daß Sie als Geologe schon einmal in die unterste Formation des Mesozoikums, in die Trias, hinabgestiegen sind oder daß Sie als Musiker an einer Trias Gefallen ge-

funden oder ein Triangel bedient haben, sei es, daß Sie vor einem Triennium, vor drei Jahren also, in einem Museum eine Triere, ein Schiff mit drei übereinanderliegenden Ruderbänken bewundert haben. Sie brauchen nicht einmal ein Trinitarier zu sein, um in dieser Silbe „tri" eine alte Bekannte wiederzufinden, denn sie kommt in zahlreichen Fremdwörtern unserer Sprache vor. Aller guten Dinge sind drei, *unu - du - tri* und keine Hexerei!

Das Quartett, welches Wort, Sie wissen es, ein Musikstück für vier Stimmen oder vier Instrumente bezeichnet, liefert uns das Esperantowort für „vier", nämlich *kvar.* Sprechen Sie dieses Wort trotz der anderen Schreibweise getrost so aus wie die erste Silbe in Quartett. *Unu - du - tri - kvar.* Die historisch zwar erklärlichen und in ihrer orthographischen Entwicklung verständlichen, aber doch in der Praxis des täglichen Lebens unbequemen, verschiedenen Schreibweisen für den Laut „k" (man vergleiche etwa Kranich, Hack, Chlor, Computer, Quartett, Achse, Xanten) läßt das Esperanto als lästige Pütschereien fallen. Wenn „k" gesprochen wird, wird auch „k" geschrieben. Es ist ein durchgehendes Prinzip des *Esperanto,* daß ein jeder Laut nur durch ein einziges graphisches Zeichen wiedergegeben wird, und jedes graphische Zeichen (Buchstabe) als immer der gleiche Laut zu lesen ist. Das *Esperanto* hat eine phonetische Orthographie. So deutet das *kvar* zugleich darauf hin, daß der Laut „w" (wie in Welt, Valuta) immer durch den Buchstaben „v" wiedergegeben wird. Wir wiederholen: *unu - du - tri - kvar.*

Wer fechtet oder musiziert, weiß, was eine Quint oder Quinte ist. Und die Älteren unter uns wissen, falls sie ein Gymnasium besucht haben, spätestens seit der Quinta, was es mit ihr auf sich hat. Und selbst „the man in the street" dürfte wissen, daß ein Quintett ein Musikstück für fünf Stimmen oder fünf Instrumente ist und daß auch die fünf Leute, die dieses Musikstück vortragen, so genannt werden. Jetzt zählen wir bereits bis fünf, *unu - du - tri - kvar - kvin,* und sprechen dabei *kvin* genau so wie die erste Silbe in Quintett. Bis fünf zu zählen ist eine ganz tüchtige kulturelle Leistung. Zu ihr haben es, wenn ich richtig unterrichtet bin, einige primitive Völker nicht gebracht. Wir aber vermögen es sogar auf Esperanto: *unu - du - tri - kvar - kvin . . . unu - du - tri - kvar - kvin . . .*

Basteln Sie nun bitte nicht als Anfänger und ohne Führung

allein am *Esperanto* weiter! Kommen Sie mir, der ich Ihnen mit Quartett und Quintett gekommen bin, nun bitte nicht mit Sextett! So sexbesessen ist das *Esperanto* nicht! Zwar kennt es für Geschlecht das Wort *sekso* (alle Substantive des *Esperanto* haben die Endung *-o;* das ist ihr Kennzeichen), denn es vermeidet den Buchstaben „x", der ja durch *k+s* seine genaue Entsprechung findet, aber für das Zahlwort „sechs" begnügt es sich mit der Vereinfachung zu *ses.* Dabei müssen wir aber hinsichtlich der Aussprache sehr achthaben. Hier wird zum erstenmal etwas von uns verlangt, das uns sehr gegen den Strich und die Gewohnheit geht. Das anlautende *s* in *ses* wird nämlich genauso scharf (stimmlos) gezischt wie das auslautende. Im *Esperanto* ist *s* immer, gleichviel, ob es am Anfang, im Innern oder am Ende eines Wortes steht, zu sprechen wie unser „ß" oder „ss". Wir ergänzen und wiederholen: *unu - du - tri - kvar - kvin - ses . . .* und rückwärts: *ses - kvin - kvar - tri - du - unu.*
Das römische Jahr begann mit dem Monat März. Der von den Römern als September bezeichnete Monat war für sie somit nicht der neunte, sondern der siebente, gemäß der lateinischen Zahl „septem" für „sieben". Das *Esperanto* läßt die zweite Silbe einfach weg und begnügt sich für das Zahlwort „sieben" mit *sep.* Diese Einsilbigkeit, die ja bis auf *unu,* wie wir gesehen haben, auch die anderen Grundzahlen aufweisen, tut der Verständlichkeit keinen Abbruch. Auch das Französische begnügt sich für „sieben" mit dem einsilbigen Zahlwort „sept", in dem obendrein das „p" verstummt ist. Wem sie bekannt sind, der mag an folgenden Fremdwörtern eine Gedächtnisstütze finden: Septim oder Septime, Septimenakkord, Septima, Septuagesima, Septuaginta. In ihnen ist immer irgendein Zusammenhang mit „sieben" gegeben. Wir beachten wieder die stimmlose (scharfe) Aussprache des *s* und klettern unsere Zahlenleiter nochmals zurück und wieder aufwärts: *sep - ses - kvin - kvar - tri - du - unu . . . unu - du - tri - kvar - kvin - ses - sep.*

War der September einst der siebente, so war folgerichtig der Oktober einst der achte Monat des Jahres. Aber nicht nur er, sondern auch die Oktave, die den achten Ton vom Grundton an bedeutet, und eine große Reihe anderer Fremdwörter, unter ihnen nicht zuletzt der Oktopode, der achtfüßige Tintenfisch, liefern uns die Silbe *ok* und damit das Esperantowort für „acht". Haben Sie sie noch alle im Kopf? *ok - sep - ses - kvin -*

kvar - tri - du - unu . . . und wieder aufwärts: *unu - du - tri - kvar - kvin - ses - sep - ok.* Haben Sie *s* von *sep* und *ses* auch nicht etwa sanft gesäuseltl, sondern vielmehr wie im Potsdamer Schloß „Sanssouci“ scharf gezischt?
Große Hemmungen habe ich, Sie mit der Vokabel für „neun“ bekannt zu machen. Sie lautet weder „nov“ noch „non“, wie man von November oder von der None her erwarten könnte, und keinerlei Fremdwort bietet sich an als Eselsbrücke für das ungewöhnliche *naŭ.* Wir sprechen das Wörtchen wie die erste Silbe in den Wörtern „Nautik“ oder „(Bad) Nauheim“ und rekapitulieren gleich anschließend: *naŭ - ok - sep - ses - kvin - kvar - tri - du - unu* . . . und . . . *unu - du - tri - kvar - kvin - ses - sep - ok - naŭ.* Der U-Haken bedeutet, daß das Wort nicht zweisilbig (na-u) zu sprechen ist, sondern daß sich das *ŭ* an das *a* anlehnt.
Die jungen Gardeoffiziere, die 1825 in Petersburg im Dezember einen Aufstand anzettelten, werden nach diesem Monat, der russisch „dekabr“ heißt, Dekabristen genannt, und daß der Dezember im römischen Jahr der zehnte Monat war, überrascht uns schon nicht mehr. Wir können also mit dem Zahlwort *dek* für „zehn“ die erste Dekade unserer Esperantozahlen abschließen, werden als gute Christen den Dekalog, nämlich die zehn Gebote, beachten und nebenbei, falls wir es nicht schon wußten, zur Kenntnis nehmen, daß ein Dekapode ein Zehnfußkrebs ist. Auch gilt (wie beruhigend!) auch für *Esperanto* das Dezimalsystem, wie wir gleich sehen werden. **Vorerst aber zählen wir (nun endlich!) bis zehn:** *unu - du - tri - kvar - kvin - ses - sep - ok - naŭ - dek* . . . und rückwärts: *dek - naŭ - ok - sep - ses - kvin - kvar - tri - du - unu.*
Wir beherrschen *dek* Esperantovokabeln. Wir können bis *dek* zählen. Und jetzt werden wir unseren neuerworbenen Sprachschatz im Handumdrehen auf neunundneunzig Vokabeln erweitern. Wenn wir zu *dek unu* dazusetzen, haben wir *dek unu* (11), setzen wir *du* dazu, gibt es *dek du* (12). Und so geht es weiter: *dek tri, dek kvar, dek kvin, dek ses, dek sep, dek ok, dek naŭ* (13 bis 19). Zehn und zehn aber ist doch soviel wie zwei Zehn, auch wenn wir es vorziehen, „zwanzig“ dafür zu sagen: *dek + dek = dudek.* Und so geht es weiter zum andernmal: *dek + dek + dek* oder *dudek + dek = tridek* (30). Die folgenden Zehner können Sie sich bereits unschwer selber bilden: *kvardek* (40), *kvindek* (50), *sesdek* (60), *sepdek* (70), *okdek* (80) und *naŭdek*

(90). So wie wir zwischen *dek* und *dudek* verfahren sind, verfahren wir auch zwischen den anderen Zehnern, z. B. *dudek unu* (21), *tridek du* (32), *kvardek tri* (43), *kvindek kvar* (54), *sesdek kvin* (65), *sepdek ses* (76), *okdek sep* (87), *naŭdek ok* (98) und *naŭdek naŭ* (99).
Ist Ihnen aufgefallen, daß sich das *Esperanto* bei der Zahlenbildung an die Reihenfolge der geschriebenen Ziffern hält? Wir schreiben z. B. bei dreiundzwanzig erst die 2 (für 20) und dann die 3, also 23, lesen aber erst die 3 und dann die 2. Das ist im Deutschen unstreitig eine Schwierigkeit, für manche Ausländer verwirrend. Wir selbst bemerken sie kaum, da wir uns an sie gewöhnt haben. Sie ist aber dennoch die Ursache mancher Mißverständnisse, nicht zuletzt beim Bedienen der Lochscheibe des Telefons, wo sie leicht zum „Sichverdrehen" und falschen Verbindungen führt. Andere Sprachen, denen das *Esperanto* hierin folgt, z. B. das Englische (twenty-three), kennen diese Schwierigkeit nicht. Beim Diktat lassen sich aus diesem Grunde Zahlen des *Esperanto* oder des Englischen leichter aufnehmen als die des Deutschen. Auch stehen sich im Deutschen die Endungen -zehn und -zig akustisch sehr nahe. Vergleichen Sie etwa für die Aufnahme durchs Ohr dreizehn und dreißig einerseits mit *dek tri* und *tridek* andererseits!
Vom lateinischen centum = hundert leitet sich in einer Reihe von Ländern die Bezeichnung für den hundertsten Teil der Währungseinheit ab (cent, centavo, centesimo, centésimo, centime, céntimo). Im Deutschen schreiben wir den gleichen Wortbestandteil mit „z", so z. B. in den Wörtern Zentimeter, Zentner, Zentenar und Zentifolie, welch letzteres eine hundertblättrige Rose bezeichnet. So wie in diesen Wörtern sprechen wir auch das *c* in dem Esperantowort *cent* für hundert. Im *Esperanto* wird der Buchstabe *c* i m m e r gelesen wie ein deutsches „z", „tz" oder „ts" (Zahl, Latz, Lotse).
So ausgerüstet, können wir nunmehr in der bereits bekannten Verfahrensweise unseren *Esperanto*-Zahlenraum mehr als verzehnfachen und bis *naŭcent naŭdek naŭ* erweitern. Hier sind ein paar Geschichtszahlen. Bitte, bedienen Sie sich! Alarichs Tod: *kvarcent dek.* Die Angeln und Sachsen erobern Südbritannien: *kvarcent kvardek naŭ.* Ulfilas übersetzt die Bibel: *tricent kvindek.* Mohammed tritt als Prophet auf: *sescent dek unu.* Mohammeds Flucht, Anfang der mohammedanischen Zeitrechnung: *sescent dudek du.* Pippin der Kurze entthront

mit Zustimmung des Papstes den letzten Merowinger-König: *sepcent kvindek unu.* Pippin legt den Grund zum Kirchenstaat: *sepcent kvindek kvin.* Gründung Hamburgs: *okcent kvar.* Schlacht auf dem Lügenfelde: *okcent tridek tri.* Und zur weiteren Festigung: *cent dek unu* (111), *ducent dudek du* (222), *tricent tridek tri* (333), *kvarcent kvardek kvar* (444), *kvincent kvindek kvin* (555), *sescent sesdek ses* (666), *sepcent sepdek sep* (777), *okcent okdek ok* (888), und nochmals *naŭcent naŭdek naŭ.*

Jetzt fehlt uns zum ersten Tausend nur noch das Wort *mil,* das ich Ihnen hiermit kommentarlos übermittele. Die beiden nächsten hierher gehörigen Begriffe *miliono* und *miliardo,* die Sie zwar ohne Schwierigkeit verstehen, kann ich indessen nicht ohne Kommentar an Sie weiterreichen. Es handelt sich bei ihnen nicht um Zahlwörter im eigentlichen Sinne, sondern, wie ihr Endungs-*o* verrät, um Substantive, die, sobald von ihnen mehrere gemeint sind, auch in der Form der Mehrzahl verwendet werden müssen. Den Plural bildet das *Esperanto* ausnahmslos durch Anhängen eines *-j.* Millionen sind *milionoj* und Milliarden sind *miliardoj.* Sprechen Sie dieses *-oj* wie den Diphtong in Heu, Äuglein, Lloyd, (David) Oistrach oder toi, toi, toi! Jetzt aber sind wir, falls die Inflation nicht galoppierende Formen annimmt, bis an die untere Grenze astronomischer Bereiche mit sprachlichen Zahlungsmitteln versehen. Auch das Zahlwort *mil* kann ich im *Esperanto* zu einem Zahlsubstantiv machen, wie übrigens im Deutschen auch. Packt man tausend Zigarren in eine Kiste, so hat man eine Kiste mit einem Tausend Zigarren. Auch können aus einem Vielfachen von tausend „Tausende“ werden. *Mil miloj* (tausend Tausende) ergeben *miliono,* und *mil milionoj* (tausend Millionen) ergeben *miliardo.* „Zehn Milliarden, neunhundertsiebenundachtzig Millionen, sechshundertundvierundfünfzigtausend, dreihunderteinundzwanzig“ sieht auf Esperanto so aus: *Dek miliardoj naŭcent okdek sep milionoj sescent kvindek kvar mil tricent dudek unu.* In Ziffern: 10 987 654 321.

Noch ein Wort gehört zur Ergänzung hierher. Es ist die Null, die wir zwar als Ziffer nicht entbehren können, die wir aber, wenn wir mit ihr gebildete Zahlen nennen, nur indirekt ausdrücken. Wir schreiben eine 1 und eine 0, sagen aber „zehn“. Wir schreiben eine 3 und zweimal 0, sagen aber „dreihundert“. „Null“ heißt auf Esperanto *nul(o),* „zwei Nullen“ also *du nuloj.*

Wir haben es geschafft, wir beherrschen das System der Grundzahlen des *Esperanto.* Aber indem wir dieses geleistet haben, haben wir bezüglich der Rechtschreibung, Aussprache und Grammatik ganz nebenbei noch einiges dazugelernt, das über diesen engen Bezirk der Grundzahlen hinausgeht, und haben uns damit einen Zutritt verschafft in ein, ich möchte sagen, verblüffendes Gebiet vergleichender Sprachbetrachtung, zu der die Beschäftigung mit *Esperanto* meines Erachtens weit mehr anregt als die mit irgend einer anderen Sprache.
Dennoch: *Esperanto* hin! *Esperanto* her! Welthilfssprache hin! Welthilfssprache her! Stellen wir einmal alle derartigen und, wie ich allerdings glaube, erstrebenswerten Ziele beiseite, und fragen wir uns, ob es wohl wünschenswert wäre, daß wir im internationalen Verkehr, wo immer es sei, Handel, Touristik, Wissenschaft, über eine allgemein eingeführte Zahlen-Nomenklatur wie die, die wir hier kennen gelernt haben, verfügten. Die Antwort würde wohl allgemein lauten, ja, es wäre wünschenswert. Die Geister scheiden sich erst bei der Frage, ob es denn nun ausgerechnet *Esperanto* sein müsse, ob man nicht besser täte, auf das Lateinische, das einst eine internationale Sprache von Rang darstellte und noch viel von seinem einstigen Glanz bewahrt hat, zurückgreifen solle, oder auf das Französische, das Jahrhunderte hindurch sich als Diplomatensprache internationaler Beliebtheit erfreute, oder auf das Englische, das seiner großen Verbreitung wegen schon heute eine Art, ich möchte sagen „behelfsmäßiger“ internationaler Hilfssprache ist. Nun, wer je sich mit dem Französischen beschäftigt hat, der weiß, daß das französische Zahlensystem seiner Umständlichkeiten wegen als internationaler Zahlen-Kode nicht in Frage kommt. Da gibt es solche Zahlenmonstren wie „soixante-treize“ (73) oder „quatre-vingt-dix-sept“ (97), ganz abgesehen von den Ausspracheschwierigkeiten. Das Lateinische scheidet hauptsächlich seiner grammatischen Schwierigkeiten wegen aus. Man denke nur an die ersten drei Zahlen unus, una, unum, duo, duae, duo und tres, tres, tria und ihre obliquen Kasus.

Der einzige wirkliche Konkurrent ist das Englische. Seine weltweite Verbreitung und die Tatsache, daß es in vielen Ländern Unterrichtsfach ist, gibt ihm einen schwer einzuholenden Vorsprung. Wer die Zahlwörter „one, two, three, four, five, six, seven, eight, nine, ten, hundred, thousand, million, milliard, zero" einmal erlernt hat, der mag ihren Gebrauch bequem und angenehm finden. Hat man es hinter sich, so vergißt man alsbald, wie absurd die Orthographie der meisten dieser Wörter eigentlich ist und wie man sich vielleicht bei der Erlernung ihrer Aussprache abgequält hat. Handelte es sich wirklich nur darum, diesen Zahlen-Kode allgemein verbindlich anzuerkennen, so möchte es wohl noch hingehen. Denkt man aber ein wenig weiter und an die Nutzbarmachung des *Esperanto* auch für andere Bezirke internationaler Verständigung, so besteht kein Zweifel, daß das *Esperanto* dem Englischen trotz dessen Verbreitung überlegen ist. Darüber wird an geeigneter Stelle noch ein Wort zu sagen sein.

Es gilt, das bisher immer nur sporadische Interesse für *Esperanto* zu einer intensiven weltweiten Bewegung anzufachen. Was ist zu tun? Wo immer Geld eingezahlt, ausgezahlt oder gewechselt wird, an einem jeden Schalter, an einer jeden Kasse, an einem jeden Wechseltisch, in den Geschäften, in den Banken, in den Postämtern, auf den Bahnhöfen, in den Reisebüros, in den Hotels und wo immer es sonst zweckmäßig sein mag, müßten deutlich lesbare Tabellen, ja große Plakate ausgehängt werden mit einer Aufstellung wie etwa dieser:

1	*unu*	*10*	*dek*	*19*	*dek naŭ*	*80*	*okdek*		
2	*du*	*11*	*dek unu*	*20*	*dudek*	*90*	*naŭdek*		
3	*tri*	*12*	*dek du*	*21*	*dudek unu*	*100*	*cent*		
4	*kvar*	*13*	*dek tri*	*22*	*dudek du*	*110*	*cent dek*		
5	*kvin*	*14*	*dek kvar*	*30*	*tridek*	*200*	*ducent*		
6	*ses*	*15*	*dek kvin*	*40*	*kvardek*	*1 000*	*mil*		
7	*sep*	*16*	*dek ses*	*50*	*kvindek*	*2 000*	*dumil*		
8	*ok*	*17*	*dek sep*	*60*	*sesdek*	*10 000*	*dekmil*		
9	*naŭ*	*18*	*dek ok*	*70*	*sepdek*	*100 000*	*centmil*		

1979 mil naŭcent sepdek naŭ

Post, Banken und Bundesbahn müßten im eigensten Interesse von neu einzustellenden Mitarbeitern die Kenntnis dieses Zahlensystems verlangen, es ihren bisherigen Mitarbeitern zur Aneignung empfehlen, einen Teil ihres Werbeetats für seine Einführung zur Verfügung stellen.

Es genügte zunächst völlig, daß in dieser Weise in einem einzelnen Lande, in der Bundesrepublik also, da wir in ihr leben, so verfahren würde. Die Tabelle wäre eine unverbindliche Einladung an den fremdsprachlichen Kunden, sich zur Verdeutlichung seiner Wünsche im Bedarfsfalle der angebotenen Ausdrücke zu bedienen. Geschäftsreisende, Touristen und Gastarbeiter (man denke nur an die vielen Spanier, Italiener, Griechen, Türken und andere) würden schnell die Vorzüge einer solchen Einrichtung erfassen und sie über die Grenzen ins Ausland tragen. Presse und Fernsehen würden es an Kommentaren, zustimmenden, kritischen oder spöttischen nicht fehlen lassen. Sie könnten nicht anders, als zur Popularisierung dieser Neuerung beitragen. Ich gebe dazu diese Ausführungen zu beliebigem Abdruck frei. Das sei mein Beitrag. FIAT!

Zweites Kapitel / *Dua ĉapitro*

Beim Anblick moderner Hieroglyphen
Rigardante modernajn hieroglifojn

Die Betrachtung des Zahlensystems hat uns nicht nur mit den *dek-kvin* Vokabeln, die von *nul* über *dek* bis *miliardo* reichen, bekannt gemacht, es hat uns auch gezeigt, wie leicht assimilierbar *Esperanto*-Wörter sind, hat uns mit dem durchgehenden orthographischen Prinzip, immer nur je einen Laut je einem Buchstaben zuzuordnen, und darüber hinaus auch noch mit dem durchgehenden Betonungsgesetz (der Akzent liegt immer auf der vorletzten Silbe des Wortes) und mit der Pluralbildung (-j) vertraut gemacht. Sie haben gewiß schon irgendeine fremde Sprache gelernt oder wenigstens angefangen, sie zu erlernen, im Zweifelsfalle das Englische. Erinnern Sie sich noch, wieviel Mühe Sie gehabt haben, auch nur die Pluralbildung des Englischen in den Griff zu bekommen, und wieviel Zeit das gekostet hat? (dog/dogs lady/ladies man/men house/houses life/lives mouse/mice u. a.) Das *Esperanto* wird uns nicht davor bewahren, noch weiterhin fremde Sprachen, alte und moderne, zu lernen. Dafür gibt es die mannigfaltigsten Anreize und Nötigungen, aber es bietet sich für zahllose Gelegenheiten praktischer, wissenschaftlicher und schöngeistiger Art an als ein verhältnismäßig leicht erlernbares geschmeidiges Werkzeug internationaler Kommunikation. Doch dieses Werkzeug liegt unbenutzt herum. Man hebt es nicht auf. Man kennt es nicht. Man kennt nur den Namen *Esperanto* und glaubt sich berechtigt, ihn herablassend oder spöttisch zu verwenden, um damit eine komische Art idealistischen, weltfremden oder unzulänglichen Kauderwelsches zu bezeichnen. Der Fehler liegt nicht daran, daß *Esperanto* etwa unzulänglich sei, er liegt an der Unzulänglichkeit der menschlichen Natur. Sich einer neuen technischen Erfindung zu bedienen, die kaum mehr verlangt, als die Kenntnis einiger Handgriffe oder das Betätigen einiger Knöpfe, ja, dazu bequemt man sich, aber eine geistige Anstrengung auf sich zu nehmen, die keinen Nutzen bringt, denn die a n d e r e n können ja kein *Esperanto,* wer wäre dazu wohl bereit? Immerhin hat es seit 1887, dem Erscheinungsjahr der unter dem Pseudonym eines Dr. Esperanto herausgegebenen internationalen Sprache immer und immer wieder genug „idea-

listische Narren“ gegeben, die Zeit, Geld und Mühe auf die Verwirklichung der *Esperanto*-Idee verwandt haben, die oftmals Hohn und Spott, zumindest ein mitleidiges Lächeln ihrer Zeitgenossen einstecken, manchmal sogar Beleidigungen und Verfolgungen ertragen mußten. Sie haben, oft ohne daß es ein anderes sprachliches Verbindungsmittel zwischen ihnen gab, über Grenzen hinweg miteinander korrespondiert, sind einander auf internationalen Kongressen begegnet, haben in Überwindung der babylonischen Sprachverwirrung so etwas wie ein Pfingstwunder erlebt, haben wissenschaftliche und literarische Texte übersetzt, Sprachkurse eingerichtet, Lehr- und Wörterbücher herausgegeben und unermüdlich Öffentlichkeitsarbeit geleistet. Vergebens, in der Hoffnung auf eine baldige Realisierung ihres Traumes von einer sprachlich geeinten und dadurch befriedeten Menschheit sahen sie sich getäuscht. Dennoch bin ich überzeugt, daß ihr Leben erfüllter verlaufen ist und sie mehr beglückende Stunden erlebt haben, als die meisten ihrer nur auf materiellen Erwerb oder auf seichte Genüsse und Vergnügungen ausgehende Zeitgenossen.
Im KULTURFAHRPLAN von Werner Stein (Verlag von F. A. Herbig, Berlin-Grunewald 1954) lese ich, daß der Weltesperantobund um 1950 etwa 100 000 organisierte Mitglieder, davon etwa 4000 in Deutschland, zählte. Hunderttausend in einer Weltorganisation zusammengeschlossene Esperantisten! Das ist ein Faktum, das zu denken gibt. Wie unvollkommen auch immer viele von ihnen die Sprache beherrscht haben mögen, so haben sie sich doch immerhin offen zu dieser Idee bekannt, und selbst die Passivsten unter ihnen haben Mitgliedsbeiträge dafür bezahlt. Aber dennoch, wie gering war noch nach 63 Jahren Esperantismus angesichts einer nach Milliarden zählenden Erdbevölkerung dieses Ergebnis, für das sich der Ausdruck „Erfolg“ verbietet. Und heute, ein Vierteljahrhundert weiter, wie steht es damit? Mag die Zahl der Esperantisten inzwischen auch beträchtlich zugenommen haben, die Bevölkerung der Erde, fürchte ich, wird in einem viel höheren Prozentsatz zugenommen haben, so daß sich die Relation der Esperantisten zu der übrigen Menschheit vermutlich zuungunsten jener verschoben hat. Daß sein Hoffen an diesem Problem der Bevölkerungsexplosion zuschanden werden könnte, wird den guten Dr. Lazaro Ludoviko Zamenhof, das nämlich ist der Mann, der sich des Pseudonyms *D-ro Esperanto* be-

diente, welches soviel wie der Hoffende bedeutet, kaum geschreckt haben. Andererseits ist es aber gerade dieses heute vielleicht brennendste aller Probleme, das eine schnelle, gründliche und zielstrebige Regelung der Sprachenfrage erfordert, und das vielleicht zum Anstoß wird, die Sprachenschranken zwischen den Menschen auf dieser immer enger werdenden Erde zu überwinden.

Der Appell an den guten Willen und die Einsicht einzelner wird nach wie vor nützlich sein, denn die Esperanto-Bewegung bedarf der Führer. Gründung von Vereinen, gut und schön, Bildung von Gruppen, die miteinander korrespondieren, vortrefflich, Veranstaltung von Kongressen, die Resonanz in der Presse und Anteilnahme in der Öffentlichkeit provozieren, hervorragend! Die bisherige Geschichte der Bewegung hat aber gezeigt, daß alle diese Bemühungen die Esperantisten nicht aus ihrem Sektiererdasein erlösen. *Cent mil Esperantistoj* verzischen in der Menschheit wie ein Wassertropfen auf dem heißen Herd. Erst wenn uns das Esperanto auf Schritt und Tritt und Tag für Tag begegnet, kann das Interesse für diese Sprache so groß werden, daß ihr Sieg gesichert ist. Den ersten Schritt dazu meine ich im ersten Kapitel aufgezeigt zu haben: die Einführung des auf *Esperanto* basierenden Zahlen-Kodes. Dabei handelt es sich ohne Frage um einen lächerlich kleinen Bezirk internationaler Kommunikation. Diese Beschränkung ist aber praktisch ohne Risiko und wird sich dennoch außerordentlich nützlich erweisen. Die Einführung des Zahlen-Kodes ist gewissermaßen als Köder gedacht. Macht er die Nützlichkeit des *Esperanto* in seinem Bereich sichtbar, so wird das Interesse für diese Sprache geweckt werden oder sich erhöhen, Zurückhaltende werden ermutigt werden, und weitere Versuche werden folgen.

Welches etwa könnte der nächste Schritt sein? Unlängst befand ich mich in einem Lande, dessen Sprache mir nicht geläufig ist, auf einem großen Bahnhof, wo ich den Zug wechseln mußte. Da wurde mir, als ich mich in der großen menschenerfüllten Halle umsah, plötzlich bewußt, daß wir ja, gleichsam Jahrtausende zurückversetzt, in einem Zeitalter von Hieroglyphen leben, durch die den Ausländern, die durch Unkenntnis der Landessprache in der fremden Umgebung gleichsam Analphabeten sind, erste Orientierungshilfen gegeben werden. Das ist bei uns in der Bundesrepublik auf unseren Bahnhöfen genauso, nur bei dieser Gelegenheit, als ich selbst so ganz darauf angewiesen war, trat mir dieser Umstand in seiner Drolligkeit und mit allen Konsequenzen klar vor die Augen. Hier sollte man energisch ansetzen und die den Reisenden isolierende Bildkommunikation als Vorstufe zur sprachlichen und eigentlich erst richtig menschlichen Kommunikation ausnutzen. Es ist nichts einzuwenden gegen solche Schilder, die einem zeigen, wo man Geld wechseln, austreten, Gepäck zur Aufbewahrung geben, etwas essen, Blumen kaufen oder einen Brief einstecken kann, aber ihr Anwendungsbereich ist beschränkt, und sie sind kostspieliger und umständlicher als einfache Beschriftung. Auch ist es durchaus denkbar, daß unsere Lebensumstände noch komplizierter und die erforderlichen Hilfestellungen immer verwirrendere Formen annehmen werden.

Nehmen wir einmal an, die Deutschen und die in deutschen Eisenbahnwagen reisenden Ausländer sähen neben der durchgekreuzten Zigarette nicht nur das Wort NICHTRAUCHER, sondern auch noch, vielleicht in etwas kleinerer Schrift, das Wort *nefumantoj,* dann kann es eigentlich gar nicht ausbleiben, daß davon etwas in ihren Gehirnen hängen bleibt, besonders, wenn bei wiederholten Reisen sich dieser Eindruck vertieft. Sie haben, selbst wenn sie gar nicht wissen, um welche Sprache es sich handelt, nicht nur dieses eine Wort, sondern darüber hinaus an diesem einen Wort die im *Esperanto* allgemein verwendbare Negation und Vorsilbe *ne-,* den nicht nur in diesem Wort vorkommenden Wortstamm *fum,* die für alle Verben geltende Endung des Präsens-Aktiv-Partizips *-ant-,* die (wir wissen es bereits) alle Substantive kennzeichnende Endung *-o* und das Pluralzeichen *-j* kennengelernt oder wenigstens, vorsichtiger ausgedrückt, „erfahren“. Sie haben, wie mit einer Bilderfibel, einen ersten Anfängerschritt ins *Esperanto* gemacht.

Nehmen wir einmal weiterhin an, dieses vorbildliche Beispiel der Deutschen Bundesbahn habe ansteckend gewirkt - und ich bin überzeugt, daß es bei dem großen Bedürfnis nach einem praktikablen internationalen Verständigungsmittel gar nicht anders als ansteckend wirken könnte - und die Franzosen, deren Interesse für Esperanto von jeher groß ist, wären diesem Beispiel gefolgt, da sähen unsere Reisenden aus Deutschland auch in französischen Wagen dieses seltsame, ihnen aber immerhin schon vertraute Wort *nefumantoj* und daneben das französische non-fumeurs, so wüßten sie erstens schon, daß sie hier nicht rauchen dürfen, und könnten zweitens ihre französischen Sprachkenntnisse daran festigen oder erweitern, ob ihnen daran nun gelegen ist oder nicht. Die Franzosen aber gewönnen durch ihre Hilfsbereitschaft zu internationaler Verständigung eine Möglichkeit, ihre Sprache zu propagieren.

Sie werden verstanden haben, daß ich mich des Wortes *nefumantoj* nur als eines Beispieles bedient habe, und daß man von ihm allein nicht erwarten darf, daß „alle Menschen Brüder werden". Ich gebe nunmehr eine ganze Reihe von Wörtern, die für die Verwendung als Hilfsinschriften auf Bahnhöfen in Frage kommen, und zwar in alphabetischer Folge und zunächst ohne Übersetzung oder weitere Erklärungen. Stellen Sie einmal für sich selbst fest, ob welche darunter sind, die Ihnen unmittelbar verständlich sind:

alveno, atendejo, banko, bilet-aŭtomato, biletejo, bilet-giĉeto, biletisto, bilet-kost-repago, busoj, ĉef-stacio, centra stacio, eksterlando, elirejo, enirejo, enlando, fermita, fervoja horaro, fervojbusoj, fervoj-polico, flor-vendejo, forveturo, frizisto, fumantoj, hotel-perejo, informejo, konduktoro, lav-ĉambreto, leter-kesto, lit-vagono, malproksima veturado, malvarma, mon-ŝanĝejo, monŝanĝo, necesejo, netrinkebla akvo, pakaĵ-deponejo, pakaĵ-ekspedejo, posta bilet-aĉetado, poŝt-busoj, poŝtejo, proksima veturado, rel-paro, restoracio, restoraci-vagono, sinjorinoj, sinjoroj, ŝlosfakoj, staci-direktejo, staci-direkcio, staci-domestro, staci-misio, stacio, taksi-haltejo, taksio, telefonejo, telefono, trajn-alirejo, trinkebla akvo, trovaĵoj, trovejo, tualetejo, turisma oficejo, urboplano, valiz-deponejo, valizo, varma, varmigado, ventolado, virinoj, viroj, vojaĝ-pakaĵoj, vojaĝ-valizoj.

Ich fürchte, es war eine starke Zumutung an Ihre Geduld, Ihnen eine solche Reihe nur äußerlich geordneter Vokabeln vorgesetzt zu haben. Manche davon werden Ihnen vertraut, manche merkwürdig verfremdet vorgekommen sein, und über manche werden Sie verwundert, hoffentlich nicht gar verärgert, dann schon lieber belustigt, den Kopf geschüttelt haben.

Versuchen wir also, mit dieser Vokabelreihe näher bekannt zu werden, und alles, was uns an ihr seltsam und unverständlich vorkommt, restlos zu erhellen! Beginnen wir mit der Aussprache! Erinnern wir uns des darüber bereits Gelernten! *v* sprechen wir immer wie den Anlaut in „Welt" oder „Vase", *c* wie den

Anlaut in „Zentner“ oder „Circus“, *s* immer stimmlos wie in „laß!“ oder „lassen“, auch wenn es am Wortanfang steht, *oj* wie „eu“ in „Heu“, *aŭ* wie „au“ in „Haus“, und den Wortakzent legen wir auf die vorletzte Silbe. Diese Angaben genügen, um zunächst folgende Wörter unserer Reihe richtig aussprechen zu können:
alveno Ankunft, *atendejo* Wartesaal, *banko* Bank als Geldinstitut; eine Bank zum Sitzen ist „benko“; *biletejo* Schalter, *biletisto* Schalterbeamter, *busoj* Omnibusse, *eksterlando* Ausland, *elirejo* Ausgang, *enirejo* Eingang, *enlando* Inland, *fermita* geschlossen, *forveturo* Abfahrt, *fumantoj* Raucher, *informejo* Auskunftsstelle, *konduktoro* Schaffner, *malproksima veturado* Fernverkehr, *malvarma* kalt, *necesejo* Bedürfnisanstalt, *netrinkebla akvo* kein Trinkwasser, *proksima veturado* Nahverkehr, *sinjorinoj* Damen, *sinjoroj* Herren, *telefonejo* Telefonzelle, *telefono* Telefon, *trovejo* Fundort, *tualetejo* Waschraum, *varma* warm, *varmigado* Heizung, *ventolado* Lüftung, *virinoj* Frauen, *viroj* Männer.
Im *Esperanto* besteht dieselbe angenehme Möglichkeit, durch Wortzusammensetzung neue Begriffe zu bilden wie im Deutschen. So wird aus *bileto* (Fahrschein) und *aŭtomato* (Automat) ein *bilet-aŭtomato* (Fahrkartenautomat). Das *-o* von *bileto* ist also ausgefallen und zwar unter Beibehaltung der ursprünglichen Betonung. Das *-o* von *aŭtomato* bezeichnet die Zusammensetzung hinlänglich als Substantiv. Ein weiteres Beispiel dieser Art ist *bilet-kost-repago* (Fahrgelderstattung) aus *bileto, kosti* (kosten; alle Infinitive haben die Endung *-i),* der Vorsilbe *re-* (zurück) und *pagi* (bezahlen). In der Zusammensetzung *urbo-plano* (Stadtplan) aus *urbo* (Stadt) und *plano* (Plan) ist das *-o* von *urbo* des Wohlklanges und der angenehmeren Aussprache wegen stehen geblieben. *Urb-plano* wäre aber nicht falsch. *Fervoj-busoj* (Bahnbusse) ist zusammengesetzt aus *fero* (Eisen), *vojo* (Weg) und *buso,* entsprechend *fervoj-polico* (Bahnpolizei), *flor-vendejo* (Blumenladen) aus *floro* (Blume), *vendi* (verkaufen) und einem Wort *ejo,* welches ganz allgemein den Ort, die Stätte, die Stelle, den Platz bezeichnet, wo sich etwas befindet oder begibt, und das in zahlreichen Zusammensetzungen als Suffix verwendet wird, *hotel-perejo* (Hotelnachweis) aus *hotelo* (Hotel), dem Verb *peri* (vermitteln), das seinerseits auf die Präposition *per* (durch, mit) zurückgeführt werden kann, und dem eben besprochenen *ejo, leter-kesto* (Briefkasten), *lit-vagono* (Schlafwagen, wörtlich Bett-

wagen), *rel-paroj* (Gleis) aus *relo* (Schiene) und *paro* (Paar), *trinkebla akvo* (Trinkwasser), *trovejo* (Fundort) aus *trovi* (finden) und *ejo, tualetejo* (Waschraum) aus *tualeto* und *ejo.*
Der Buchstabe *s* wird, wir wissen es bereits, immer stimmlos gesprochen, für das stimmhafte, weiche „s“ wie in „säuseln“ bedient sich das Esperanto des Buchstabens *z.* Das bedeutet für uns Deutsche freilich eine Umgewöhnung, die allerdings für den, der französische oder englische Sprachkenntnisse hat, weniger überraschend kommt. Unsere Liste enthält zwei Beispiele: *frizisto* (Friseur) aus *frizi* (frisieren) und *-isto,* das ist die Person, die einen Beruf ausübt, und *valizo* (Handkoffer); damit sind gebildet *valiz-deponejo* (Handgepäckaufbewahrung) mit dem Verbum *deponi* (verwahren) und *valiz-ekspedejo* (Handgepäckaufgabe) mit dem Verbum *ekspedi* (aufgeben).
Über das Plural-j wissen wir schon Bescheid, und wo das *j* sonst noch vorkommt, machen wir uns weiter keine Gedanken darüber und sprechen es, wie wir es vom Deutschen her gewohnt sind. Das „j“, das die Phonetiker wohl auch als Halbkonsonant oder Halbvokal bezeichnen, steht dem reinen Vokal *i* nahe, nur ist es sehr anlehnungsbedürftig und tritt immer in Verbindung mit Vokalen auf, so z. B. auch in dem Worte *trajnalirejo* (Zugang zu den Zügen) aus *trajno* (Zug), dem Verhältniswort *al* (zu, nach, an), dem Verbum *iri* (gehen) und der Bildungssilbe ejo. Wir sprechen den Diphtong *aj* entsprechend dem *oj,* nur daß der erste Bestandteil eben *a* und nicht *o* ist, also wie in „Kaiser“ oder „keiner“. Das *i* dagegen behauptet sich anderen Vokalen gegenüber und lehnt sich nicht an sie an, so besteht das Wort *stacio* (Bahnhof) aus den drei Silben *sta-ci-o* und wird gemäß der allgemeinen Betonungsregel auf der Silbe *ci* betont und nicht etwa „stacjo“ gesprochen. Dasselbe gilt entsprechend für *misio* (Mission). Beides zusammen ergibt *staci-misio* (Bahnhofsmission), ähnlich *staci-direkcio* (Bahnhofsverwaltung) oder *staci-direktejo* (Bahnhofsverwaltung), wenn der dafür vorgesehene Raum gemeint ist. Steht das Wort aber an der Tür des betreffenden Dienstraumes, so ist das *ejo* ja damit schon gegeben, und wir könnten dafür *staci-direkcio* sagen. Eine Sprache ist ja schließlich keine Mathematik, und trotz seiner klaren Regelungen ist es das *Esperanto* eben auch nicht. Der Bahnhofsvorsteher ist der *staci-domestro,* zusammengesetzt aus *stacio, domo* (Haus, Gebäude) und *estro* (Leiter, Vorsteher). Auf dem *i* betonen wir auch das Wort *taksio* (Taxi).

Ein *taksio* finden wir im Bedarfsfalle hoffentlich auf dem *taksihaltejo,* darin das Verb *halti* (halten). Von *restoracio* (Restaurant) kommt her der *restoraci-vagono* (Speisewagen).
Nun bleiben nur noch wenige Wörter, die wir noch nicht richtig auszusprechen wissen. Da gibt es nämlich einige Buchstaben, die mit einem Zirkumflex versehen sind: *ŝ, ĉ, ĵ* und *ĝ*. Das mit einem Zirkumflex versehene *s (ŝ)* entspricht dem Laut, den wir im Deutschen recht umständlich „sch" schreiben. Das Postamt ist *poŝtejo* und die Postbusse sind *poŝt-busoj.* Wir müssen diese Wörter also sprechen, als hätten wir es mit der „Poscht" zu tun. Schließfächer sind *ŝlos-fakoj.* Der Buchstabe *ĉ* bezeichnet einen Laut, der in der deutschen Sprache im Anlaut eigentlich nicht vorkommt, der uns aber dennoch aus beispielsweise „Quatsch" oder „Latschenkiefer" und einigen Fremdwörtern ganz geläufig ist. Wir haben ihn in Tschako, Tschaikowski, Tschardasch (ungarisch Csárdás), Tscheche u. a. Nach diesem Vorbild sprechen wir *bilet-giĉeto* (Fahrkartenschalter), *ĉef-stacio* (Hauptbahnhof) und *lav-ĉambreto* (Waschraum) aus dem Verbum *lavi* (waschen), dem Substantiv *ĉambro* (Zimmer) und der Verkleinerungssilbe *-et-,* die aus dem Zimmer eine Kammer, Zelle oder Kabine macht. Für den Philologen oder Phonetiker würde jetzt die Mitteilung genügen, daß *ĵ* und *ĝ* die entsprechenden stimmhaften Laute zu *ŝ* und *ĉ* sind. Wir müssen das *ĵ* also recht weich sprechen wie das g oder j in Etage, Genie und Journal oder in dem französischen persönlichen Fürwort „je". Das *ĝ* sprechen wir richtig, wenn wir dem *ĵ* einen weichen d-Vorschlag geben, so wie wenn wir die Wörter „gentleman" oder „Djakarta" oder „Dschungel" (aus dem kein Tschungel werden darf) recht weich und sanft aussprechen. Nun sind wir für die Aussprache auch der letzten Wörter unserer Liste gerüstet. *Mon-ŝanĝo* (Geldwechsel), *mon-ŝanĝejo* (Wechselstube), *trovaĵoj* (Fundsachen) aus dem Verbum *trovi* (finden) und der Nachsilbe *-aĵ-,* die ein Ding, eine Sache, etwas Greifbares, etwas Konkretes bezeichnet und auch als selbständiges Hauptwort *la aĵo* (das Ding) vorkommt. *Pakaĵ-deponejo* (Gepäckaufbewahrung) und *pakaĵ-ekspedejo* Gepäckaufgabe) gehen zurück auf die Wurzelwörter *paki* (packen), *deponi* (aufbewahren), *ekspedi* (aufgeben) und die eben besprochene Endung *-aĵ-.* Mit *vojaĝo* (Reise) bilden wir *vojaĝ-pakaĵoj* (Reisegepäck) und *vojaĝ-valizoj* (auch Reisegepäck, wenn es sich nur um Handkoffer handelt).

Mit diesen Anleitungen zur Aussprache sind wir nunmehr in der Lage, nicht nur alle Wörter unserer „Bahnhofsliste“, sondern, von einem einzigen Buchstaben abgesehen, überhaupt jedes Esperantowort richtig auszusprechen. Um nun diesen Abschnitt gleich abzurunden und damit zur vollständigen Beherrschung der Esperanto-Aussprache zu kommen, sei dieser fehlende Buchstabe hier ergänzend angeführt. Es ist das mit einem Zirkumflex versehene h *(ĥ),* das den ch-Laut, wie wir ihn z. B. in den deutschen Wörtern „ach“ und „doch“ haben, bezeichnet. Merken wir uns nur die esperantisierte Tschechoslowakei *Ĉeĥoslovakio,* und wir haben es geschafft.
Um Gottes willen! werden Sie jetzt vielleicht ausrufen, das alles sollen wir dem ratlosen türkischen Gastarbeiter, der ganz andere Sorgen hat, zumuten, wenn er auf einem deutschen Bahnhof eintrifft? Nun, ich würde sagen, wir muten ihm gar nichts zu. Er brauchte sich um diese Esperanto-Wörter gar nicht zu kümmern und wäre damit nicht schlechter daran, als wir jetzt ohne sie. Wer immer aber unter den Reisenden auf sie aufmerksam wird, wird bald dahinterkommen, daß er an ihnen eine Hilfe hat. Dabei ist es zunächst völlig nebensächlich, ob er sie richtig oder falsch oder gar nicht ausspricht, sondern es handelt sich darum, daß er mit der betreffenden Sache das dazu gehörige Schriftbild in sich aufnimmt. Hat er oft genug in seiner Heimat die Verbindung AUSGANG = *elirejo* in sich aufgenommen, so wird er sich im Ausland daran erinnern, wenn er dort SORTIE = *elirejo* oder EXIT = *elirejo* oder UITGANG = *elirejo* oder SALIDA = *elirejo* oder USCITA = *elirejo* und so durch alle Bahnhöfe der Welt hindurch liest. Außerdem könnte die Bundesbahn ein übriges tun. Sie legt seit langem in den Abteilen Handzettel aus, die den Schaffnern manche Erleichterung bringen und manche lästige Fragebeantwortung ersparen. „Ihr Zug-Begleiter“ weist die Abfahrts- und Ankunftszeiten und Anschlußverbindungen der betreffenden Züge aus. Auf einer Seite eines solchen Handzettels könnten dann die von der Bundesbahn verwendeten Esperanto-Inschriften in der Sprache des betreffenden Landes, aus dem der Zug nach Deutschland einfährt, erläutert sein. Ausländische Reisebüros würden sehr schnell anfangen, auf eine solche Verwendung von Hinweisen in *Esperanto* aufmerksam zu machen.
Oder aber noch besser: Die Bundesbahn läßt sich ja Erleichterung des Reiseverkehrs manches Geld kosten. Neuerdings hat

sie sogar schon Komputer aufgestellt, aus denen der Reisende kostenlos seine Zugverbindungen erfahren kann. Da könnte sie doch z. B., unbekümmert darum, ob es außerhalb ihres Bereiches überhaupt so etwas wie *Esperanto* gibt, es dennoch konsequent für sich in Benutzung nehmen: Alle ihre öffentlichen Beschriftungen, ihre Erläuterungstexte, ihre Anweisungen, ihre Fahrscheine erscheinen künftig zweisprachig, in der Landessprache und (möglichst in grüner Schrift oder auf grünem Papier) auf *Esperanto.* Daneben werden auf allen größeren Bahnhöfen Automaten aufgestellt, aus denen sich die Reisenden in allen möglichen Sprachen (die Tasten werden in alphabetischer Folge durch den *Esperanto*-Namen des betreffenden Landes und farbig durch die dazugehörenden Landesfarben gekennzeichnet) den Schlüssel für alle verwendeten Beschriftungen und Texte, und sei es auch gegen Gebühr, ziehen können. Damit können sie dann herausfinden, daß *elirejo* Ausgang heißt. Eines guten Tages werden dann diese Automaten nicht mehr leer werden, weil sie sich erübrigt haben. Möchten Sie das noch erleben? Nun, der Weg dahin ist einfach, man muß nur den Mut haben, ihn zu beschreiten: *Esperanto* s o f o r t in Benutzung nehmen.

Man kann internationale Probleme, und das Sprachenproblem ist eines der brennendsten, nicht auf sich beruhen lassen, weil sie international sind. Nationale Administrationen sind aber aufgerufen, sie in Angriff zu nehmen, wenn solche Probleme überhaupt je an eine Lösung herangeführt werden sollen. Man kann nicht das Ziel einer internationalen Hilfssprache erst als Utopie abwerten, um dann um so beruhigter in aller Bequemlichkeit die Hände in den Schoß legen zu können. Will ich die Verbindung zum andern Ufer, muß ich die Brücke bauen, auch wenn sich mir von drüben kein Brückenschlag entgegenbewegt. Ist die Brücke aber gebaut, wird sie auch von der andern Seite her benutzt werden. Man muß das sinnvolle Fernziel einer internationalen Sprache in behutsamen Einzelschritten auf nationaler Basis unbeirrt in Angriff nehmen, auch wenn jeder einzelne dieser Schritte, an dem Ganzen gemessen, kümmerlich ist. Nicht darauf kommt es an, daß plötzlich in einem großartigen Werbungsanlauf 1000 oder 10 000 oder gar 100 000 Idealisten zum Erlernen des *Esperanto* veranlaßt werden, wenn das auch sehr nützlich wäre, sondern es kommt darauf an, möglichst viele Menschen möglichst oft mit *Esperanto* in lebendige Berührung zu bringen. Sie müssen sehen, daß *Esperanto* nützlich ist und daß das Erlernen dieser Sprache nicht weltfremde Narretei, sondern für sie von Vorteil ist. Eine internationale Notwendigkeit ist *Esperanto* schon lange. Es ist höchste Zeit, daß es in Gebrauch genommen wird. Das allgemeine Bedürfnis muß zum Bedürfnis der einzelnen werden. Hier liegt ein bedeutsames Feld für alle Werbungspsychologen! Es ist besser, eine möglichst große Anzahl Menschen erkennt die Nützlichkeit des *Esperanto* und bedient sich seiner in primitiver und unbeholfener Weise, als daß eine kleine isolierte Elite bei ihren Zusammenkünften ein vorbildliches Esperanto spricht. Ist das Bedürfnis einmal geweckt, so werden wie von selbst die nötigen Lehr- und Wörterbücher auftauchen und Kurse angeboten werden. Für einen geschulten Philologen, der eine oder mehrere Fremdsprachen studiert hat, ist es keine Schwierigkeit, sich in wenigen Tagen *Esperanto* soweit anzueignen, daß er es im Unterricht weitergeben und sich lehrend selbst darin vervollkommnen kann.

Drittes Kapitel / *Tria ĉapitro*

Wie man neue Wörter bildet
Kiel oni formas novajn vortojn

Eigentlich könnten wir jetzt von der Zusammenstellung von Wörtern, die ich als „Bahnhofsliste" bezeichnet habe, Abschied nehmen. Wir wissen, was die einzelnen Wörter bedeuten, und wir können sie richtig aussprechen, was die Reisenden, denen wir sie vorsetzen wollen, einstweilen noch nicht können. Wir wollen diese Wörter aber noch einmal durchgehen und sehen, ob wir ihnen nicht vielleicht noch andere Reize abgewinnen können, und sie dabei, das gehört nun einmal zu einem vernünftigen Lernprozeß dazu, durch diese Wiederholung in unserem Bewußtsein ein wenig fester verankern.
Atendejo, biletejo, elirejo, enirejo, flor-vendejo, hotel-perejo, informejo, necesejo, pakaĵ-deponejo, pakaĵ-ekspedejo, poŝtejo, staci-direktejo, taksi-haltejo, telefonejo, trajn-alirejo, trovejo, tualetejo, turisma oficejo, valiz-deponejo. Alle diese Wörter weisen die Wortbildungssilbe *„-ej"* auf, die sich zwischen dem Stamm und dem Endungs-*o* des Substantivs einschiebt. *La ejo* (der Ort, die Stelle, der Platz, der Raum) ist das zugrundeliegende Wort, das sich großartig als wortbildendes Suffix verwenden läßt. Es gibt nun im Esperanto eine ansehnliche Reihe solcher als Wortbildungssilben verwendbarer Wörter. Diese gestatten, mit Hilfe eines relativ kleinen Basisvokabulars eine schier unabsehbare Menge von Begriffen zu bilden.
So können wir aus dem vorliegenden Wortmaterial mit Hilfe von *-ej-* noch etwa folgende Wörter bilden: *alvenejo* Ankunftshalle, *giĉetejo* Schalterhalle, *pagejo* Zahlstelle, *busejo* Garage für Omnibusse, *policejo* Polizeidienststelle, *florejo* Blumengarten, *forveturejo* Abfahrtshalle, *frizejo* Frisiersalon, *fumejo* Rauchsalon, *lavejo* Waschanstalt, *litejo* Schlafsaal, *pakejo* Packraum, *pakaĵejo* Gepäckraum, *aĉetejo* Kaufhaus, Kiosk, *relparejo* Gleisanlage, *misiejo* Missionsstation, *trinkejo* Trinkhalle, Tränke, *valizejo* Kofferraum, Gepäckablage. Auch im Esperanto kann man die Begriffe Pfütze, Lache, Pfuhl, Sumpf, Teich, See, Born, Brunnen, Quelle, Wasserader, Oase genau voneinander unterscheiden, allen gemeinsam aber ist, daß es sich bei ihnen um Stellen handelt, wo Wasser vorkommt. Alle sind

sie *akvejoj,* und der Kontext wird im allgemeinen klar erkennen lassen, welche Art von *akvejo* gemeint ist. Erfordert er aber eine Verdeutlichung, so verfügt das Esperanto über Mittel genug, diese Verdeutlichung zu leisten. Ich will es Ihnen an einem anderen Beispiel zeigen. Uns war das Wort *lav-ĉambreto* begegnet, und wir hatten es als Waschraum übersetzt, und eben gab ich Ihnen das Wort *lavejo* und übersetzte es als „Waschanstalt". Das ist eine sehr spezielle Übersetzung, denn zunächst bedeutet *lavejo* ja doch nur eine Stelle, wo gewaschen wird oder gewaschen werden kann. Fänden wir das Wort an einer kleinen Tür am Ende eines D-Zug-Wagens, nie kämen wir auf die Idee, es solle Waschanstalt bedeuten, es könnte durchaus das umständlichere, aber genauere *lav-ĉambreto* ersetzen. Umgekehrt, sähe ich mich genötigt, zu verdeutlichen, daß ich kein *lav-ĉambreto,* sondern ein ganzes Haus meine, in dem gewaschen wird, so würde ich *lav-domo* oder *lav-instituto* sagen. Der menschliche Geist ist so beschaffen, daß er von sich aus die richtigen Zusammenhänge herstellt. Davon leben alle Sprachen, und das Esperanto auch. Nur ein Eulenspiegel „wirft" die Ärmel an die Jacke, statt sie anzunähen.

Neben den Schwierigkeiten, die die Grammatik beim Erlernen fremder Sprachen bietet, ist eine der größten die gewaltige Menge an Vokabeln, die sich vor dem Schüler auftürmt und die bewältigt werden muß. Kaum ein Mensch kann den gesamten Vokabelschatz seiner Muttersprache verkraften, geschweige denn, aktiv über ihn verfügen. Der große Duden bringt in seiner 17. Auflage von 1973 über 160 000 *(cent-sesdek-mil!)* Stichwörter. Wir mögen uns einbilden, wir könnten eine fremde Sprache je ganz erlernen, unser Leben reicht für die eigene nicht aus. Der Engländer wird uns, bei annähernd gleicher Begabung, wenn wir uns mit ihm auf das ihm von Kindesbeinen an *gewohnte,* uns dagegen erst mühsam *angewöhnte* englische Terrain begeben, immer um mehr als nur eine Nasenlänge voraus sein. Ich greife die Zahl aus dem Duden auf: 160 000 Stichwörter. Das Esperanto begnügt sich mit einem Hundertstel davon, also 1600, und das ist noch hoch gegriffen, und es hat die Möglichkeit, damit, und das wiederum halte ich nicht für übertrieben, wohl 1 600 000 *(miliono-sescent-mil)* Begriffe zu bilden. Aber lassen wir diese Zahlenspekulation, die nicht genau genommen sein, sondern nur veranschaulichen will, und kehren wir zu unserer „Bahnhofsliste" zurück.

Als Berufsbezeichnung dient die Nachsilbe *-ist-*. An Beispielen dazu hatten wir *biletisto* (der Mann, der beruflich mit Fahrkarten zu tun hat: Fahrkartenverkäufer, Schalterbeamter, Schaffner, Kontrolleur) und *frizisto* (Friseur). Dazu ließen sich mit unserer Liste etwa noch bilden: *bankisto* Bankier, *busisto* Busfahrer, *fermisto* Schließer, *kondukisto* Leiter, Fahrer, *policisto* Polizist, *flor-vendisto* Blumenverkäufer, *vendisto* Verkäufer, *hotelisto* Hotelier, *peristo* Vermittler, *lavisto* Wäscher, *ĉambristo* Kammerdiener, *leter-kestisto* Briefkastenleerer, *litvagonisto* Schlafwagenschaffner, *mon-ŝanĝisto* Geldwechsler, *necesejisto* Toilettenwärter, *pakisto* Packer, *pakaĵ-deponejisto* der Mann bei der Gepäckaufbewahrung, *pakaĵ-ekspedisto* der Mann bei der Gepäckaufgabe, *aĉetisto* Einkäufer, *poŝtisto* Postbeamter, *restoraciisto* Restaurateur, *misiisto* Missionar, *taksiisto* Taxifahrer, *telefonisto* Fernsprechbeamter, *tualetejisto* Waschraumwärter, *oficisto* Beamter, *varmigisto* Heizer, *vojaĝisto* Reisender.

Durch die Endung -in machen wir im Deutschen aus dem Schneider eine Schneiderin und in Esperanto auf die gleiche Weise aus dem Herrn eine Dame: *sinjoro / sinjorino,* aus dem Mann eine Frau: *viro / virino,* aus dem Blumenverkäufer eine Blumenverkäuferin: *flor-vendisto / flor-vendistino,* aus dem Friseur eine Friseuse: *frizisto / frizistino,* und so nach Belieben durch alle obigen Berufsbezeichnungen hindurch bis zur *vojaĝistino,* der Reisenden, womit keine sich zufällig oder gelegentlich auf der Reise befindliche Dame gemeint ist (die wäre eine *vojaĝantino),* sondern eine solche, die aus beruflichen Gründen reist. *La ino* wäre etwa das weibliche Wesen an sich, das Weib.

La aĵo ist das Ding, die stoffliche, greifbare Sache, ein Wort, das sich zur Verwendung als Bildungssilbe geradezu anbietet. Unsere Liste enthält die Beispiele *pakaĵo* Gepäckstück und *trovaĵo* Fundsache. Weitere Möglichkeiten wären: *feraĵo* Gegenstand aus Eisen, *frizaĵo* Frisur, *litaĵo* Bettzeug, *trinkaĵo* Getränk und *poŝtaĵoj* was uns der Briefträger bringt.

Mit *-et-* verkleinern oder verniedlichen wir, wo immer es uns angebracht erscheint: *buseto* Kleinbus, *landeto* Ländchen, *vojeto* Pfad, *horeto* Stündchen, *floreto* Blümchen, *vendejeto* Lädchen, *ĉambreto* Zimmerchen, Kammer, Zelle, Kabine, *letereto* Briefchen, *kesteto* Schachtel, *malvarmeta* kühl, *akveto* Wässerchen, *pakaĵeto* Päckchen, *pareto* Pärchen, *restoracieto*

Imbißstube, *sinjoreto Herrchen, sinjorineto* Frauchen, *dometo* Häuschen, Hütte, Laube, *trajneto* Zügelchen, *trinketi* nippen, *urbeto* Städtchen, *valizeto* Handköfferchen, *varmeta* lau, *vireto* Männchen, *virineto* Weibchen, *vojaĝeto* Ausflug.
So wie die Endung für Substantive immer *-o-* ist, ist die für Adjektive immer *-a: centra stacio* Zentralbahnhof, *fervoja horaro* Fahrplan, *malproksima veturado* Fernverkehr, *malvarma* kalt, *netrinkebla akvo* kein Trinkwasser, *posta bilet-aĉetado* Nachlösung, *proksima veturado* Nahverkehr, *turisma oficejo* Reisebüro, *varma* warm. Die Vorsilbe *ne-* verneint: *trinkebla / netrinkebla* trinkbar / nicht trinkbar, *fumanto / nefumanto* Raucher / Nichtraucher. Die Vorsilbe *mal* wendet das Wort in sein Gegenteil: *proksima / malproksima* nah / fern, *varma / malvarma* warm / kalt. Adjektive bilden den Plural in derselben Weise wie die Substantive: *centraj stacioj* Zentralbahnhöfe, *fervojaj horaroj* Eisenbahnfahrpläne, *malproksimaj landoj* ferne Länder, *malvarmaj landoj* kalte Länder, *postaj pagoj* Nachzahlungen, *proksimaj hoteloj* nahegelegene Hotels, *turismaj oficejoj* Reisebüros. Das Passiv-Partizip *fermita* ist ja halbwegs auch ein Adjektiv, eben ein Mittelwort zwischen Verb und Adjektiv. Sehr ärgerlich sind manchmal *fermitaj giĉetoj* geschlossene Schalter. Andere solche Partizipien wären: *atendita* erwartet, *pagita* bezahlt, *vendita* verkauft, *veturigita* gefahren, *frizita* frisiert, *fumita* geraucht, *perita* vermittelt, *informita* benachrichtigt, informiert, *lavita* gewaschen, *ŝanĝita* gewechselt, *trinkita* getrunken, *pakita* gepackt, *aĉetita* gekauft, *ŝlosita* abgeschlossen, *direktita* geleitet, *misiita* missioniert, *haltigita* gehalten, *trovita* gefunden, *deponita* deponiert, zur Aufbewahrung gegeben, *varmigita* gewärmt, und *ventolita* gelüftet.
Erinnern wir uns noch einmal unserer Nichtraucher, der *nefumantoj!* Ganz abgesehen davon, daß wir mit der verneinenden Vorsilbe *ne-* zahlreiche weitere Wörter aus unserer Liste ableiten könnten, gibt uns das *fumanto* (Raucher) ein durch *-o* substantiviertes Präsens-Aktiv-Partizip. Das eigentlich diesbezügliche Partizip ist *fumanta* (rauchend), und in Analogie dazu können wir zu den obigen passiven Partizipien jetzt auch noch die aktiven bilden: venanta (kommend), atendanta (erwartend), paganta (bezahlend), iranta (gehend), vendanta (verkaufend), usw. die Reihe durch.
Jetzt sind Sie reif für eine weitere Überraschung, die das Esperanto für Sie bereit hält. Eine Überraschung, die vielleicht aber

auch wiederum nicht besonders groß ist, falls Sie die Bezifferung der Kapitel genauer beachtet haben. Haben Sie die Grundzahlen noch im Kopf? *unu, du, tri, kvar, kvin, ses, sep, ok, naŭ, dek, cent* und *mil?* Mit unserer Adjektiv-Endung *-a* verwandeln wir sie in Ordnungszahlen: *unua giĉeto* erster Schalter, *dua vendejo* zweiter Laden, *tria valizo* dritter Handkoffer, *kvara floro* vierte Blume, *kvina rel-paro* fünftes Geleis, *sesa ĉambro* sechstes Zimmer, *sepa vagono* siebter Wagen, *oka taksio* achtes Taxi, *naŭa domo* neuntes Haus, *deka buso* zehnter Bus, *centa bileto* hundertster Fahrschein, *mila viro* tausendster Mann. Das läßt sich selbstverständlich auf die bekannte Weise auch in die Mehrzahl setzen, etwa die *sesaj ĉambroj* (sechsten Zimmer) auf jedem Hotelflur oder die *naŭaj domoj* (neunten Häuser) in jeder Straße z. B. einer Siedlung.

Vielfach verwendbar ist die Vorsilbe *re-* (zurück, wieder), die uns in *repago* (Zurückzahlung) begegnet ist: *reveni* zurückkommen, wiederkommen, *reiri* zurückgehen, *revendi* wiederverkaufen, *repaki* zurückpacken, *redeponi* wieder in Verwahrung geben, *reekspedi* zurückexpedieren, *reaĉeti* zurückkaufen, *reveturi* zurückfahren, *reŝlosi* wieder abschließen, *refermi* wieder zumachen, *redirekti* zurückleiten, *retrovi* wiederfinden, *revojaĝi* zurückreisen, usw. Ähnlich vielfach verwendbar ist die Vorsilbe *for-* (fort, weg): *foriri* weggehen, *forveturi* wegfahren, abfahren, *forpaki* wegpacken, *fordirekti* wegleiten, *forvojaĝi* fortreisen, wegreisen ...

Die Nachsilbe *-ad-* bezeichnet das Andauern einer Handlung, den anhaltenden Zustand: *la bilet-aĉetado* das Kaufen von Fahrkarten, *la ventolado* das Lüften, *la varmigado* das Wärmen, das Heizen, *la veturado* das Fahren, *fumi* rauchen und *fumadi* anhaltend rauchen, gewohnheitsmäßig rauchen, *informi* benachrichtigen und *informadi* auf dem Laufenden halten, *telefoni* telefonieren und *telefonadi* ununterbrochen telefonieren, ein Gespräch nach dem andern führen ...

Die Nachsilbe *-ar-* bezeichnet gleichartige, zusammengehörige Dinge, die eine Einheit bilden: *horo* Stunde, *horaro* Stundenplan, *ĉambraro* Zimmerflucht, *policistaro* ein Trupp Polizisten ...

Die Nachsilbe *-ebl-* dient zur Bezeichnung der Möglichkeit: *trinkebla* trinkbar, *enirebla* betretbar, *vendebla* verkäuflich, *fumebla* rauchbar, *lavebla* waschbar ...

Die Nachsilbe *-estr-* bezeichnet das Oberhaupt, den Vorsteher:

domestro Hausmeister, *staciestro* Stationsvorsteher, *poŝtestro* Postmeister, *oficejestro* Bürovorsteher ... *la estro* ist dann der Meister, der Chef.
Unsere anfangs sich so bescheiden ausnehmende Bahnhofsliste erweist sich also bei näherem Zusehen als eine schier unerschöpfliche Quelle von Esperanto-Ausdrucksmöglichkeiten. Wer diese Wörter lernt, hat weit mehr gelernt als nur eine Handvoll von Vokabeln. Die Reisenden, denen die Bundesbahn auf die vorgeschlagene Weise ein paar Dutzend *Esperanto*-Wörter vermittelt, hat sie damit bereits ganz tief in diese Sprache hineingeführt. Keine andere Sprache als gerade *Esperanto* eignet sich besser für ein solches unmittelbares, ungrammatisches Verfahren. Ich habe es hier versucht, Sie zum vollen Verständnis der dargebotenen Esperantoproben zu bringen, und bin deswegen ausführlicher geworden, als Ihnen vielleicht recht und als vielleicht nötig war. Für unsere Reisenden genügt es zunächst, die Vokabeln ganz naiv, wie Kinder es mit ihrer Muttersprache tun, aufzunehmen.

---

* Zur Schreibweise des Namens Zamenhof:
Der Familienname des Schöpfers des Esperanto ist ursprünglich deutscher Herkunft und wäre innerhalb eines deutschen Textes mit „S", also „Samenhof" zu schreiben. Wir haben aber, einem allgemeinen Brauch folgend, die esperantisierte Form „Zamenhof" überall beibehalten. So steht der Name auch in den Konversationslexika, so wird er auch von Gemeinden, die einen Platz oder eine Straße nach Dr. Zamenhof benennen, geschrieben.

Viertes Kapitel / *Kvara ĉapitro*

Ein Vaterunser für Esperanto
Patro-nia por Esperanto

Sollte es mir geglückt sein, Sie bis hierhin zu interessieren, und sollten Sie dies Buch nicht schon längst in die Ecke geworfen haben, so werden Sie doch wohl leise grollen und denken: Wörter, Wörter, nichts als Wörter, Wörter sind doch noch lange keine Sprache. Gibt es denn im *Esperanto* eigentlich nicht auch so etwas wie einen Satz? Natürlich gibt es das. *Lazaro Ludoviko Zamenhof* hat sogar das ganze Alte Testament übersetzt. Seine vorzüglichen Kenntnisse des Hebräischen und seine sprachliche Genialität befähigten ihn, diese gewaltige Textsammlung so meisterhaft zu übersetzen, daß diese Übersetzung an Klarheit, Genauigkeit und Schönheit den nationalsprachlichen Übersetzungen keineswegs nachsteht, sie eher noch übertrifft. Das Zamenhofsche* Alte Testament wurde später von anderer Seite durch eine Übersetzung des Neuen Testaments ergänzt, so daß es die ganze Bibel auf *Esperanto* gibt. Sie liegt mir vor, und ich gebe Ihnen hier den Wortlaut des Titelblattes vollständig wieder:
LA / SANKTA BIBLIO / MALNOVA KAJ NOVA TESTAMENTOJ / TRADUKITAJ EL LA ORIGINALAJ LINGVOJ / LONDONO / BRITA KAJ ALILANDA BIBLIA SOCIETO / EDINBURGO KAJ GLASGOVO / NACIA BIBLIA SOCIETO DE SKOTLANDO / 1947
Ein Blatt weiter steht dann:
LA MALNOVA TESTAMENTO / EL LA HEBREA ORIGINALO TRADUKIS / LAZARO LUDOVIKO ZAMENHOF
Sehen Sie sich dieses Titelblatt erst einmal etwas genauer an! Das erste Wörtchen *la* ist bestimmter Artikel, es gilt für alle Geschlechter, Fälle und Zahlen und ist unveränderlich. Können Sie eigentlich mehr verlangen? Eigentlich nicht, und doch sind Sie unzufrieden. Ich sehe es Ihrer Nasenspitze an. Sie haben Französisch gelernt, vielleicht auch Spanisch oder Italienisch, und verbinden mit dem Artikel *la* die Vorstellung von etwas Weiblichem, aber bedenken Sie, erstens schreibe ich dies im Jahr der Frau, und zweitens sollten Sie froh sein, daß Sie nicht Holländisch lernen müssen, da würde man Ihnen beibringen, daß „jemand, der..." auf Holländisch „iemand,

d i e . . ." heißt. Vermerken wir bei dieser Gelegenheit, daß es einen unbestimmten Artikel im Esperanto nicht gibt. „Ein Haus" heißt *domo,* nur wenn ich ausdrücken will „1 Haus" (und nicht mehrere), sage ich *unu domo.*
Die persönlichen und geographischen Eigennamen und von ihnen abgeleiteten Adjektive werden einfach dem Lautsystem des Esperanto angepaßt und in seiner Orthographie wiedergegeben: London *Londono,* britisch *Brita,* Edinburgh *Edinburgo,* Glasgow *Glasgovo,* Scotland *Skotlando,* hebräisch *Hebrea,* Lazarus *Lazaro,* Ludwig *Ludoviko.*
Über das Wörtchen *kaj* werden Sie vermutlich stolpern, es sei denn, Sie sind mit humanistischer Bildung versehen. Es heißt, Sie haben es schon erraten, „und". Die Adektive *Sankta, nova* neu, *malnova, originala, Brita, alilanda* aus *ali* anderer und *landa,* also auf andere Länder bezogen, ausländisch, *Biblia (Biblia societo* Bibelgesellschaft), *nacia* national und *Hebrea* bieten Ihnen kaum noch Schwierigkeiten. *Tradukita* ist ein Mittelwort, sowohl Verb als Adjektiv, abgeleitet von *traduki* übersetzen, *tradukitaj testamentoj* übersetzte Testamente.
Es hilft alles nichts, jetzt muß ich einmal sehr grammatisch werden, aber wie schlimm es sich auch anhören mag, die *Esperanto*-Praxis ist viel einfacher. Im Deutschen unterscheiden wir ein Perfekt-Passiv-Partizip „übersetzt" und ein Präsens-Aktiv-Partizip „übersetzend". Nun, es gibt Sprachen, die mehr als nur diese zwei Partizipen haben. Auch wenn Ihnen solche noch nicht begegnet sind, könnten Sie sich doch vielleicht vorstellen, daß es neben dem Perfekt-Passiv-Partizip auch ein Passiv-Partizip der Gegenwart, und neben dem Präsens-Aktiv-Partizip auch ein Aktiv-Partizip der Vergangenheit geben könnte. Ja, und was der Vergangenheit und Gegenwart recht ist, sollte das nicht auch der Zukunft billig sein? In der Tat, das Esperanto weist alle sechs dieser möglichen Partizipien auf:

übersetzt	in der Vergangenheit	ist *tradukita*
übersetzt	in der Gegenwart	ist *tradukata*
übersetzt	in der Zukunft	ist *tradukota*
übersetzend	in der Vergangenheit	ist *tradukinta*
übersetzend	in der Gegenwart	ist *tradukanta*
übersetzend	in der Zukunft	ist *tradukonta*

Mit Hilfe dieses simplen Schemas *i* für die Vergangenheit, *a* für die Gegenwart und *o* für die Zukunft, aus dem dann die Partizipial-Bildungssilben für das Passiv *-it-*, *-at-* und *-ot-* und für das Aktiv *-int-*, *-ant-* und *-ont-* entwickelt werden, verfügt das Esperanto über die Möglichkeit genauester und nuanciertester verbaler Aussagen. Im vorliegenden Fall drückt das Partizip *tradukita* aus, daß das Übersetzen in der Vergangenheit vor sich gegangen und abgeschlossen ist. - *Zamenhof tradukis* (Zamenhof übersetzte), eben haben wir das *i* in den Partizipial-Bildungssilben *-it-* und *-int-* als Vergangenheitszeichen kennengelernt, so werden wir es jetzt gelassen hinnehmen, wenn wir erfahren, daß *-is-* die Endung für die einfache Vergangenheit des Verbums ist.

Das Verhältniswort *el* „aus" ist uns in *elirejo* Ausgang schon als Vorsilbe begegnet, *el la originalaj lingvoj* heißt also „aus den ursprünglichen Sprachen (Originalsprachen, Ursprachen)". Das Verhältniswort *de* „von" wird, genau in derselben Weise wie im Englischen die Präposition „of", mit oder ohne Artikel, zur Bildung des Genitivs verwandt: *de Skotlando* Schottlands, von Schottland, *de la lando* des Landes, *de la landoj* der Länder. Außerdem steht es als „von" beim Passiv: *la de Zamenhof tradukita Biblio, la Biblio de Zamenhof tradukita, la Biblio tradukita de Zamenhof.* Sie haben im Esperanto eine große Freiheit der Wortstellung. Wie man es macht, ist weitgehend eine Frage des Stiles, und der kann gut oder schlecht sein. Und wenn er schlecht ist, darf man das nicht der *Esperanto*-Sprache, sondern muß es demjenigen anlasten, der sich ihrer bedient. *De Zamenhof tradukita la Biblio* dürfte kaum mehr angemessen sein. Wollen Sie verstanden werden, müssen Sie sich jedenfalls um Klarheit bemühen.

Noch eine letzte Bemerkung zu diesem Titelblatt. Im Deutschen sagen wir „das Alte und Neue Testament", als handele es sich um ein einziges Testament, das zugleich alt und neu ist. Auf dem Titelblatt aber steht *testamentoj,* also die Mehrzahl. Ich glaube, man kann dem nur zustimmen, denn es sind ja schließlich zwei Testamente, und das Esperanto gestattet diese im Deutschen nur umständlicher wiederzugebende Genauigkeit.

Nicht von ungefähr bin ich auf die Bibel zu sprechen gekommen. Auf der Suche nach einem Text, der möglichst vielen Menschen geläufig ist, fiel mir das Vaterunser ein. Die Christen, gleichviel welcher Konfession, kennen es, und selbst die Nichtchristen unseres abendländischen Lebensraumes werden kaum umhinkönnen, es mehr oder weniger auch zu kennen.

Mit dem Vaterunser begegnen wir nun endlich auch richtigen *Esperanto*-Sätzen, und da es Ihnen vom Deutschen her bekannt ist, werden Sie die Esperanto-Fassung auch ohne genaue sprachliche Analyse, die ich Ihnen aber trotzdem nicht vorenthalten will, verstehen.

Patro nia, kiu estas en la ĉielo, Via nomo estu sanktigita. Venu Via regno, plenumiĝu Via volo, kiel en la ĉielo, tiel ankaŭ sur la tero. Nian panon ĉiutagan donu al ni hodiaŭ. Kaj pardonu al ni niajn ŝuldojn, kiel ankaŭ ni pardonas al niaj ŝuldantoj. Kaj ne konduku nin en tenton, sed liberigu nin de la malbono. Hier endet bei der mir vorliegenden Bibelübersetzung, gemäß der für sie benutzten Handschriftentradition, die auch die der Katholischen Kirche ist, das Vaterunser. Es fehlt die sogenannte Doxologie, die Lobpreisung Gottes, die ich hier nach der Luther-Bibel in eigener Übersetzung anfüge: *Ĉar via estas la regno kaj la forto kaj la gloro en eterneco.* (Mateo, 6.9–13).

Der Sinn ist Ihnen geläufig, machen wir uns nun daran, die einzelnen sprachlichen Erscheinungen zu erfassen. Man spricht vom Vaterunser wohl auch als von den sieben Bitten. Was Ihnen bei der Durchsicht des Textes am meisten aufgefallen ist, sind vermutlich die sieben auf „-u" ausgehenden, von Ihnen unschwer als Verben identifizierten Wörter. Das *-u* ist die Verb-Endung für Bitte, Aufforderung und Befehl. *Estu* heißt also „sei, seid, seien Sie!", *venu* entsprechend „komm, komme, kommt, kommen Sie!" usw. Die Infinitive sämtlicher Verben des Textes lauten: *esti, veni, plenumiĝi, doni, pardoni, konduki* und *liberigi. Plenumiĝi* setzt sich zusammen aus *plena* (voll), *-um-* (dies ist eine Nachsilbe, die ausdrückt, daß der damit beabsichtigte Begriff irgendwie „um" das Wurzelwort herum" gebildet ist) und *-iĝ-,* welches ausdrückt, daß etwas in einen Zustand gelangt. *Plenumiĝi* bedeutet also irgendwie voll werden, sich erfüllen, geschehen. Die Bildungssilbe *-ig-* in *liberigi* bedeutet soviel wie bewirkendes, veranlassendes Tun oder Machen. *Liberigi* ist soviel wie *igi libera* (frei machen, befreien), *sanktigi* folglich *igi sankta* (heilig machen, heil*ig*en), *sanktigita* (geheil*ig*t). Vergleichen Sie bitte auch *purigi* aus *pura* + *igi* (reinmachen, rein*ig*en). Das Verbum *esti* (sein) kommt hier nicht nur im Imperativ, sondern auch noch in der Form *estas* vor. Die Endung *-as* ist die Form für die Tätigkeit in der Gegenwart, für das Präsens, in Ein- und Mehrzahl, entsprechend der Endung *-is* (z. B. *tradukis* übersetzte) für die Vergangenheit.

Ni estas (wir sind) und *vi estas* (du bist, ihr seid, Sie sind), *ni estis* (wir waren) und *vi estis* (du warst, ihr wart, Sie waren), *ni venas kaj vi venas, ni venis kaj vi venis, ni donas kaj vi donas, ni donis kaj vi donis, ni pardonas kaj vi pardonas, ni pardonis kaj vi pardonis, ni kondukas kaj vi kondukas, ni kondukis kaj vi kondukis, ni liberigas kaj vi liberigas, ni liberigis kaj vi liberigis,* leichter geht es nimmer!

So wie wir durch die Adjektiv-Endung *-a* aus den Grundzahlen Ordnungszahlen gewonnen haben *(unua, dua, tria, . . .),* so gewinnen wir jetzt aus den Personalpronomina Possessivpronomina: *nia* unser und *niaj* unsere, *via* dein, euer, Ihr und *viaj* deine, eure, Ihre: *nia patro* unser Vater, *via nomo* dein Name, euer Name, Ihr Name, *niaj patroj* unsere Väter, *viaj nomoj* deine Namen, eure Namen, Ihre Namen.

Picken wir uns einmal, von der Präposition *en* (in) abgesehen, aus dem Text alle Wörter heraus, die auf *-n* endigen. Das ist nämlich die Art, wie im Esperanto der Akkusativ gebildet wird: *nian panon ĉiutagan, niajn ŝuldojn, nin, en tenton* und nochmals *nin. Nin* ist der Akkusativ zu *ni* (wir) und heißt „uns". Entsprechend bilden wir *vin* (dich, euch, Sie). *Ni kondukas vin* (wir führen euch) und *vi kondukas nin* (du führst uns, ihr führt uns, Sie führen uns). *Donu nian ĉiutagan panon!* (gib - wen oder was? unser tägliches Brot! Gebt unser tägliches Brot! Geben Sie unser tägliches Brot!), *pardonu niajn ŝuldojn!* (vergib - wen oder was? - unsere Schulden! Vergebt unsere Schulden! Vergeben Sie unsere Schulden!). In dem Ausdruck *en tenton* hat der Akkusativ noch eine andere Funktion. Er zeigt die Richtung an. *Ne konduku nin en tenton!* (Führe uns nicht - wohin? - in Versuchung!). Vergleichen Sie bitte noch folgende Beispiele: *ni estas en la domo* (wir sind in dem Hause) und *ni iras en la domon* (wir gehen in das Haus), *vi kondukas nin en la stacio* (Ihr führt uns im Bahnhof) und *vi kondukas nin en la stacion* (Ihr führt uns in den Bahnhof). Streng genommen kennt das Esperanto nur den Nominativ und den durch *-n* gekennzeichneten Akkusativ. Beide aber können mit Präpositionen verbunden werden. Ist die Präposition *de* (von), so sprechen wir wohl vom Genitiv, ist sie *al* (zu, nach, an) vom Dativ, bei Präpositionen, die für Ort (wo?) und Richtung (wohin?) gebraucht werden können, dient das Akkusativ-*n* als das die Richtung angebende Unterscheidungszeichen. Noch ein Beispiel: *ni veturas en la trajno, la trajno veturas en la stacion.*

Jetzt verstehen wir auch klarer *donu* (wem?) *al ni, pardonu al ni* und *ni pardonas al niaj ŝuldantoj. En la ĉielo* (im Himmel), aber *en la ĉielon* (in den Himmel), *sur la tero* auf der Erde, auf Erden), aber *sur la teron* (auf die Erde), *en eterneco* (in Ewigkeit), aber *konduki* (wohin?) *en tenton* (in Versuchung führen), *de la malbono* (von dem Übel, aber auch: des Übels, z. B. *la ejo de la malbono* der Ort des Übels).

Kiu ist Relativpronomen. *La patro, kiu estas en la domo* der Vater, der im Haus ist, *la patroj, kiuj iras en la domon* die Väter, die in das Haus gehen, *la patrino, kiu donas la panon al la patro* die Mutter, die dem Vater das Brot gibt, *la patrinoj, kiuj donas la panon al la patroj* die Mütter, die den Vätern das Brot geben. *Kiel . . . tiel* sind korrespondierende Partikel (wie . . . so . . .). *Ankaŭ* auch, *ĉiutaga* ist zusammengesetzt aus dem verallgemeinernden *ĉiu* (jeder) und dem von *tago* (Tag) abgeleiteten Adjektiv *taga* (täglich), also etwa „alltäglich“, *hodiaŭ* heute, dazu *hieraŭ* gestern und *morgaŭ* morgen, *ĉar* denn, weil, *sed* sondern, aber, *eterneco* Ewigkeit aus *eterna* ewig und der Bildungssilbe *-ec-,* die für abstrakte Begriffe verwandt wird, z. B. *proksimeco* Nähe, *varmeco* Wärme, *sankteco* Heiligkeit *originaleco* Originalität, *nacieco* Nationalität, *pleneco* Fülle, *libereco* Freiheit, *boneco* Güte, *longeco* Länge, *facileco* Leichtigkeit, *malfacileco* Schwierigkeit, *vireco* Männlichkeit, *virineco* Weiblichkeit und viele andere.

Ich hoffe sehr, ich bin erschöpfend gewesen, in dem Sinne, daß ich unseren *Esperanto*-Text voll ausgeschöpft, nicht aber in dem Sinne, daß ich Sie erschöpft habe. Jetzt wäre die didaktische Frage fällig: „Haben Sie noch eine Frage?“ Aber sie ist hier wenig sinnvoll, da wir einander nicht gegenwärtig sind. Auch pflegen Schüler in solchen Fällen vorsichtshalber keine Frage mehr zu stellen, weil sie eben doch . . . erschöpft sind.

Ich habe meiner Besprechung des Vaterunsers die Fassung der englischen und schottischen Bibelgesellschaften zugrunde gelegt. Hier gebe ich Ihnen noch die etwas abweichende Form der von der katholischen (IKUE) und von der protestantischen (KELI) Vereinigung zur Förderung der Internationalen Sprache gemeinsam empfohlenen Fassung:

Patro nia, kiu estas en la ĉielo, sanktigata estu Via nomo, venu Via regno, fariĝu Via volo, kiel en la ĉielo, tiel ankaŭ sur la tero. Nian panon ĉiutagan donu al ni hodiaŭ, kaj pardonu al ni niajn ŝuldojn, kiel ankaŭ ni pardonas al niaj ŝuldantoj. Kaj ne konduku

nin en tenton, sed liberigu nin de la malbono. Ĉar Via estas la regno kaj la potenco kaj la gloro eterne. Amen.
Abgesehen von *fariĝu* (es möge gemacht werden) statt *plenumiĝu* (es möge erfüllt werden) ist die wesentliche Abweichung *sanktigata* (geheiligt, und zwar jetzt und immerdar wieder) statt *sanktigita* (ein für allemal, und damit basta). Eterne ist Adverb und heißt „ewig, ewiglich"!
Mag für Handel und Verkehr bei der Abwicklung internationaler Geldgeschäfte ein allgemeiner leicht handlicher Zahlen-Kode begrüßenswerte Erleichterungen bringen, mag, auch ohne zu verfolgende Fernziele, ein begrenztes internationales Vokabular im eigensten Interesse der Bundesbahn (und selbstverständlich anderer Eisenbahngesellschaften) liegen, so ist den christlichen Kirchen insbesondere, aber nichtchristlichen Religionsgemeinschaften wohl auch, die Erleichterung zwischenstaatlicher und mitmenschlicher Verständigung aus ihrem innersten Wesen heraus ein existentielles Anliegen, sollte es zum mindesten sein. Man muß sich wundern, daß sie sich des *Esperanto* nicht schon längst ausgiebiger als bisher bedient haben. Das mag aus Unkenntnis, Mutlosigkeit oder Skepsis geschehen sein, denn schließlich sind ja auch Kirchen menschliche, mit allen menschlichen Schwächen behaftete Institutionen. Ansätze zum Gebrauch des *Esperanto* gibt es auch bei ihnen, genau wie anderswo, und nicht zuletzt ist die Herausgabe der Bibel mit der Übersetzung des Alten Testamentes von Zamenhof eine wahre Großtat auf diesem Gebiet.
Offenbar sind aber auch hier, wie anderswo, die Methoden der Propagierung unzulänglich geblieben. Und was speziell die Esperanto-Bibel betrifft, so dürfte ihr Heranbringen an die weit über die ganze Welt verstreuten Esperantisten mit erheblichen Schwierigkeiten verbunden sein, und die Tatsache ihrer Existenz garantiert noch nicht ihre Benutzung, denn gerade die Bibel gibt es in allen Sprachen oder doch fast allen Sprachen der Welt. Die *Esperanto*-Bibel ist eine Angelegenheit für *Esperanto*-Amateure. Ich möchte keinen der Wege, die das *Esperanto* bisher gegangen ist, verschütten. Man soll sie weitergehen, wo immer man sie beschritten hat.
Aber daneben müßte noch etwas anderes geschehen. Noch Ende des vorigen Jahrhunderts gab es Stimmen, die das *Esperanto* ablehnten, weil es ja die gottgewollte babylonische Sprachverwirrung aufheben würde. Ich glaube, auch nicht der

orthodoxeste Theologe würde heute auf eine solche Argumentation verfallen. Man kann wohl voraussetzen, daß heute die Kirchen eher ein neues Pfingstwunder begrüßen würden, das nicht zuletzt auch ihren eigenen ökumenischen und missionarischen Bestrebungen zugute käme. Geistliche sind gebildete Leute, sie haben hebräische, griechische, lateinische und vielleicht auch aramäische Sprachkenntnisse, haben neben ihrer Muttersprache auch noch die eine oder andere moderne Sprache auf der Schule gelernt. Sie würden ohne Zweifel ohne große Mühe auch noch *Esperanto* lernen können. Aber das wäre, da ja die andern es nicht tun, eine gar zu große Zumutung an ihren Idealismus, und da der große, der entscheidende Schritt Gefahr läuft, nicht getan zu werden, ist es besser, den hinsichtlich des Fernzieles manifest unzureichenden kleinen Schritt zu tun, als sich überhaupt nicht in Bewegung zu setzen. Außerdem, selbst wenn alle Geistlichen *Esperanto* beherrschten wie ihr Griechisch oder Latein, es bliebe eine höchst elitäre Angelegenheit. *Esperanto* muß, biblisch gesprochen, eine Angelegenheit der Herde werden und darf nicht allein dem Hirten vorbehalten bleiben. Wenn der Kirche daran liegt, daß die Sprachgrenzen fallen, so sollte sie darum b e t e n und, indem sie das tut, Gott helfen, ihre Gebete zu erhören. Wie würde die Gemeinde plötzlich aufhorchen, wenn sie aus dem Munde ihres Geistlichen etwa in folgender Weise angesprochen würde: „Liebe Gemeinde, ich spreche jetzt im Gedenken an die Christen in aller Welt in der übernationalen Sprache *Esperanto,* die auf ihre Benutzung wartet, um die schmerzlich trennenden Sprachgrenzen zu überwinden, das Vaterunser und bitte euch, zu versuchen, ihm in unserer Muttersprache in Gedanken zu folgen." Und das Sonntag für Sonntag, in jedem Gottesdienst an jedem Ort. Das Ganze dauert kaum eine Minute und würde, beharrlich fortgesetzt, bald bewirken, daß den Christen das *Esperanto*-Vaterunser genau so geläufig würde wie das ihrer Muttersprache. Damit wäre um die Christen in aller Welt ein Band geschlungen, das mehr als manches andere geeignet ist, sie einander näher zu bringen, und zugleich hätten sie mit dem *patro-nia* einen Schritt ins *Esperanto* getan, der weit über die Begrenztheit des Textes hinausgeht, da eine jede seiner grammatischen Erscheinungen ausnahmslos für die gesamte *Esperanto*-Sprache Gültigkeit hat.

Ganz verfehlt wäre es meines Erachtens, wollte man eine solche Neuerung ökumenisch aushandeln, etwa nach dem Prinzip, tut ihr es, tun wir es auch. Zu ökumenischen Gesprächen über *Esperanto* wird es dann ohnehin eines Tages kommen. Das Nächstliegende ist aber die unmittelbare Praxis, so bescheiden ihre Anfänge auch sein mögen. Ich weiß nicht, ob es die Kompetenzen des einzelnen Geistlichen überschreitet, wenn er selbständig nach der obigen Empfehlung verfährt. Ich finde, er sollte es tun, ohne seine ihm vorgesetzten Amtsbrüder zu befragen. Mit der steigenden Hierarchie steigt die Bedenklichkeit. Das ist nur verständlich. Aber andererseits sollten die Oberen es hinnehmen, froh darüber, daß ihnen hier eine Entscheidung abgenommen wird. Sollten sie es aber begrüßen, so sollten sie nicht zögern, die wahrgenommene Initiative zu ermuntern. Sie würden damit etwas tun, das geeignet ist, der Kirche viele Freunde zu gewinnen, da solches Tun einem der dringlichsten Bedürfnisse unserer Zeit entgegenkommt. Die letzte Entscheidung aber liegt, so dünkt mir, für einen guten Christen, für den der Mann aus Nazareth noch etwas bedeutet, bei eben diesem Jesus. Könnten sie ihn befragen (aber sie können es ja, sollen es sogar!), was er davon halte, würde er ihnen wohl antworten: „Laßt mich mit dem Kram zufrieden, mein Reich ist nicht von dieser Welt?“ oder würde er etwa sagen: „Habe ich euch nicht gesagt, liebe Brüder, ihr sollet euch untereinander lieben? Gehet hin und verständiget euch!“?

In einer Biographie Zamenhofs („The Life of Zamenhof“ by Edmond Privat, London 1931) finde ich eine Äußerung Tolstois, die ich hier in der mir vorliegenden englischen Übersetzung wiedergebe. Eine russische Verlagsanstalt hatte Tolstoi nach seiner Meinung über *Esperanto* befragt. Dies war seine Antwort: „Six years ago I received an Esperanto grammar, vocabulary, and articles written in the language. After not more than two hours' study I was able, if not to write the language, at any rate to read it freely. . . . I have often noted how men are brought into unfriendly relations merely through material hindrance to mutual comprehension. The learning and spread of Esperanto is therefore undoubtedly a Christian movement, helping to create the Kingdom of God, which ist the chief and only aim of human life.“

Und Papst Pius XII. meinte: *„Esperanto* wird als Weltsprache, wie jahrhundertelang das Lateinische, ein Instrument der Versöhnung und der Einigkeit unter den Völkern sein.“

Fünftes Kapitel / *Kvina ĉapitro*

Es war einmal ... / *Estis iam ...*

Es war einmal ein kleiner Judenjunge, dem kam schon in seiner frühesten Kindheit der Gedanke, wie schön es wäre, wenn alle Menschen doch ein und dieselbe Sprache sprächen. Mit diesem Gedanken lebte er, und wo er war, da war auch dieser Gedanke, denn der verließ ihn niemals. Mit unbeirrbarer Zielstrebigkeit, ja Besessenheit, beschäftigte sich der kleine Junge, auch noch als er längst schon kein kleiner Junge mehr war, mit seinem Gedanken, und allen Schwierigkeiten und Bitternissen zum Trotz gab er ihn nicht mehr auf, wie schon so viele andere vor ihm getan hatten, die dieser Gedanke auch bewegt hatte.
Er wurde 1859 in Bialystok in Polen geboren. In dieser Stadt seiner Kindheit empfing er die Zielsetzung seines künftigen Lebens. Hier lebten Russen, Polen, Deutsche und Juden. Eine jede dieser Bevölkerungsgruppen sprach ihre eigene Sprache und begegnete den anderen mit Mißtrauen. Der sensible Junge empfand schmerzlich diese Verschiedensprachlichkeit und überzeugte sich mehr und mehr, daß sie, wenn nicht der einzige, so doch der Hauptgrund aller Trennungen und Feindseligkeiten war. Seine Erzieher nährten seinen Idealismus und lehrten ihn, daß alle Menschen Brüder seien. Auf dem Markt und auf der Straße aber gab es offenbar keine Menschen, sondern nur Russen, Polen, Deutsche und Juden. Das quälte seine kindliche Seele und er gelobte sich, da es ihm schien, die Erwachsenen verfügten über einen allmächtigen Zauber, er wolle, wenn er erst erwachsen wäre, dieses Übel unbedingt beseitigen.
Mit den Jahren überzeugte er sich allerdings davon, daß dies nicht so leicht sein würde, wie er es sich als Kind vorgestellt hatte. Eine kindliche Utopie nach der anderen verwarf er, aber der Traum von der einen Sprache aller Menschen ließ ihn nicht mehr los. Unklar war dieser Traum und nahm lange keine bestimmten Formen an. Irgendwann, schwer zu sagen, wann, aber erstaunlich früh jedenfalls, wurde dem Jungen bewußt, daß die erträumte Sprache eine ganz neutrale, keiner lebenden Nation angehörige Sprache sein müsse. Als er aus der Bialystoker Realschule aufs Warschauer Gymnasium kam, faszinierten ihn die alten Sprachen, und er stellte sich vor, wie er die ganze

Welt durchreisen und durch flammende Reden die Menschen aufrufen würde, eine der alten Sprachen zu neuem Leben und allgemeinen Gebrauch zu erwecken. Später, als er diese Phantasie erschöpft hatte, kam ihm die Überzeugung, daß das unmöglich sei, und da begann er, unklar zunächst, von einer neuen künstlichen Sprache zu träumen. Bald begann er diesen, bald jenen Versuch und dachte sich formenreiche künstliche Deklinationen und Konjugationen aus. Aber eine menschliche Sprache mit ihrer schier endlosen Fülle grammatischer Formen, ihren vieltausend Wörtern, von denen die dicken Wörterbücher Zeugnis ablegten, schien ihm ein so unheimlich komplexes Gebilde, daß er sich wiederholt sagte: „Weg damit! das geht über die menschlichen Kräfte." Sein Traum aber ließ ihn nicht los. Immer wieder kehrte er zu ihm zurück.

Deutsch und Französisch hatte er schon als Kind gelernt, als er noch nicht vergleichen und Folgerungen ziehen konnte. Als er aber in der fünften Klasse des Gymnasiums anfing, Englisch zu lernen, da verblüffte ihn die Einfachheit der englischen Grammatik. Durch den schroffen Übergang von der Grammatik des Griechischen und Lateinischen wurde ihm diese Einfachheit mehr noch, als sie es ohnehin schon getan hätte, eindrucksvoll bewußt. Der verwirrende Reichtum an grammatischen Formen war also keine sprachliche Notwendigkeit, sondern nur ein ungeregeltes historisches Entwicklungsergebnis. Und da begann er, alle unnötigen Formen auszumerzen, und siehe da! die Grammatik schmolz unter seinen Händen zusammen, und er gelangte zu einer Art Mini-Grammatik, die, ohne die Sprache zu beeinträchtigen, nur wenige Seiten umfaßte. Da begann er, ganz ernsthaft an der Verwirklichung seines Traumes zu arbeiten. Die riesigen Wörterbücher aber beunruhigten ihn nach wie vor.

Einmal, er ging mittlerweile schon in die siebente Klasse des Gymnasiums, da lenkten die Inschrift „Ŝvejcarskaja" (Pförtnerloge) und kurz darauf das Ladenschild „Konditorskaja" (Konditorei) seine Aufmerksamkeit auf sich. An diesem „-skaja" erkannte er die Möglichkeit, mit Nachsilben aus einem Wort weitere Wörter zu bilden, die man nicht besonders zu erlernen brauchte. Dieser Gedanke ergriff mit Macht Besitz von ihm, und er fühlte wieder Boden unter den Füßen. Ein Lichtstrahl fiel auf die dicken Wortwälzer, und sie begannen, vor seinem inneren Auge zusammenzuschrumpfen.

Jetzt, so sagte er sich, ist das Problem gelöst. Diese Idee mit den Nachsilben griff er auf und trieb die Arbeit in diese Richtung voran. Er verstand, welche ungeheure Bedeutung für eine bewußt geschaffene Sprache die konsequente Anwendung dieses Prinzips, das sich in den natürlichen Sprachen nur teilweise, blind, unregelmäßig und unvollständig auswirkt, haben mußte. Da ging das Wortvergleichen, das Suchen nach festen, bestimmten Beziehungen los, und Tag für Tag flogen ganze Reihen entbehrlicher Wörter aus dem Wörterbuch heraus und sahen sich durch Anwendung einer Nachsilbe mit feststehender Bedeutung ersetzt. Dabei wurde ihm klar, daß sogar eine große Menge von Grundbegriffen (z. B. Mutter = *patrino* aus *patro* und *ino,* Messer = *tranĉilo* aus *tranĉi,* schneiden, und *-ilo,* Mittel, Werkzeug) leicht in abgeleitete Wörter verwandelt werden und aus dem Wörterbuch verschwinden konnte. Die Sprachmechanik war ihm durchsichtig geworden, und er fing nun an, voller Hingabe und Hoffnung, geregelt zu arbeiten. Bald lagen, schriftlich fixiert, Grammatik und ein kleines Vokabular vor ihm.
Hier bietet sich eine Randbemerkung über das Material des Vokabulars an. Sehr viel früher, als er dabei war, allen Ballast in der Grammatik aufzuspüren und aus ihr zu entfernen, wollte er dieses Ökonomie-Prinzip auch auf die Wörter anwenden, einzig darauf bedacht, daß sie möglichst kurz, nicht mit unnötigen Buchstaben belastet seien. Er sagte sich, das aus elf Buchstaben gebildete „(sich) unter*ha*lten“ könnte doch sehr gut durch ein z. B. nur aus zwei Buchstaben bestehendes „ha“ ausgedrückt werden. So schrieb er sich höchst einfältig nach mathematischem Vorbild die Reihen kurzer und leicht aussprechbarer Silben auf und gab einer jeden die Bedeutung eines bestimmten Begriffes (z. B. a, ab, ac, ad, . . . ba, ca, da, . . . e, eb, ec, . . . ce, . . . aba, aca, . . . usw.). Schnellstens gab er solche Versuche wieder auf, denn die Erprobung, die er für sich anstellte, zeigte ihm, daß solche ausgedachten Wörter schwer erlernbar und noch schwerer zu behalten seien. Immer mehr kam er zu der Überzeugung, daß das zu verwendende Wortmaterial romanisch-germanisch sein müsse und nur soweit verändert werden dürfe, als es die Regelmäßigkeit und andere gewichtige sprachliche Bedingungen erforderten. Als er dieses Terrain erst einmal betreten hatte, entdeckte er sehr bald, daß die modernen Sprachen einen großen Vorrat längst internatio-

nal eingeführter Wörter bereit hielten, die fast allen Völkern bekannt waren und einen wahren Schatz für eine künftige internationale Sprache darstellten. Und diesen machte er sich verständlicherweise zunutze.
Im Jahre 1878 war die Sprache schon mehr oder weniger fertig, obgleich es zwischen der damaligen „lingwe uniwersala" und dem heutigen Esperanto noch beträchtliche Unterschiede gab. Er machte seine Mitschüler (damals besuchte er die achte Klasse des Gymnasiums) mit ihr bekannt. Die meisten fanden wegen der ungewöhnlichen, verblüffenden Leichtigkeit dieser Sprache Interesse an ihr und fingen an, sie zu lernen. Am 17. Dezember 1878 hoben sie sie gemeinsam feierlich aus der Taufe. Während dieses Festes gab es Reden in der neuen Sprache und begeistert sangen sie die Hymne, deren Anfang hier mitgeteilt sei:

Malamikete de las nacjes
Kadó, kadó, jam temp' está!
La tot' homoze in familje
Konunigare so debá.

Das heißt etwa: Die Feindschaft zwischen den Nationen muß fallen, sie muß fallen, es wird Zeit! Die ganze Menschheit muß sich zu einer einzigen Familie vereinigen. - Auf dem Tisch lagen neben der Grammatik und dem Vokabular einige Übersetzungen in der neuen Sprache.
Damit fand der erste Zeitabschnitt der neuen Sprache seinen Abschluß. Zamenhof - denn um keinen anderen handelt es sich, Sie haben es längst erraten - war damals noch zu jung, um mit seiner Arbeit an die Öffentlichkeit zu treten. Er beschloß bei sich, noch fünf bis sechs Jahre zu warten und inzwischen die Sprache sorgfältig zu erproben und zu verbessern. Ein halbes Jahr nach der Feier vom 17. Dezember war die Gymnasialzeit beendet, und die jungen Leute gingen auseinander. Die künftigen Apostel der neuen Sprache versuchten hier und da, über sie zu sprechen. Damit setzten sie sich aber dem Spott reiferer Männer aus und beeilten sich, die Sprache zu verleugnen. Zamenhof blieb allein. Da er nur Spott und Verfolgung erwarten konnte, beschloß er, seine Arbeit vor jedermann geheim zu halten. Während seiner fünfeinhalbjährigen Universitätszeit sprach er niemals mit irgend jemandem über das, was ihn be-

wegte. Es war eine schwere Zeit für ihn. Die Heimlichkeit quälte ihn. Da er genötigt war, seine Pläne und Gedanken sorgfältig zu verbergen, beteiligte er sich an nichts, und die Studentenjahre, damals die schönste Zeit des Lebens, gingen trübe dahin. Als er einmal versuchte, sich in geselliger Umgebung zu zerstreuen, fühlte er sich wie ein Fremder und schlich wieder davon. Von Zeit zu Zeit erleichterte er sein Herz durch ein paar Verse in der von ihm eingerichteten Sprache.

Eines dieser Gedichte *(Mia Penso* Mein Gedanke) veröffentlichte er später in der ersten von ihm herausgegebenen Broschüre. Für die Leser aber, die nicht wußten, unter welchen Umständen es entstanden war, blieb es begreiflicherweise seltsam und unverständlich.

Sechs Jahre lang erprobte und vervollkommnete er unaufhörlich seine Sprache. Das war eine keineswegs geringe Mühe, obgleich er sie 1878 schon als abgeschlossen angesehen hatte. Er fertigte eine Übersetzung nach der anderen, schrieb auch originale Werke in ihr und erkannte an umfangreichen Erprobungen, daß das, was in der Theorie zweckmäßig und richtig schien, sich im praktischen Gebrauch durchaus nicht immer bewährte. Immer wieder mußte etwas beschnitten, durch anderes ersetzt, verbessert oder von Grund auf umgeändert werden. Wörter und Formen, Grundsätze und Forderungen stießen und störten einander, während sie in der Theorie oder bei kürzeren Erprobungen ganz brauchbar schienen.

Manche Dinge wären ihm ohne die unaufhörlichen praktischen Anwendungen seiner Ergebnisse rein von der Theorie her niemals eingefallen. Einige Formen, die ihm zunächst als Bereicherung vorkamen, erwiesen sich in der Praxis als unnötiger Ballast. So mußte er z. B. einige überflüssige Nachsilben wieder ausmerzen. 1878 hatte er noch geglaubt, es genüge, wenn die Sprache über Grammatik und Vokabular verfüge. Die Schwerfälligkeit und Plumpheit, die der neuen Sprache zunächst eigen war, schrieb er nur dem Umstand zu, daß er sie noch nicht gut genug beherrschte. Die Praxis aber überzeugte ihn, daß die Sprache noch ein gewisses Etwas, eine innere Form, eine einheitliche Struktur benötige, die ihr erst Leben und einen bestimmten ausgeprägten Geist geben würden.

(Die Unkenntnis des *Esperanto*-Sprachgeistes ist der Grund, warum manche Esperantisten, die die Sprache nur wenig gelesen haben, zwar fehlerfrei, aber einen schwerfälligen, unangenehmen Stil schreiben. Erfahrenere Esperantisten dagegen schreiben einen guten und gleichmäßigen Stil, gleichviel welcher Nation sie angehören. Der Geist der Sprache wird sich zweifellos, wenn auch nur allmählich und kaum wahrnehmbar, mit der Zeit stark wandeln. Wenn aber die ersten Esperantisten, Menschen aus den verschiedensten Nationen, in der Sprache nicht auf einen ganz bestimmten grundlegenden Geist treffen würden, würde jeder nach seiner Seite zu zerren anfangen, und die Sprache würde dauernd, oder wenigstens auf lange Sicht, eine leblose und ungeschickte Ansammlung von Wörtern bleiben.) – Da begann Zamenhof wörtliche Übersetzungen aus dieser oder jener Sprache zu vermeiden und bemühte sich, unmittelbar in der neutralen Sprache zu denken. Später bemerkte er, daß die Sprache unter seiner Feder schon aufgehört hatte, ein farbloser Abklatsch dieser oder jener Sprache zu sein, mit der er gerade zu tun hatte, sondern anfing, ihren eigenen Geist, ihr eigenes Leben, ihre eigene bestimmt und klar ausgeprägte Physiognomie zu entwickeln, bereits befreit von unerwünschten Einflüssen. Der sprachliche Fluß ergoß sich wie von selbst, biegsam, anmutig und völlig ungezwungen, wie die lebendige Muttersprache.

Noch einen Umstand gab es, der ein öffentliches Hervortreten mit seiner Sprache lange hinauszögerte. Es blieb ein Problem, das für eine neutrale Sprache bedeutsam war, ungelöst. Er wußte es, jeder würde ihm sagen: „Ihre Sprache ist mir nur dann nützlich, wenn die ganze Welt sie annimmt." Weil aber „die Welt" nicht möglich ist ohne vorherige einzelne, konnte die neutrale Sprache keine Zukunft haben, ehe sich nicht ihre Nützlichkeit für jede einzelne Person unabhängig davon ergäbe, ob die Sprache von der Welt schon akzeptiert sei oder nicht. Über dies Problem dachte er lange nach und arrangierte schließlich seine Sprache, Wörterbuch und Grammatik, in Form eines Lösungsschlüssels, der einem auf *Esperanto* geschriebenen Brief beigefügt werden konnte, um dem Empfänger die Möglichkeit zu geben, den Brief zu entziffern. Mit einer solchen philologischen Entzifferungsaufgabe waren aber die meisten Briefempfänger überfordert. Das wenigstens lassen die Erfahrungen, die man damit machte, vermuten.

Zamenhof schloß die Universität ab und begann seine ärztliche Praxis. Nun wollte er endlich mit seiner Arbeit an die Öffentlichkeit treten. Er bereitete das Manuskript für seine erste Broschüre vor *(D-ro Esperanto / Lingvo Internacia / Antaŭparolo kaj plena lernolibro)* und machte sich auf die Suche nach einem Verleger. Da aber stieß er zum ersten Male auf die bittere Praxis des Daseins, auf die finanzielle Frage, mit der er sich auch später immer wieder herumschlagen mußte. Zwei Jahre lang suchte er vergeblich. Als er endlich einen Verleger gefunden hatte, ließ der ein halbes Jahr für die Vorbereitung der Drucklegung verstreichen und lehnte dann doch ab. Schließlich, nach langen Bemühungen, gelang es ihm, im Juli 1887 seine Broschüre selbst herauszugeben. Eine große Erregung hatte sich seiner bemächtigt, und er fühlte, daß er im Begriff war, den Rubikon zu überschreiten, und daß von dem Tag ab, da seine Broschüre erscheinen würde, es keine Möglichkeit zum Rückzug mehr gab. Er wußte, welches Schicksal einen Arzt erwartete, wenn die Patientenschaft, von der er abhängt, in ihm einen Phantasten sieht, einen Menschen, der sich mit abwegigen Dingen befaßt. Er fühlte, daß er seine künftige Ruhe und die Existenz seiner Familie aufs Spiel setzte. Aber er konnte die Idee, die ihm in Fleisch und Blut übergegangen war, nicht mehr im Stiche lassen. Und er überschritt den Rubikon. –

Mit diesem Bericht über die Herkunft des *Esperanto* habe ich mich ziemlich genau an einen Brief gehalten, den Zamenhof einst in russischer Sprache geschrieben hatte und dessen Esperanto-Übersetzung zuerst 1896 veröffentlicht wurde. Weder weiß ich, ob dieser Brief jemals ins Deutsche übersetzt worden ist, noch habe ich russische Sprachkenntnisse, und somit ist allein die Tatsache, daß ich Ihnen dies alles erzählen kann, ein Musterfall für die Brauchbarkeit des *Esperanto.*

Es sind vierzig Jahre ins Land gegangen, seit ich den Zamenhof-Brief zum erstenmal las, und wieder, wie damals, bin ich auch jetzt bei erneuerter Lektüre gerührt über das Leben dieses jungen Menschen, der schon als Kind von einer Idee so ganz ergriffen war, sie neben allen Anforderungen, die Schule und Universität an ihn stellen, beharrlich etwa zwanzig Jahre hindurch verfolgt, mit nie erlahmendem Fleiß in entsagungsvoller Kleinarbeit an seiner Sprache bastelt und dann schließlich etwas auf die Beine stellt, das allen anderen Versuchen dieser Art den Rang abläuft und sich in der Praxis in vorher kaum für möglich gehaltener Weise bewährt. Und zwar ist seine Leistung doppelter Art, er hat, wie das Maultier, das im Nebel seinen Weg sucht, in immer erneuten, tastenden Versuchen, zum einen die Prinzipien entdeckt, nach denen eine internationale Sprache überhaupt eingerichtet sein muß, und zum andern auch gleich ein Modell geschaffen, das allen Anforderungen der Praxis genügt und alle Verbesserungsversuche durch seine Lebensfähigkeit und Lebenszähigkeit widerlegt und überdauert hat.

Man kann sogar - wir haben erfahren, daß Zamenhof es tat - auf *Esperanto* auch dichten. Ich erwähnte sein Gedicht *Mia Penso.* Es ist, um es hier abzudrucken und zu analysieren, etwas zu lang. Ich führe statt dessen ein anderes, kleineres Gedicht von Zamenhof an, in dem sich die kaum mehr zu bändigende Erregung des Mannes offenbart, der nach unsäglichen Mühen im Begriff steht, den entscheidenden Schritt zu tun, der ihn ans Ziel bringen soll.

HO MIA KOR'

Ho, mia kor', ne batu maltrankvile,
El mia brusto nun ne saltu for!
Jam teni min ne povas mi facile,
Ho, mia kor'!

Ho, mia kor'! Post longa laborado
Ĉu mi ne venkos en decida hor'!
Sufiĉe! trankviliĝu de l' batado,
Ho, mia kor'!

Gehen wir den einzelnen sprachlichen Erscheinungen nach! *Kor'* ist ein apostrophiertes *koro* (Herz). Das Substantiv-Zeichen *-o* und, nach vokalisch auslautenden Präpositionen, auch das *-a* des Artikels dürfen durch einen Apostroph ersetzt werden. Das ist ein großartiger Trick für poetische Zwecke. Er ermöglicht das Einsparen überzähliger Silben und die Schaffung genügend männlicher, d. h. auf der letzten, nicht wie sonst im *Esperanto* auf der vorletzten Silbe zu betonender Reimwörter. Die andern Beispiele sind *hor'* für *horo* (Stunde) und *de l'* für *de la. Mi* heißt „ich“, der Akkusativ dazu *min* mich und das entsprechende Possessivum *mia, mia koro* mein Herz. Wir erkennen auch bereits an dem *-u* die Imperative der drei Verben *bati* schlagen, *salti* springen und *trankviliĝi* sich beruhigen, aus *trankvila,* ruhig, und der Nachsilbe *-iĝ,* in einen Zustand gelangen, *iĝi trankvila,* ruhig werden. Die andern Verben sind *teni* halten, *povi* können und *venki* siegen. Von Verben abgeleitete

Substantiva sind *laborado* und *batado*. Die Nachsilbe *-ad* bedeutet soviel wie Dauer. *Longa laborado* ist also etwa ein langes, anhaltendes Arbeiten (die pleonastische Ausdrucksweise bezeugt hier die Intensität), *batado* ein anhaltendes Schlagen, Pochen, Pulsieren. *Mi povas* (ich kann) mit der Präsens-Endung *-as, mi venkos* (ich werde siegen) mit der Futur-Endung *-os*. Bilden wir von beiden Verben auch schnell die Vergangenheit: *mi povis* ich konnte und *mi venkis* ich siegte! Ganz neu ist uns die Endung *-e,* die den von Adjektiven abgeleiteten Adverbien vorbehalten ist: *trankvila* ruhig, *maltrankvila* unruhig, *maltrankvile* unruhig, in unruhiger Weise, *la koro batas maltrankvile* das Herz schläg unruhig, *facile* leicht, in leichter Weise, *sufiĉe* genug, *la laborado estas longa, mi laboras longe, mallonga* kurz, *decido* Entscheidung, *decida horo* Stunde der Entscheidung, *decide* in entschiedener Weise, entschieden, *mi decidis* ich entschied, *mi decidas* ich entscheide, *mi decidos* ich werde entscheiden. Erinnern wir uns der *posta bilet-aĉetado* Nachlösung! *post* (nach) ist Präposition, *posta* Adjektiv, *poste* (später, nachher) Adverb. *Ho!* (oh!) ist ein Ausrufewort, *nun* (nun, jetzt) hat dieselbe Bedeutung wie im Deutschen, *for* fort, weg, *jam* schon, *jam ne* nicht mehr. An die Verhältniswörter *el* (aus) und *en* (in) erinnern wir uns hoffentlich noch.

Nun bleibt uns nur noch das kleine Wörtchen *ĉu* (gesprochen wie tschu) nach. Sie können es mit „ob" übersetzen, ebenso richtig aber ist es, wenn Sie es einfach als Ankündigung einer Frage betrachten in solchen Fragesätzen, die kein eigenes Fragewort haben, den Entscheidungsfragen also. *Ĉu* ist gewissermaßen ein vorgestelltes, hörbares Fragezeichen, ein akustisches Signal mit der Bedeutung: „Achtung! jetzt kommt eine Frage." Es spielt dieselbe Rolle wie im Französischen die Frageeröffnung „est-ce que?". *Ĉu mi venkos?* (werde ich siegen?) ist die Frage zu der Aussage *mi venkos* (ich werde siegen).

Ich verzichte absichtlich darauf, Ihnen eine vollständige Übersetzung des kleinen Gedichtes vorzulegen. Lesen Sie es sich selbst ein paarmal laut vor, ja, lernen Sie es auswendig! Es enthält nicht nur allerlei beispielgebendes Esperanto-Gut, es ist auch ein kleines sprachliches Kunstwerk, dessen ungekünstelte Schlichtheit unmittelbar zum Herzen spricht und dem die überquellende Seele des Dichters den Odem des Göttlichen mitteilte. Über diesem Gedicht vergißt man, daß Esperanto ein sprachliches Kunstprodukt ist.

Sechstes Kapitel / *Sesa ĉapitro*

Rast und Rückblick / *Ripozo kaj resumo*

Wir haben uns schon ganz hübsch umgesehen im Bereich des Esperanto. Da ist es gut, wenn wir uns einmal etwas systematischer, etwas geordneter das Erreichte vergegenwärtigen.
Wenn wir im Deutschen von einzelnen Buchstaben sprechen, dann behandeln wir sie als Substantive, wir sagen z. B. der Punkt auf dem I, das A und O. Kein Wunder also, daß uns im Esperanto die Buchstaben, wenn sie genannt werden, mit der Endung *-o* begegnen. Hier folgt das vollständige, aus 28 Buchstaben bestehende Alphabet *(la alfabeto* oder *la aboco):*
A, bo, co (Aussprache wie in *Zo*ologe), *ĉo* (Aussprache: tscho), *do, e, fo, go, ĝo* (Aussprache: dĵo mit dem Anlaut wie im englischen gentleman), *ho, ĥo* (wie in *Ocho*tskisches Meer), *i, jo, ĵo* (wie in *Jo*liot-Curie mit dem Anlaut von Genie), *ko, lo, mo, no, o, po, ro, so* (wie in Ta*sso*, E*sso*), *ŝo* (wie in *Scho*kolade), *to, u, ŭo* (wie in q*uo*ll), *vo* (wie in *Vo*lumen, *Wo*lga), *zo* (wie das deutsche so).
Es gibt keinen unbestimmten Artikel. Der bestimmte Artikel ist einheitlich für alle Geschlechter, Fälle und Einzahl und Mehrzahl *la.*
Das Substantiv hat die Endung *-o.* Um die Mehrzahl zu bilden, fügt man die Endung *-j* an. Es gibt nur zwei Fälle: Nominativ und Akkusativ. Den letzteren erhält man durch Anhängen eines *-n* an den Nominativ. Die übrigen Fälle werden mit Hilfe von Präpositionen ausgedrückt. (Der Genitiv durch *de,* der Dativ durch *al,* andere Präpositionen je nach dem Sinn.)
Das Adjektiv endet auf *-a.* Fälle und Mehrzahl werden wie beim Substantiv gebildet.
Die Grundzahlen sind: *unu, du, tri, kvar, kvin, ses, sep, ok, naŭ, dek, cent, mil.* Die Zehner und Hunderter werden durch einfache Verbindungen der Grundzahlen gebildet.
Um die Ordnungszahlen zu bezeichnen, wird die Endung *-a* angehängt. Außerdem können substantivische Zahlwörter gebraucht werden.
Persönliche Fürwörter sind z. B. *mi, ni, vi.* Die besitzanzeigenden Fürwörter werden durch Anhängen der Adjektiv-Endung gebildet. Die Deklination ist wie bei den Substantiven.
Das Verb wird nicht nach Personen oder Zahl verändert. Verb-

formen: Die Gegenwart erhält die Endung *-as,* die Vergangenheit *-is,* die Zukunft *-os,* die Befehlsform *-u,* der Infinitiv *-i,* Partizipien im Aktiv: der Gegenwart *-ant,* der Vergangenheit *-int,* der Zukunft *-ont,* im Passiv: der Gegenwart *-at,* der Vergangenheit *-it,* der Zukunft *-ot.* Das Verhältniswort beim Passiv ist *de.*

Die Adverbien endigen auf *-e.*

An sich erfordern alle Präpositionen den Nominativ.

Jedes Wort wird gelesen, wie es geschrieben steht.

Der Akzent liegt immer auf der vorletzten Silbe.

Zusammengesetzte Wörter werden durch einfache Verbindung der Wörter gebildet (das Grundwort steht am Ende). Die grammatischen Endungen werden auch als selbständige Wörter angesehen.

Um eine Richtung anzuzeigen, erhalten die Wörter die Akkusativ-Endung.

Jedes Verhältniswort hat einen bestimmten und gleichbleibenden Sinn.

Die sogenannten Fremdwörter, das sind diejenigen, die die meisten Sprachen aus derselben Quelle schöpften, können ins Esperanto übernommen werden. Sie erhalten nur dessen Schreibweise.

Der Endvokal des Hauptwortes und des Artikels kann ausfallen und durch Apostroph ersetzt werden. –

Weil Sie es von andern Sprachstudien her vielleicht so gewöhnt sind, lasse ich hier zwei Paradigmen folgen. Nötig sind sie eigentlich nicht.

Paradigma der Substantivformen:

	la stacio	der Bahnhof
de	*la stacio*	des Bahnhofs
al	*la stacio*	dem Bahnhof
	la stacion	den Bahnhof

	la stacioj	die Bahnhöfe
de	*la stacioj*	der Bahnhöfe
al	*la stacioj*	den Bahnhöfen
	la staciojn	die Bahnhöfe

en la stacio	(wo?)	im Bahnhof
en la stacion	(wohin?)	in den Bahnhof

Paradigma der bisher besprochenen Verbformen:

trinki trinken
trinku trink! trinkt! trinken Sie!

trinkinta	trinkend	*trinkita*	getrunken
trinkanta	trinkend	*trinkata*	getrunken
trinkonta	trinkend	*trinkota*	getrunken

mi trinkis ich trank
vi trinkis du trankst
ni trinkis wir tranken
vi trinkis ihr trankt, Sie tranken

mi trinkas ich trinke
vi trinkas du trinkst
ni trinkas wir trinken
vi trinkas ihr trinkt, Sie trinken

mi trinkos ich werde trinken
vi trinkos du wirst trinken
ni trinkos wir werden trinken
vi trinkos ihr werdet trinken, Sie werden trinken

Zum Abschluß dieses Überblicks gebe ich Ihnen in alphabetischer Folge die Bausteine (die Wurzelwörter) der bisher behandelten *Esperanto*-Ausdrücke:

aboco Abece
aĉeti kaufen
ad (diese Nachsilbe bedeutet, daß eine Tätigkeit andauert, sich häufig wiederholt oder gewohnheitsmäßig verläuft)
aĵo Ding, Sache (als Nachsilbe verdinglicht *-aĵ* die Vorstellung des Wurzelwortes)
akvo Wasser
al zu, nach, an
alfabeto Alphabet
alia anderer
ami lieben
ankaŭ auch
antaŭ vor
aro Menge (Einheit, Synthese gleichartiger Dinge)

atendi	warten
aŭtomato	Automat
banko	Bank (Geldinstitut)
bati	schlagen
benko	Sitzbank
Biblio	Bibel
bileto	Fahrkarte
bona	gut
Brita	britisch
brusto	Brust
buso	Omnibus
cent	hundert
centra	zentral
ĉambro	Zimmer
ĉapitro	Kapitel
ĉar	denn, weil
ĉefo	Chef
Ĉeĥoslovakio	Tschechoslowakei
ĉielo	Himmel
ĉiu	jeder
ĉu	ob (leitet die ohne Fragewort gebildeten, sogenannten Entscheidungsfragen ein)
de	von
decidi	entscheiden
dek	zehn
deponi	niederlegen, zur Aufbewahrung geben
direkti	richten, lenken
doktoro	Doktor
domo	Haus
doni	geben
d-ro	Dr. (von „doktoro“)
du	zwei
eble	möglicherweise, vielleicht
eco	Eigenschaft (als Nachsilbe abstrahiert *-ec* die dem Wurzelwort eigene Vorstellung)
Edinburgo	Edinburgh
ejo	Ort, Stelle, Stätte, Platz, Raum (wird häufig und in sehr allgemeinem Sinne als Nachsilbe verwandt)
ekspedo	Auslieferung
ekster	außerhalb

el	aus
en	in
esperi	hoffen
esti	sein
estro	Leiter
eta	klein (als Nachsilbe dient *-et* zur Bildung von Diminutiven)
eterna	ewig
facila	leicht
fako	Fach
fermi	zumachen
fero	Eisen
floro	Blume
for	weg, fort
formo	Form
forta	stark
frizi	das Haar machen
fumo	Rauch
giĉeto	Schalter
Glasgovo	Glasgow
gloro	Ruhm
halti	halten
Hebrea	hebräisch
hieroglifo	Hieroglyphe
ho!	oh!
hodiaŭ	heute
hotelo	Hotel
horo	Stunde
iam	einst
igi	machen, bewirken, veranlassen
iĝi	zu etwas werden, in einen Zustand gelangen (als Nachsilbe gibt *-iĝ* transitiven Verben einen intransitiven Sinn)
ilo	Mittel, Werkzeug
informi	informieren
ino	Weib (als Nachsilbe bildet *-in* zu männlichen Begriffen das weibliche Gegenstück)
inter	zwischen
iri	gehen
isto	Berufler, Ausübender einer Profession
jam	schon

jam ne	nicht mehr
kaj	und
kesto	Kasten
kiel	wie
kiu	wer
kodo	Gesetzbuch, Kode
konduki	führen
konduktoro	Schaffner
koro	Herz
kosti	kosten (Preis)
kvar	vier
kvin	fünf
la	der, die, das; die
labori	arbeiten
lando	Land
lavi	waschen
Lazaro	Lazarus
lerni	lernen
letero	Brief
libera	frei
libro	Buch
lingvo	Sprache
lito	Bett
Londono	London
longa	lang
Ludoviko	Ludwig
male	im Gegenteil
mi	ich
mil	tausend
miliardo	Milliarde
miliono	Million
misio	Mission
moderna	modern
mono	Geld
nacio	Nation
naŭ	neun
ne	nein, nicht
necesa	nötig
ni	wir
nomo	Name
nova	neu
nulo	Null
numerala	die Zahlwörter betreffend
nun	nun, jetzt
ofico	Amt
ok	acht
oni	man
originala	ursprünglich
pagi	bezahlen
paki	packen
pano	Brot
pardoni	verzeihen
paro	Paar
paroli	sprechen
patro	Vater
pensi	denken
per	durch, mit
peri	vermitteln
plano	Plan
plena	voll
plenumi	erfüllen
polico	Polizei
por	für
post	nach
poŝto	Post
potenco	Macht, Gewalt
povi	können
proksima	nahe
ree	wieder
regno	Reich
relo	Schiene
restoracio	Restaurant
rigardi	betrachten
salti	springen
sankta	heilig
sed	aber
sekso	Geschlecht
sep	sieben
ses	sechs

sinjoro	Herr
Skoto	Schottländer
societo	Gesellschaft
stacio	Station
sufiĉa	genügend
sur	auf
ŝanĝi	wechseln, ändern
ŝlosi	abschließen
ŝuldo	Schuld
tago	Tag
taksio	Taxi
telefoni	telefonieren, fernsprechen
teni	halten
tento	Versuchung
tero	Erde
testamento	Testament
tiel	so
traduki	übersetzen
trajno	Zug
tranĉi	schneiden
trankvila	ruhig
tri	drei
trinki	trinken
trovi	finden
tualeto	Toilette (Gesamtheit von Körperpflege und Gesellschaftskleidung, nicht Abort = *necesejo*)
turismo	Tourismus
um	(Nachsilbe ohne genau begrenzten Sinn, mit ihr bildet man Wörter, die nur eine ungefähre Beziehung zum Wurzelwort haben)
unu	ein, eins
urbo	Stadt
vagono	Wagen (Eisenbahn)
valizo	Koffer, Handkoffer
varma	warm
vendi	verkaufen
veni	kommen
venki	siegen
ventoli	lüften
veturi	fahren
vi	du, ihr, Sie

viro	Mann
vojaĝi	reisen
vojo	Weg
voli	wollen
vorto	Wort

Wenn wir von den Eigennamen in dieser Liste absehen, so repräsentiert sie mit ihren rund 200 Wurzelwörtern etwa ein Sechstel bis zu einem Fünftel des *Esperanto*-Basisvokabulars. Aus ihr lassen sich zahllose neue Wörter bilden, wobei es ohne weiteres möglich ist, das durch seine Endung als Substantiv *(-o),* Adjektiv *(-a),* Verb *(-i)* oder Adverb *(-e)* gekennzeichnete Wort in eine andere Wortklasse zu überführen. Das gilt auch für Wörter, die nicht durch eine dieser Endungen gekennzeichnet sind, z. B. Grundzahlen, Pronomina, nicht abgeleitete Adverbien, Konjunktionen.

Siebentes Kapitel / *Sepa ĉapitro*

Guten Abend, meine Damen und Herren ...
Bonan vesperon, miaj sinjorinoj kaj sinjoroj ...

Als Zamenhof 1917 starb, gab es weder Hörfunk noch Fernsehen. Es möchte das *Esperanto* ein ganz anderes Schicksal gehabt haben, wenn zur Zeit der ersten großen internationalen *Esperanto*-Kongresse es diese Massenmedien schon gegeben hätte, oder umgekehrt, Esperanto erst in der Ära dieser Massenmedien an die Öffentlichkeit getreten wäre. Aber darüber nachzudenken, ist müßig. Nicht aber müßig ist es, darüber nachzudenken, ob und wie diese Massenmedien für die Einführung des *Esperanto* eingesetzt werden könnten. Mit dem Angebot von Esperanto-Kursen, etwa im Schulfunk oder im Schulfernsehen, so nützlich und begrüßenswert solche Kurse auch sein mögen, ist es, das haben die Erfahrungen der Vergangenheit gezeigt, allein nicht getan. Wer wohl wird sich in unserer hektischen Zeit, in der das menschliche Gehirn sowieso so vielen Anforderungen und Reizen ausgesetzt ist, herbeilassen, sozusagen für nichts und wieder nichts, *Esperanto* zu lernen? Dann doch lieber gleich Chinesisch, um die Mao-Bibel, oder jedwede andere Sprache, um das, was sonst gerade „in" ist, lesen zu können. Die Einrichtung von Kursen kann erst dann Erfolg haben, wenn das Bedürfnis nach ihnen da ist. Das Bedürfnis nach Kursen wird aber erst auftauchen, wenn *Esperanto* schon eingeführt ist und sein Erlernen Nutzen verspricht. Das ist der Circulus vitiosus, den Zamenhof bereits in aller Schärfe erkannt hatte, und den es zu durchbrechen gilt. Würde man jetzt Kurse einrichten, wie es ja schon oft genug hier und da geschehen ist, würden sie zwar auch irgendwie nützen, die Gefahr aber bleibt, daß solche Bemühungen im Sande verlaufen, und die Veranstalter dürften sich nicht wundern, wenn der durchschlagende Erfolg, oder jedenfalls der Erfolg, den sie erhofft hatten, ausbleibt.

Auch hier muß umgekehrt verfahren werden. Wie beim Zahlen-Kode, wie bei den Bahnhofsbeschriftungen, wie beim *Patronia* muß *Esperanto* unmittelbar und möglichst unverzüglich, schon um der gegenseitigen Ermunterung willen und um der einander stützenden Wirkungen willen, in Gebrauch genommen werden. In wie bescheidenem Maße, in wie küm-

merlicher Weise auch immer das zunächst geschieht, es muß sichtbar gemacht werden, nicht nur daß *Esperanto* vorhanden ist, sondern daß es, und zwar möglichst vielfältig, benutzt wird. Nicht alle gehen in die Kirche, aber alle, oder fast alle, sitzen vor dem Bildschirm. Und sie sitzen dort nicht nur einmal in der Woche am Sonntag wie der Kirchgänger in der Kirche, sondern Tag für Tag, mit zuverlässiger Beharrlichkeit und lassen alles über sich ergehen, was ihnen die Programme bieten, von der Werbung bis zum Krimi. Sollte es da nicht möglich sein, diese Unentwegten so ganz nebenbei mit weniger als einer Minute *Esperanto* zu berieseln? Nicht darum handelt es sich, durch Belehrung, Vorträge und Kurse, Esperantisten zu schaffen, sondern durch unaufhörlich an die Fernsehfreudigen herangetragene *Esperanto*-Häppchen sie dazu zu bringen, daß sie anfangen, nach Belehrung, Vorträgen und Kursen, über *Esperanto* zu schreien.
Nun setzen Sie sich bitte mit mir vor den Bildschirm! Da erscheint die charmanteste Ansagerin des Studios und eröffnet das Abendprogramm mit etwa folgenden Worten:
„Bonan tagon, estimataj sinjorinoj kaj sinjoroj! Unue ni salutas niajn alilandajn kaj fremdlingvanajn televidantojn kaj ni esperas, ke ilia gastado ĉe ni estas agrabla al ili. Hodiaŭ estas (ekzemple) mardo, la unua de Januaro 1985 (mil naŭcent okdek kvin). Hieraŭ estis lundo, la tridek-unua de Decembro 1984 (mil naŭcent okdek kvar) kaj morgaŭ estos merkredo, la dua de Januaro 1985 (mil naŭcent okdek kvin).“
Weiter nichts! Knapp drei Viertel einer Minute Sendezeit! Eine freundliche Begrüßung, eine sachliche Mitteilung! Und so ganz nebenbei Werbung für eine nützliche und wohl auch gute Sache! Und ein ganz bißchen Unterricht und in seinem Gefolge ein gleichsam unbewußter, müheloser kleiner Lernprozeß! Ein Minimum an Aufwand und möglicherweise der zündende Funke zu einer weltweiten Bewegung! Und dazu sollte man sich nicht aufraffen können?
Lassen Sie uns zunächst diesen Text, den Sie sicherlich schon einigermaßen verstanden haben, in allen Einzelheiten in die Klarheit des Bewußtseins heben! *Bonan tagon!* steht im Akkusativ, weil ja ein „ich wünsche“ oder „wir wünschen“ gedanklich vorausgeht; *estimi* achten; *unue* (erstens, zuerst) ist Adverb zu *unua* (erster, erste, erstes); *saluti* grüßen; *fremda* fremd, *fremda lingvo* (Fremdsprache); die Nachsilbe *-an* bezeichnet

die „An“hänglichkeit, die „An“hängerschaft, das Mitglied, die Gruppenzugehörigkeit, *fremdlingvano* wer einer fremden Sprache zugehört, Fremdsprachiger, ein Hausbewohner ist also ein *domano,* ein Gesellschaftsmitgleid ein *societano; televidi* fernsehen; *ke* (daß) ist Konjunktion; *ili* (sie) ist Personalpronomen der dritten Person Plural, wir fügen es der Reihe unserer bisherigen Personalpronomina ein: *mi, vi, oni, ni, vi, ili; ilia* (ihr, ihre) ist das von *ili* abgeleitete Possessivpronomen; *gasto* Gast, *gasti* und *gastadi* (zu Gast sein, vorübergehend, bzw. länger); *ĉe* bei, an, *ĉe ni* bei uns; *agrabla* angenehm; *ekzemplo* Beispiel, *ekzemple* beispielsweise, z. B.; die Namen der Wochentage sind: *lundo, mardo, merkredo, ĵaŭdo, vendredo, sabato kaj dimanĉo;* die der Monate: *Januaro, Februaro, Marto, Aprilo, Majo, Junio, Julio, Aŭgusto, Septembro, Oktobro, Novembro, Decembro; hieraŭ* gestern, *morgaŭ* morgen.
Ich hoffe, daß damit alles restlos geklärt ist, und bitte Sie, sich mit mir zusammen auch noch folgende Variation des ersten Teiles der kleinen Ansprache anzusehen!
„Bonan vesperon, estimataj gesinjoroj! Antaŭ ĉio ni salutas niajn alilandanajn kaj fremdlingvanajn aŭskultantojn kaj deziras al ili, ke ilia restado inter ni al ili plaĉu!“
Bonan vesperon! guten Abend ist eventuell passender als *bonan tagon!; sinjorinoj kaj sinjoroj* läßt sich durch die Vorsilbe *ge-,* die beide Geschlechter zusammenfaßt, in *gesinjoroj* zusammenziehen, vergleichen Sie bitte *gepatroj* Eltern, *gekuracistoj* Ärzteehepaar, Ärzte u. Ärztinnen, *ge-Skotoj* Schotten und Schottinnen, *gevojaĝantoj* Reisende beiderlei Geschlechts, man bedient sich dieser Vorsilbe *ge-* natürlich nur dann, wenn man nachdrücklich auch die Weiblichkeit einbeziehen will, wenn ich allgemein von Reisenden sprechen will, genügt *vojaĝantoj,* das *ge-,* obwohl nicht falsch, wäre dann pedantisch; *antaŭ ĉio* vor allem, *aŭskulti* zuhören, für den Hörfunk wäre *aŭskultanto* natürlich das hier entsprechende Wort für *televidanto; deziri* wünschen; *restado* von *resti* bleiben, sich aufhalten; *inter ni* unter uns; *plaĉi* gefallen, *plaĉu* gefalle, gefallen möge.
Eine solche Begrüßung, ob sie schon gleich verstanden würde oder nicht, wäre eine freundliche, gewiß auch Aufmerksamkeit erregende Geste an die Adresse der in der Bundesrepublik weilenden Ausländer und zugleich eine kleine *Esperanto*-Lektion für die deutschen Hörer, die während der kaum fünf-

undvierzig Sekunden, die ihr Vortrag dauert, den Empfangsapparat gewiß nicht abschalten würden. Durch ihre regelmäßige und sich von Tag zu Tag abwandelnde Wiederholung, die ihr ja immer erneute Aktualität verleiht, kann diese Ansprache nicht verfehlen, sich dem Gedächtnis einzuprägen. Dazu trägt insbesondere auch die dreimalige Datumsangabe (für heute, gestern und morgen) bei. Die für den jeweiligen Tag würde ja an sich genügen, so aber erhellen sich die Sätze gegenseitig und bringen durch ihre didaktische Wiederholung den eingewöhnten Hörer schließlich dahin, die erwarteten Angaben gedanklich schon vorwegzunehmen. Wie wir schon an den früheren Beispielen gesehen haben, vermitteln ein paar derartige *Esperanto*-Zeilen weit mehr an Kenntnissen vom *Esperanto,* als es ein entsprechender Text in einer anderen Sprache für diese tun würde. Substantiv-, Adjektiv- und Akkusativ-Endungen, Wortbildungsverfahren, die einfachen Zeitstufen des Verbums (Vergangenheit, Gegenwart und Zukunft), die Namen der Wochentage, die der Monate, das Zahlensystem und noch anderes sind diesem Text implizit.

Da ja die sich in der Bundesrepublik aufhaltenden Ausländer ständig wechseln, die einen reisen ab, andere reisen zu, ist es sinnvoll, diese Begrüßung zu einer bleibenden Einrichtung werden zu lassen. Da man nicht jeden einzelnen in seiner Sprache ansprechen kann, spricht man sie eben alle in einer einzigen und aus Höflichkeit neutralen Sprache an, eben auf *Esperanto* und nicht auf Deutsch. Man sollte diese Begrüßung zunächst einmal für mindestens ein Jahr fest ins Programm hineinnehmen, Wirkung und Resonanz abwarten, und sie dann gegebenenfalls zu einer kurzen Nachrichten-Sendung ausbauen und überhaupt *Esperanto* immer dann anwenden, wenn Ausländer angesprochen werden.

Kommt die Lawine überhaupt erst einmal ins Rollen, dann heißt es vielleicht eines und möglicherweise gar nicht einmal so fernen Tages: „Oh, in der Bundesrepublik kommt man großartig mit *Esperanto* zurecht!“

Achtes Kapitel / *Oka ĉapitro*

Und die Post? / *Kaj la poŝto?*

Und die Post? Sie würde zweifellos allein schon durch den im ersten Kapitel angeführten Zahlen-Kode Erleichterung verspüren, ob es sich im Verkehr mit ausländischen Reisenden nun um Ein- oder Auszahlungen, um Antworten auf Fragen nach Postgebühren oder um den Verkauf von Briefmarken handelt. Das kleine Häufchen *Esperanto*-Grundzahlen ist enorm leistungsfähig. Freilich müßte sich der des Deutschen nur mangelhaft oder gänzlich unkundige Ausländer immer noch durch Gebärden, Radebrechen oder sonstwie verständlich zu machen versuchen, im Entscheidenden aber, nämlich da, wo es ums Geld geht, könnte er sich exakt ausdrücken und auch die entsprechenden Angaben des Schalterbeamten richtig verstehen. So ist beispielsweise *okdek sep* leichter auszusprechen, leichter zu bilden und leichter durchs Ohr aufzunehmen als „siebenundachtzig".

Auch auf Postämtern gibt es wie auf Bahnhöfen eine beträchtliche Anzahl Möglichkeiten durch entsprechende Beschriftung zunächst einen lehrenden, in der Folge aber schnell in Erleichterung umschlagenden Gebrauch vom *Esperanto* zu machen. Wieder handelt es sich darum, nicht abzuwarten, bis die andern es machen, sondern unverzüglich selbst die Initiative zu ergreifen. Der ausländische Reisende, dem zuerst, sagen wir, in Hamburg, dann in Frankfurt und dann in München die gleichen *Esperanto*-Bezeichnungen begegnen, wird sie, wenn er kein Deutsch versteht, ihrer internationalen Angepaßtheit wegen, schneller identifizieren als die für ihn und auch an sich zumeist viel schwierigeren deutschen Ausdrücke.

Wir jedenfalls warten nicht erst ab, bis die Entwicklung in anderen Ländern die Bundespost zur Esperantisierung zwingen wird, sondern gehen mit gutem Beispiel voran, bereiten uns auf den großen Tag X vor und sehen uns schon einmal in dem einschlägigen Vokabular um.

Zunächst vergegenwärtigen wir uns noch einmal einige der Wurzelwörter und Bildungssilben, die uns schon begegnet sind: *-ad, -aĵ, ekster, -et, fako, -ig, -il, inter, kesto, konduki, kosti, lando, letero, libro, mono, pagi, paki, per, por, post, poŝto, resti, telefoni.*

Alsdann greifen wir uns ein paar neue, von denen, mit Befrie-

digung werden wir es feststellen, die meisten uns unmittelbar verständlich sind:
adresi adressieren, *aero* Luft, *afranki* frankieren, *akcepti* annehmen, übernehmen, *aviadi* fliegen, *blinda* blind, *ĉelo* Zelle, *distribui* verteilen, *eksprese* expreß, *formularo* Formular, *ĝiri* überweisen, *karto* Karte, *komerco* Handel, *kun* mit, *linio* Linie, *loko* Ort, *mandato* Auftrag, *marko* Mark, Marke, *numero* Nummer, *perturbi* stören, *pesi* wiegen (Gewicht bestimmen), *pezi* wiegen (Gewicht haben), *peti* bitten, *pli* mehr, *porti* tragen, *presi* drucken, *registri* registrieren, *respondi* antworten, *sendi* senden, *skatolo* Schachtel, *ŝarĝi* laden, beladen, beauftragen, *telegrafi* telegraphieren, *urĝi* drängen, *valora* wertvoll.
Außerdem brauchen wir noch die Nachsilbe *-ul,* die eine Person bezeichnet, die durch eine hervorstechende Eigenschaft charakterisiert ist, z. B. *novulo* Neuling, *bonulo* guter Kerl, *sanktulo* Heiliger, und das Verhältniswort *je,* das von unbestimmter Bedeutung ist und das man bei Datums- und Zeitangaben und überall da, wo keine exaktere Präposition sich anbietet und alles in allem so wenig wie möglich benutzt, z. B. *je la unua Marto* (am ersten März), *je la jarkomenco* (zu Neujahr), *je la dudeka* (um zwanzig Uhr).
Und schon können wir der Bundespost mit einer beachtlichen Reihe zweckmäßiger und treffender Bezeichnungen dienen, die wir um unserer ausländischen Freunde willen gerne von ihr in Gebrauch genommen sehen würden:

Absender	*adresanto, sendinto*
Adressat	*adresato, adresulo*
Adreßbuch	*adres-libro*
Blindensendungen	*sendoj por blinduloj*
Briefdrucksache	*leter-presaĵo*
Briefkasten (der Post)	*leter-kesto, poŝt-kesto*
Briefkasten (des Empfängers)	*leter-skatolo*
Briefmarken	*poŝt-markoj*
Brieftelegramm	*leter-telegramo*
Briefträger(in)	*leter-portist(in)o*
Briefwaage	*leter-pesilo*
Büchersendung	*librosendaĵo*
Devisen	*eksterlanda mono*
dringende Pakete	*urĝaj poŝtpakoj*
Drucksachen	*presaĵoj*

Drucksache zu ermäßigter Gebühr	*presaĵo je reduktita tarifo*
Eilzustellung	*eksprese, per ekspreso*
Einschreibe-Brief	*registrita letero*
Ferngespräch	*interloka interparolo*
Fernschreiben	*telepresaĵo*
gestörte Leitung	*perturbita kondukto-linio*
mit bezahlter Rückantwort	*kun pagita respondo*
mit Luftpost	*per aviadilo, aerpoŝte*
Nachnahme	*rembursо*
Nachsendeantrag	*postsend-peto*
Ortsgespräch	*loka interparolo*
Päckchen	*pakaĵeto*
Paket	*paketo*
Paketannahme	*paketakceptejo*
Porto	*afranko*
„Post“, die zugestellten Postsachen, was der Briefträger bringt	*poŝtaĵoj*
Postanweisung	*mandato, poŝt-mandato*
Postfach	*poŝtfako*
Postkarte	*poŝt-karto*
postlagernd	*poŝtrestante*
Telefonbuch	*telefon-libro*
Telefonnummer	*telefon-numero*
Telefonstelle	*telefonejo*
Telefonzelle	*telefon-ĉelo, -budo*
telegrafisch	*telegrafa*
Telegramm	*telegramo*
Telegrammformular	*telegrafa formularo*
Überweisung	*transpago, ĝiro*
Warensendung	*sendaĵo de varo(j)*
Wertsendung	*sendaĵo kun deklarita valoro*
Wurfsendung	*distribuota sendaĵo*
Zahlkarte	*poŝta pagokarto*

Den Postbeamten würden diese Bezeichnungen durch den täglichen Umgang mit ihnen bald in Fleisch und Blut übergehen, und ausländische Reisende würden sie mit hinübernehmen in ihre Heimat und dort in ihrem Wirkungskreis von der erstaunlichen Aufgeschlossenheit der Post in Deutschland berichten und als Anreger wirken. Auch hier gilt es, das Fernziel beherzt ins Auge zu fassen und beharrlich anzusteuern, d. h. unbedingt die kleinen, schier vergeblich scheinenden Schritte zu tun. Es kommt darauf an, daß *Esperanto* da ist, nicht darauf, daß jeder Postbeamte ab sofort *Esperanto* spricht. Was denn in aller Welt spricht dagegen, daß in der Schalterhalle eines Postamtes sich neben den deutschsprachigen Hinweisen auch solche in *Esperanto* finden oder die internationale Postanweisung statt zweisprachig deutsch-französisch, zweisprachig deutsch-*Esperanto* vorgedruckt wäre? Wie kann die Post denn so ohne weiteres voraussetzen, daß ihre nicht deutsch-sprachigen Kunden ausgerechnet Französisch beherrschen? Ob nicht der griechische oder türkische Gastarbeiter, der seinen Angehörigen in der Heimat Geld schicken will, damit überfordert ist? Gewiß, *Esperanto* versteht er vermutlich fast ebensowenig. Dessen Klarheit und Einfachheit aber laden ein, es zu erlernen, sobald sich nur zeigt, daß seine Beherrschung Erleichterungen mit sich bringt.

Die Möglichkeiten, *Esperanto* erst durch die Bundespost, dann durch den bereits mehr als hundertjährigen Weltpostverein zu infiltrieren, sind nahezu unbeschränkt. Die „Union postale universelle“, die auf Esperanto eine *Universala Poŝta Asocio* wäre, aber gewöhnlich kurz als *Poŝtunuigo* bezeichnet wird, machte sie sich *Esperanto* auch nur für ihre eigenen Zwecke zunutze, wäre imstande, dieser Sprache, über alle Grenzen hinweg, eine weite und durchschlagende Verbreitung zu sichern. Die Männer aber, die die Geschicke des Weltpostvereins lenken, sind keine Philologen, noch weniger wohl Esperantisten, sondern gewiß vortreffliche Spezialisten ihres Faches, möglicherweise mit allen den Vorurteilen gegen *Esperanto* behaftet, die seit dem Scheitern der Volapük-Bewegung und den nationalstaatlichen Verfolgungen nun einmal das Schicksal dieser *internacia helpa lingvo* sind. Und falls sie keine Vorurteile haben und ihr freundlich gesonnen sein sollten, so fehlt ihnen vermutlich der Glaube. Zwar hat der Weltpostverein *Esperanto* seit 1925 als sogenannte „offene Sprache“ offiziell anerkannt, sieht sich aber doch nicht veranlaßt, den großen entscheidenden Schritt zu tun, diese Sprache in Gebrauch zu nehmen, sei es für die eigenen, internen internationalen Beziehungen, sei es für den Verkehr mit dem internationalen Publikum innerhalb der einzelnen nationalsprachlichen Bereiche. Der

Schritt ist offenbar zu groß, und nach hundert Jahren Weltpostverein (am 1. Juli 1875 trat der Postvereinsvertrag in Kraft) fehlt der zweite Heinrich von Stephan, der das Ziel dieses Zusammenschlusses fast aller Staaten der Welt, nämlich die Vereinheitlichung der zwischenstaatlichen Postbeziehungen, auf dem sprachlichen Sektor vorantreibt und modernisiert. Briefmarken mit dem Bildnis Zamenhofs und freundliche Poststempel bei Gelegenheit internationaler *Esperanto*kongresse sind begrüßenswert, ihre Wirkung aber ist zu schwach und ephemer. *Esperanto* muß in einen anhaltenden Gebrauch genommen werden, der die Hochstimmung weniger Kongreßtage überdauert. Die Drucksache, die ins Ausland geht, muß als *presaĵo* bezeichnet werden, heute, morgen, weiterhin und verbindlich. Das ist lebendige Existenz. Sie verstehen, daß das, was ich an Beispielen gegeben habe, eben nur Beispiele sind und den Weg weisen wollen. Ein einziger philologisch gebildeter Esperantist bei der Bundespost wäre imstande, nach und nach, das gesamte Beschriftungs-, Formular-, Hinweisungs- und Werbewesen mit der zweiten Sprache zu versehen.

Das ist überhaupt kein Problem. Die Ablösung des Französischen als internationale Postsprache wird schon schwieriger sein, da hier bindende Abmachungen vorliegen. Der Weg dahin müßte unter Umständen über die vorübergehende Dreisprachigkeit Deutsch-Esperanto-Französisch gehen, wobei man getrost annehmen kann, daß das Französische als Postsprache über kurz oder lang eines ganz natürlichen Todes stürbe. Das eigentliche Problem aber ist, wie man überhaupt zur Esperantisierung der Bundespost und später des Weltpostvereins kommt. Wo sind unter denen, die berufen sind, die überzeugten und unerschrockenen Persönlichkeiten, die die Zeichen der Zeit richtig erkennen? Nur wo ein Wille ist, ist auch ein Weg.

Nun, machen wir uns keine übertriebenen Hoffnungen! Träumen wir statt dessen inzwischen ein wenig! Wieder einmal stehen wir in einer Telefonzelle und wollen telefonieren. Wie immer streift auch diesmal unser Blick über die Bedienungsanleitung des Apparats. Wir nehmen sie kaum mehr wahr. So oft haben wir sie schon gesehen. Aber da stutzen wir plötzlich. Da klebt doch neben der Bedienungsanleitung ein grüner Zettel auf dem Telefonkasten. Donnerwetter! Wir träumen ja wohl! Träumen wir wirklich? Oder träumen wir Wirklichkeit? Oder ist die Wirklichkeit Traum? Wir trauen unseren Augen nicht.

Da steht ja etwas auf Esperanto:

Lokaj kaj interlokaj interparoloj. Neniaj telegramoj, neniaj per la mano efektivigotaj interlokaj interparoloj. Deprenu la aŭdilon! Elektu kaj atendu la eklumadon de la monujo! Enĵetu minimume dudek pfenigojn! Por interloka interparoloj vidu en la apuda registro la numeron de la loka reto. Kiam la interparolo finiĝis aŭ se ĝi ne efektiviĝis, pendigu la aŭdilon! Neenkasigitajn monerojn elprenu el la repagujo! Post kasigado de moneroj kvindek-pfenigaj aŭ unu-markaj nenia restsumo estos repagata. Dum interlokaj interparoloj la ankoraŭ disponebla sumo estas sciigata. Atako, akcidento . . . Fajro . . . Savo-servo, unua helpo . . . Informo . . . Akcepto de perturboj . . . Plej proksima moner-telefonejo . . . Plej proksima poŝtejo . . . Ĉi-tiea ejo . . . Moner-telefono n-ro . . .

Neugierig und aufgeregt gehen wir in die Telefonzelle nebenan. Da klebt der gleiche grüne Zettel. Alle Apparate auf dem Postamt haben ihn. Und der an der nächsten Straßenecke auch! Wir laufen weiter. Alle öffentlichen Fernsprecher der ganzen Stadt haben ihn. Wir geraten ins Schweben, und schon geht's ins nächste Dorf, in die nächste Stadt. In der ganzen Bundesrepublik gibt es keinen Münzfernsprecher mehr, der diesen Aufkleber nicht hat. Die Begeisterung hebt uns über die Grenzen. In ganz Holland sind die grünen Zettel, in Belgien, in Frankreich, in England, und hui! geht's über den Ozean, auf den Azoren finden wir den *Esperanto*-Text, in New York, in Nord- und Südamerika, in den fernsten Winkeln Asiens . . . Überall sind wir zu Haus. Wir müssen das große Ereignis unbedingt unseren Angehörigen mitteilen, und schon drehen wir die Nummernscheibe. Ganz deutlich hören wir den Weckruf und . . . wachen auf. Na ja, dann wollen wir, einigermaßen ernüchtert, erst einmal sehen, ob wir überhaupt verstehen, was da leider noch nicht geschrieben steht:

nenio nichts, *nenia telegramo* kein Telegramm, keinerlei Telegramm; *per la mano* = *mane* mit der Hand, *de telefonistino* würde den Sachverhalt wohl auch treffen; *efektive* wirklich, *efektivigi* = *igi efektiva* verwirklichen; *preni* nehmen, *depreni* abnehmen; *aŭdilo* Hörer, aus *aŭdi* hören und *-ilo* (Werkzeug, Mittel), *elekti* wählen; *eklumado* (Aufleuchten, Beleuchtung) aus *ek-* (eine Vorsilbe, die den plötzlichen Beginn einer Handlung bedeutet), *lumo* Licht und *-ado,* wir haben hier ein schönes Beispiel für die Treffsicherheit mancher Esperanto-Wörter, die

Vorsilbe *ek-* zeigt das Aufleuchten, den Beginn des Leuchtens an, die Nachsilbe *-ad* gibt zu verstehen, daß das Leuchten anhält; *-ujo* bezeichnet Behälter im weitesten Sinne des Wortes, *monujo* ist also wörtlich ein Geldbehälter, hier ist der Teil des Apparates gemeint, den die Post als „Speicher" bezeichnet, ein Wort, das, aus diesem Zusammenhange gelöst, ja ganz andere Vorstellungen (etwa Getreide- oder Kornspeicher) wecken würde; *ĵeti* werfen; *minimuma* mindest, *minimume* mindestens; *pfenigo* Pfennig; *vidi* sehen, *apud* bei, *apuda* daneben befindlich; *registro* Verzeichnis, Liste; *koni* kennen; *koniga numero* Kennzahl; *reto* Netz; *kiam* (wenn, als) hat zeitliche, *se* (wenn) hat bedingende Bedeutung; *fino* Ende, *fini* beenden, *finiĝi* enden, zu Ende gehen; *aŭ* oder; *ĝi* (es) neutrales Pronomen der dritten Person Singular für Gegenstände und Tiere; *pendi* hängen, *pendigi* aufhängen, *monero* Münze aus *mono* und der Nachsilbe *-ero,* die einzelnes aus einer Fülle bezeichnet, z. B. *pano* Brot, *panero* Krume; *kaso* Kasse; *repagujo* Rückzahlungsbehälter, die Bundespost bezeichnet ihn als „Münzrückgabe"; *sumo* Summe, Betrag; *dum* während; *ankoraŭ* noch; *disponi* verfügen; *scii* wissen, achten Sie bitte auf sorgfältige Aussprache *s/ci/i,* die muß geübt werden, erst zischen Sie „ss", dann sprechen Sie die erste Silbe von Ziege, und dann kommt noch ein i; *sciigo* Mitteilung; *atako* Überfall, Angriff, Anfall; *akcidento* Unfall, Unglücksfall; *fajro* Feuer; *fajrero* Funke wie *panero* und *monero; savo-servo* Rettungsdienst aus *savi* retten und *servi* dienen; *helpo* Hilfe, *helpi* helfen; *perturbi* stören, *perturbo* (Abweichung, Störung), *funkcii* funktionieren, fungieren, *nefunkciado* Nichtfunktionieren, Störung; *ĉi* drückt die besondere Nähe aus, z. B. *tie* (dort), *ĉi tie* (hier), *ĉi tiea* (hiesig, hier befindlich); *ĉi tiea ejo* (damit ist der Standort des betreffenden Münzfernsprechers gemeint); *n-ro* von *numero* wie *d-ro* von *doktoro.*

Wir lösen uns noch zwei Sätze aus der Bedienungsanleitung zu genauerer Betrachtung heraus:

la sumo estos pagata und *la sumo estas sciigata* (die Summe wird bezahlt werden und die Summe wird angezeigt). Diese Sätze zeigen uns, wie im Esperanto mit Hilfe des Verbums *esti* das Passiv gebildet wird. Die drei Zeitstufen dieses Verbums können jeweilig mit den drei Zeitstufen des Passiv-Partizips verbunden werden. Wir erhalten so die folgenden neun Möglichkeiten:

1.			*pagita*		war bezahlt worden
2.		*estis*	*pagata*		wurde bezahlt
3.			*pagota*		sollte bezahlt werden
4.			*pagita*		ist bezahlt worden
5.	*la sumo*	*estas*	*pagata*	die Summe	wird bezahlt
6.			*pagota*		soll bezahlt werden
7.			*pagita*		wird bezahlt worden sein
8.		*estos*	*pagata*		wird bezahlt werden
9.			*pagota*		wird zu bezahlen sein

Wie Sie sehen, bringt es das Esperanto fertig, auf einfachste Weise zeitliche Beziehungen auszudrücken, von denen einige sich im Deutschen nur höchst umständlich und nicht alle völlig angemessen wiedergeben lassen. Dabei ist zu beachten, daß die Formen auf *-ita* abgeschlossene, die auf *-ata* in ihrem Verlauf befindliche und die auf *-ota* noch nicht angefangene Handlungen bezeichnen.

Selbst wenn die Bundespost nichts weiter täte, als in den Zentren der großen Städte und an Orten, wo sich der Fremdenverkehr häuft, die Bedienungsanweisungen der Telefonapparate durch solche *Esperanto*-Texte zu ergänzen, wäre auch wenn sie zunächst kaum jemandem dienlich sein würden, die psychologische Auswirkung eines solchen Vorgehens doch beträchtlich. Jedem, der eine Telefonzelle betritt, und wer käme wohl nicht in die Verlegenheit, gelegentlich einen Münzfernsprecher zu benutzen? würde vor Augen geführt, daß *Esperanto* existiert und angewendet wird. Ja, es möchte wohl angehen, daß mancher ausländische Besucher, der wenig Deutsch und kein *Esperanto* kann, durch Vergleichen beider Texte doch hinter den Sinn kommt, weil er in dem *Esperanto*-Text etwas findet, das ihm aus seiner Muttersprache oder einer anderen, die er gelernt hat, vertraut ist. Ja, vielleicht auch fühlt sich dieser oder jener angeregt, ein paar unausgefüllte Warteminuten vor dem Apparat zu seiner sprachlichen Bereicherung auszunutzen. Na, und schließlich und endlich gibt es ja auch noch reisende Esperantisten.

Neuntes Kapitel / *Naŭa ĉapitro*

Natürlich und lebendig / *Natura kaj vivanta*

Selbst noch als alter und einigermaßen erfahrener Esperantist, der sich sein Leben lang mit alten und neuen Sprachen von Berufs wegen herumgeschlagen hat, wundert man sich gelegentlich, daß so etwas wie *Esperanto* überhaupt möglich ist. Nicht wundern dürfte man sich daher eigentlich, daß diejenigen, die sich nie ernsthaft und unvoreingenommen mit *Esperanto* befaßt haben, voller Skepsis und zurückhaltend, wenn nicht gar ablehnend dieser Sache gegenüberstehen. Da nützt es wenig, daß man sie auf die vielfachen Bewährungen des *Esperanto* hinweist. Und wenn sie sich durch Beweise und Argumente in die Enge getrieben sehen, dann kommt manchmal als letzte defensive Äußerung, es werden immer nur ein paar Idealisten oder Narren sein, und beides ist offenbar in ihren Augen dasselbe, die *Esperanto* lernen, und um derentwillen lohne es sich nicht; sie selbst kämen mit Französisch und Englisch überall durch und . . . man solle sie in Ruhe lassen. Und das ist dann der alte Circulus vitiosus, und sie sehen nicht, daß das einzige Argument, das gegen *Esperanto* spricht, sie selbst sind. Über sie aber wird die Entwicklung hinweggehen.

Immerhin aber mag es angebracht sein, über das innere Wesen des *Esperanto,* in das wir ja nun schon einen gewissen Einblick gewonnen haben, einiges auszuführen. Der hervorstechendste Aspekt des *Esperanto,* der namentlich dem Neuling so sehr in die Augen sticht, ist seine Künstlichkeit, als die seine Regelmäßigkeit erscheint. Ihr gegenüber aber steht ein anderer Aspekt, und das ist seine Natürlichkeit. Nur fällt die, mangels tieferen Einblicks, zumeist nicht auf, weil sie so selbstverständlich ist. Wie das? Sie an allen Erscheinungsformen des *Esperanto* nachzuweisen, würde wohl eine umfängliche Angelegenheit sein. Aber sie an einigen wenigen Beispielen plausibel zu machen, dazu mögen ein paar Seiten dieses Buches herhalten.

Das Lateinische kennt keinen Artikel, das Deutsche deren drei, das Englische einen. Ist der eine Artikel des *Esperanto* weniger natürlich als der des Englischen?

Das Lateinische hat einen großen Reichtum an Deklinationsendungen, das Französische kennt sie überhaupt nicht mehr, im Deutschen sind sie weitgehend reduziert, im Englischen bis auf den sächsischen Genitiv verschwunden. Sie sind also wohl entbehrlich, aber wie gerade das Französische zeigt, muß ihr Schwund kompensiert werden. Im Französischen geschieht dies durch die sehr geregelte und starre Wortstellung. „Le père bat le fils“ (der Vater schlägt den Sohn), im Deutschen kann man aber auch sagen „den Sohn schlägt der Vater“, weil der Akkusativ in diesem Falle deutlich erkennbar ist. „Le fils bat le père“ würde aber den Sinn auf den Kopf stellen. Es wäre antiautoritär. Spreche ich von Mutter und Tochter, so befindet sich das Deutsche in derselben Schwierigkeit wie das Französische. „Die Mutter schlägt die Tochter“, „die Tochter schlägt die Mutter“, wer eigentlich wen? Dem flektierenden Genitiv als einzigen und auch schon weitgehend zurückgedrängten Fall im Englischen steht im *Esperanto* als einziger flektierender Fall der Akkusativ gegenüber. Durch ihn gewinnt es eine große Freiheit der Wortstellung, die an die des Lateinischen heranreicht. Liegt darin irgendetwas Unnatürliches?

Daß der Plural sich vom Singular durch einen einzigen Laut unterscheidet, kommt in mehr als einer Sprache vor: Die Blume, die Blumen; the dog, the dogs; el hombre, los hombres; il libro, i libri. Auf dieselbe und sehr natürliche Weise verfährt auch das Esperanto mit seinem Plural-j.

Ich kann auf höchst natürliche Weise „ich, ik, ego, I, je, yo oder io“ sagen, und damit mich selbst meinen. Wenn ich nun aber „mi“ sage und meine damit mich selbst, ist das unnatürlich?

Ist denn *mi amas vin* weniger natürlich als „je t'aime“ oder „te quiero“ oder „I love you“? Macht nicht auch hier der Ton, d. h. in diesem Falle die Aufrichtigkeit des Gefühls und nicht die gewählte sprachliche Form, die Musik?

Das lateinische „avunculus“ (Oheim, Bruder der Mutter) ist im Deutschen zu Onkel, im Französischen zu „oncle“, im Englischen zu „uncle“ geworden. Ist das *onklo* des Esperanto etwa weniger natürlich, nur weil es statt „el“ oder „le“ ein *lo* am Ende hat? Was sollte man da erst zu dem Spanischen „tío“ sagen, das eben auch „Onkel“ bedeutet und trotz seines auslautenden „o“ doch ein ganz natürliches Wort ist? Und wenn man zu einem Schneider eine Schneiderin, durch die einfache Ableitungssilbe *-in* und ganz ohne dessen Rippe zu benötigen, und zu einem „Gehilfen“ eine Gehilfin stellen kann, warum dann nicht zu einem *onklo* eine *onklino,* also eine Oheimin,

eine Onkelin, eine Tante?
Es ist nichts Künstliches im Wortmaterial und im Regelwerk des *Esperanto*. Alles ist gewachsenes, lebendiges indo-europäisches Sprachgut. Künstlich am *Esperanto* ist allein, daß der Wildwuchs der vorgefundenen „natürlichen“ Sprachen zurechtgestutzt worden ist, wie der eines Spaliers, einer Hecke, eines Rasens.
Aber ist *Esperanto* nicht doch ein aus vielen Sprachen zusammengemixtes greuliches Machwerk? Keineswegs mehr als alle anderen Sprachen es ohnehin sind. Wollte man aus dem Deutschen alles, was sich seit germanischer Zeit hineingemixt hat, entfernen, es bliebe wahrlich nicht viel nach. Nicht nur Wörter wie Elektrizität, Telefon und Astronautik, sondern auch solche wie Mauer, Kohl, Kirsche, Spargel, Kaiser, Keller, Zelle, Asthma, Idee, Basis, Horizont, Auto, Biologie, Kavallerie, Tomate, Karotte, Kultur, Wein - ich habe sie hingeschrieben, wie sie mir gerade eingefallen sind - und unzählige andere haben sich im Laufe der Jahrhunderte dem Deutschen assimiliert, von moderneren wie Jazz, Minirock, Minigolf, Camping, Sit-in, Happening, Oldtimer, African-Look u. a. einmal ganz abgesehen. Unter diesem Gesichtspunkt ist das Deutsche ein viel greulicheres Sprachgemisch als Esperanto, in dem sich die Eindringlinge in Orthographie und Aussprache ihrer neuen Umgebung anpassen müssen, so daß es zu einem harmonischen Einklang kommt und sie sogleich als zugehörig empfunden werden. Im Deutschen müssen wir dagegen beim Gebrauch von Wörtern wie Versailles, Sans-Souci, Restaurant, Rommé, Television, Risorgimento, Räson, Balkon, Quai, Paraffin, Email entweder aus dem deutschen phonetischen System ausscheren oder es hinnehmen, daß man uns für ungebildet hält.
Daß *Esperanto* eine ganz natürliche Sprache ist, zum mindesten geworden ist, steht für mich außer Zweifel. Sie wird von lebendigen Menschen gesprochen und zeigt ein kräftiges Eigenleben. Wie das aber möglich sein konnte, das ist das eigentliche Wunder, an das zu glauben dem Fernerstehenden so schwer fällt, weil es eben schwer ist, an Wunder zu glauben. Und dieses Wunder, wenn wir es denn schon einmal so bezeichnen wollen, hängt unmittelbar mit der Genialität Zamenhofs zusammen. Er hat seine Sprache als offenes System geschaffen. Sie kann assimilieren, sie kann ausscheiden, sie kann sich wan-

deln, sie kann wachsen, ja, sie könnte schließlich auch, verkümmern, siech werden und sterben, wie eben andere natürliche Sprachen auch. Ja, sie könnte sogar - nicht ganz ohne Ironie sei es vermerkt - wenn man nicht aufpaßt, Dialekte entwickeln. Sie hat auch, ganz wie das Lateinische, Tochtersprachen geboren. Mit verheißungsvollen Namen sind die in die Welt getreten, haben sich aber als nicht lebensfähig erwiesen.

Im Grunde besteht Zamenhofs Sprache nur aus Wörtern. Wenn man die knappe Grammatik, die er ihr gewissermaßen als eine Art Wegweiser mitgegeben hat und die wohl auch eine Konzession an unsere überkommenen sprachlichen Vorstellungen ist, genau durchdenkt, dann löst sie sich in Bildungssilben auf, die gleichsam auch als selbständige Wörter fungieren könnten. Ein Beispiel mag es zeigen, wie ich das meine: *mi estis* (ich war), *mi estas* (ich bin) und *mi estos* (ich werde sein) ließe sich zwar nicht genau so gut, aber genau so genau auch so ausdrücken: *mi esti is* (ich sein vorbei), *mi esti as* (ich sein jetzt) und *mi esti os* (ich sein künftig), wobei *is, as* und *os* ganz wie selbständige Adverbien der Zeit den Vorgang in die Vergangenheit, Gegenwart und Zukunft rücken. Selbst das Pluralzeichen *-j* ließe sich, mit einem *o* versehen, als selbständiges Wort auffassen; *domoj* (Häuser) wäre dann nichts anderes als *domo oj* (Haus mehr-als-eines), wobei dem Wörtchen *oj* dann die Bedeutung „mehr-als-eines" oder „mindestens-zwei" zukäme.

Es gibt praktisch keine Grammatik im *Esperanto!* Es ist eine reine Wortsprache. Man hat ihr das Akkusativ-*n* vorgeworfen. Es sei überflüssiger, erschwerender Ballast. Man hat darauf hingewiesen, daß das Englische und Französische durchaus existieren können, ohne daß ihre als direkte Objekte gebrauchten Substantive durch eine Flexions-Endung gekennzeichnet würden. Das ist richtig. Nur hat man dabei übersehen, wie teuer diese Sprachen den fehlenden Akkusativ durch Verkrampfungen in der Wortstellung bezahlen müssen. Gerade das Akkusativ-*n,* das eine Art Richtungsanzeiger ist, gibt dem *Esperanto* die große Ungezwungenheit seines Satzbaus. Ich nehme das bereits angeführte Beispiel noch einmal auf: *la patro batas la filon, la filon batas la patro, batas la patro la filon, batas la filon la patro, la patro la filon batas, la filon la patro batas.* Jede der sechs Möglichkeiten ist eindeutig und verständlich. Die erste ist allerdings die übliche, und die anderen kommen allenfalls gelegentlich im Zusammenhang mit dem

Kontext und um einer bestimmten emphatischen Wirkung willen vor. Zamenhof war weise genug, seine Sprache nicht mit syntaktischen Regeln zu belasten. Er hat sie in Gebrauch genommen, auf Klarheit und Verständlichkeit bedacht, und sie in Übersetzungen und originalen Texten in beispielhaftem Stil vor uns hingestellt.

Man hat nach ihm, als das Kolumbus-Ei schon auf der Spitze stand, nach den von ihm zuerst befolgten Prinzipien, neue Modelle internationaler Sprachprojekte geschaffen. Sie muten an, wie Abwandlungen des *Esperanto,* Tochtersprachen gewissermaßen, die oftmals eine Erleichterung an der einen Stelle erkaufen durch eine Beeinträchtigung an einer anderen. Zum Teil sehen sie sich auf den ersten Blick als leichter verständlich und leichter lesbar an, besonders für Kenner des Lateinischen oder mehr als einer modernen Sprache, um sich in der Folge als schwerer erlernbar zu erweisen. Die einzige, als Welthilfssprache gedachte Sprache außer *Esperanto,* die es zu einer kurzlebigen praktischen Bedeutung gebracht hatte, war das Volapük des badischen Geistlichen J. M. Schleyer. Sie wurde durch das Erscheinen des *Esperanto* aus dem Felde geschlagen, und manche ihrer Anhänger wurden dann zu tätigen Pionieren des Esperanto in Deutschland. Alle später entwickelten Systeme, Idiom Neutral, Ido, Esperantido, Interlingua, Novial, Occidental, und wie sie alle heißen, sind einerseits Schmarotzer am *Esperanto,* was man keiner von ihnen verübeln würde, wenn sie nur genügend Durchschlagskraft gezeigt hätten, was sie aber andererseits eben nicht getan haben. Sie sind Diskussionsstoff geblieben, haben aber allein durch ihre Existenz der Weltsprachenbewegung eher geschadet als genützt, die Hemmungen und Bedenklichkeiten gegenüber dem *Esperanto* gemehrt.

Viel hat man in interessierten Kreisen darüber debattiert, ob das sogenannte schematische Prinzip, nach dem das Vokabular mit Hilfe zahlreicher frei verwendbarer Ableitungssilben von wenigen Grundwörtern aus gebildet wird, oder ob das sogenannte naturalistische Prinzip, nach dem die in den westlichen Kultursprachen am weitesten verbreiteten Wörter das Vokabular der Hilfssprache stellen, das überlegenere sei. Und dabei hat man, scheint es, ganz übersehen, daß ja *Esperanto* sowohl in der einen wie in der anderen Weise verfährt und damit gut bedient ist. Ob mit der Zeit im Esperanto vielleicht das eine der beiden

Prinzipien über das andere die Oberhand gewinnen wird, kann man gelassen seiner weiteren Entwicklung anheimstellen.
Auch hat man versucht, das Ökonomie-Prinzip auf die Spitze zu treiben, etwa den Plural nach einer Zahl oder nach Mengenausdrücken auszumerzen, da ja mit diesen die Pluralität schon gegeben sei, so als sage ich etwa im Deutschen „drei Haus" oder „viel Haus" oder „mehrere Haus" statt „Häuser". In ähnlicher Weise hat man die Verwendung einer die Zeitstufe ausdrückenden Konjugationsform nach einem Adverb der Zeit einsparen wollen, z. B. „ich morgen kommen", da ja das „morgen" bereits die Zukunft bezeichnet.
Im Deutschen sagt man unterschiedslos „heute bin ich im Hause und morgen bin ich auch im Hause", bedient sich also auch für die Zukunft des Präsens, ohne daß es falsch, wenn auch wohl ungewöhnlich, weil umständlicher wäre, zu sagen „morgen werde ich im Hause sein". Im Französischen dagegen heißt es „aujourd'hui je suis à la maison et demain aussi je serai à la maison". Man bedient sich also im zweiten Fall des Futurs, wobei allerdings bemerkt werden muß, daß in der modernen französischen Umgangssprache sich in dieser Verwendung auch das Präsens schon mehr und mehr einstellt. Zamenhof war weise genug, sich zu solchen Fragen nur sehr zurückhaltend oder gar nicht zu äußern. Letzten Endes wird der Sprechende diejenige Form wählen, die seiner Vorstellung am nächsten kommt. *Morgaŭ mi estos hejme* ist logischer und sachlicher, *morgaŭ mi estas hejme* nimmt die Zukunft vorweg, sie ist mir bereits gegenwärtig, und in meiner Vorstellung sehe ich mich schon *hejme.*
Aus dem erwähnten Ökonomie-Prinzip heraus hat man auch getadelt, daß im *Esperanto* nicht nur die Hauptwörter, sondern auch die Adjektive mit dem Pluralzeichen zu versehen seien. Im Englischen sei doch auch bei unverändertem Adjektiv ganz klar, was gemeint sei, z. B. „(a) great house" und „great houses". Wieder hat man übersehen, daß die ins Extrem getriebene Vereinfachung sich an anderer Stelle rächt. Spreche ich z. B. von „great and little houses" und will dann im weiteren nur noch über die ersteren sprechen, dann ist „the great" unzureichend, und ich muß „the great ones" sagen. Aber abgesehen davon tragen gerade die weichen Endungen auf *-j* viel zum Wohlklang der Sprache bei, und der ist doch wohl neben linguistischer Sparsamkeit auch ein anzuerkennender Wert.

Die Konkordanz von Substantiv und Adjektiv bedeutet keine Erschwerung, weder beim Lernen noch beim Sprechen. Vergleichen Sie doch bitte den Höreindruck von „the great houses“ und „la grandaj domoj“!
Zamenhof hat es stets abgelehnt, in den seine Sprache betreffenden Fragen verbindliche Entscheidungen zu fällen. Nichts lag ihm ferner, als sich in der Rolle eines *Esperanto*-Papstes zu gefallen. Er hat das Schicksal des *Esperanto* in die Hände derjenigen Menschen gelegt, die sich dieser Hilfssprache bedienen wollen. Und jeder, der sich diese Sprache so weitgehend aneignet, daß er in ihr denken kann, wird dadurch in ihr Leben einbezogen, wird sie, durch den Gebrauch, den er von ihr macht, bewußt oder unbewußt mit gestalten und beeinflussen und seinerseits ihren Einfluß an sich erfahren. *Esperanto* ist eine eminent demokratische Angelegenheit. Keine Autorität, keine Akademie, keine staatliche Institution kann an den Fundamenten des *Esperanto* mehr rütteln. Es hat sich nämlich, und das ist vielleicht das Erstaunlichste an seiner Existenz, selbständig gemacht. Es gehört allen, die sich seiner bedienen, und es gehört doch niemandem in dem Sinne, daß er nach seiner Willkür damit verfahren könnte. Das hat das *Esperanto*-Volk in aller Herren Länder sehr wohl begriffen, und es verfolgt unbeirrt durch theoretische Erörterungen den Weg der Praxis weiter und leistet vorbildliche Pionierarbeit. Nicht darauf kommt es an, immer wieder neue und andere Systeme dem einzigen System, das sich durchgesetzt hat, entgegenzustellen, sondern das einzige System, das sich als wirklich lebensfähig erwiesen hat, zu fördern und es endlich überall, wo es dienlich sein könnte, anzuwenden. Und damit bin ich durchaus der gleichen Meinung wie Prof. Dr. Carlo Schmid, der war nämlich „durchaus der Meinung, daß man die Kenntnis des *Esperanto* fördern sollte“.
Vernehmen wir einmal Zamenhof selbst! In seiner 1887 erschienenen Broschüre *Dua Libro de l'Lingvo Internacia, de d-ro Esperanto* finden wir eine Äußerung, die erkennen läßt, wie deutlich Zamenhof begriff, auf welche Weise er seiner Sprache allein zu echtem Leben verhelfen könnte:
„Kiam la lasta kajero de l'libro estos elirinta, tiam por la leganto nenio jam estos neklara: la societo tiam konos la tutan animon de l'lingvo, ĝi tiam havos plenan vortaron kaj povos tute libere uzi la lingvon por ĉiuj celoj, kiel ĝi povas nun uzi ĉian riĉan kaj

prilaboritan vivantan lingvon. La dependo de la lingvo de l'volo aŭ de l'talento de mia propra persono aŭ de ia alia aparta persono aŭ personaro tute foriĝos. La lingvo tiam estos tute preta en ĉiuj plej malgrandaj ĝiaj partoj. La persono de l'autoro tiam tute foriros de la sceno kaj estos forgesita.

... La sorto de ia vivanta lingvo tute ne dependas de l'sorto de tiu ĉi aŭ tiu persono.“

Um auch diesen kleinen *Esperanto*-Text in allen Teilen genau verstehen zu können, nehmen wir uns zunächst einmal folgender Wörtchen an: *ia, kiam, tiu (ĉi), tiam, ĉia* (Akkusativ: *ĉian), nenio.* Ihnen gesellen wir ein paar schon früher aufgetretene hinzu: *kiel, tie, tiel, ĉiu. Ia persono* irgendeine Person, eine Person von unbestimmter Eigenschaft; in *kiu* wer, welcher, *kiam* wann und *kiel* wie weist der Stamm auf den fragenden oder rückbezüglichen Charakter des Wortes hin; in *tiu* jener, *tie* dort, *tiam* dann und *tiel* so drückt der Stamm *ti-* das Hinweisen aus, bei *tiu* und *tie* bezeichnet ein dazugesetztes *ĉi* das Näherbefindliche: *tie ĉi kaj tie* hier und dort, *tiu ĉi kaj tiu* dieser und jener; als Wortstamm verallgemeinert *ĉi-: ĉiu* jeder, *ĉiuj* alle, *ĉia* jederlei, wie beschaffen auch immer; *nenio* nichts.

Im übrigen treten folgende Wurzelwörter neu auf: *lasta* letzter, *kajero* Heft, *legi* lesen, *klara* klar, *tuta* ganz, *animo* Seele, *havi* haben, *uzi* gebrauchen, *celi* erstreben, *riĉa* reich, *pri* über, *vivi* leben, *dependi* abhängen, *talento* Talent, *propra* eigen, *persono* Person, *aparta* gesondert, *preta* fertig, bereit, *plej* am meisten, *granda* groß, *parto* Teil, *aŭtoro* Autor, Schöpfer, *sceno* Szene, *forgesi* vergessen, *sorto* Schicksal.

Plej malgrandaj ĝiaj partoj = ĝiaj plej malgrandaj partoj ihre kleinsten Teile; *la plej granda parto* der größte Teil; *la plej klara akvo* das klarste Wasser. Der Superlativ eines Adjektivs wird immer durch *plej* (am meisten) gebildet.

Auf Seite 70 f. sahen wir, wie im *Esperanto* das Passiv auf einfachste Weise durch Verbindung eines der Passiv-Partizipien mit dem Verbum *esti* gebildet wird. Das jetzt zur Besprechung vorliegende Textstück weist die Verbindung eines Aktiv-Partizips mit *esti* auf: *la kajero estos elirinta* (wörtlich: das / Heft / wird sein / ein hinausgegangen seiendes). Was hier vorliegt wird im Deutschen als zweites Futur oder als Vergangenheit in der Zukunft bezeichnet: das Heft wird hinausgegangen sein (vollendete Zukunft, Vorzukunft, Futurum exaktum). Genau wie beim Passiv können wir mit den drei Zeitstufen von *esti* in Verbindung mit den drei Zeitstufen des Aktiv-Partizips neun zeitliche Beziehungen herstellen:

1.			*elirinta*	das Heft war hinausgegangen
2.		*estis*	*eliranta*	(= *eliris*)
3.			*elironta*	
4.			*elirinta*	das Heft ist hinausgegangen
5.	*la kajero*	*estas*	*eliranta*	(= *eliras*)
6.			*elironta*	
7.			*elirinta*	das Heft wird hinausgegangen sein
8.		*estos*	*eliranta*	(= *eliros*)
9.			*elironta*	

Für die oben nicht übersetzten Verbindungen (2, 3, 5, 6, 8, 9) gibt es im Deutschen keine Entsprechungen. Nur durch umständliche Umschreibungen ließe sich der Sinn wiedergeben. Die Verbindungen 2, 5 und 8 entsprechen in etwa den einfachen Aussagen *ĝi eliris, ĝi eliras* und *ĝi eliros,* nur daß bei den zusammengesetzten Formen der Nachdruck darauf liegt, daß wir uns die Handlung in Vergangenheit, Gegenwart und Zukunft gerade während ihres Verlaufes vorstellen. Die drei Verbindungen 3, 6 und 9 drücken aus, daß die Handlung in Vergangenheit, Gegenwart und Zukunft jedesmal noch als künftig hingestellt wird. Kompliziert scheinen diese zeitlichen Beziehungen erst durch Übersetzungsversuche. An sich sind sie sehr einfach und logisch. Für die Alltagspraxis sind sie überdies weitgehend entbehrlich. Dem Schriftsteller, dem Wissenschaftler, dem Philosophen werden sie willkommen sein. Festhalten aber wollen wir bei dieser Gelegenheit, daß das *Esperanto* feinste Nuancen der zeitlichen Beziehungen ausdrücken kann, ganz abgesehen davon, daß mit solchen Bildungssilben, wie z. B. *ek-* oder *-ad* noch zusätzliche Differenzierungsmöglichkeiten (Handlungsaspekte) gegeben sind.

Zehntes Kapitel / *Deka ĉapitro*

Ein bißchen Poesie / *Iomete da poezio*

Vielleicht hat Sie das Zamenhof-Zitat gegen Ende des vorigen Kapitels verzagen lassen. Nun ja, Esperanto ist leichter als andere Sprachen, sehr viel sogar, aber in den Schoß fällt es einem auch nicht. Vielleicht haben aber auch die theoretischen Erörterungen Sie ermüdet. Wie dem nun aber auch sei, jetzt wollen wir es uns wieder etwas leichter machen.

Es ist schon bald ein halbes Jahrhundert her, da befand ich mich in Südfrankreich in einem Kreise jugendlich begeisterter Esperantisten. Wir alle waren überzeugt, *Esperanto* könne nicht verfehlen, alsbald eingeführt zu werden. Es schien uns so einfach und selbstverständlich: Der Völkerbund mußte alle ihm angeschlossenen Staaten veranlassen, *Esperanto* in den Schulen einzuführen. Die Alten, die kein *Esperanto* mehr lernen wollten, würden aussterben, und die Jungen würden heranwachsen, und es wäre eine Lust zu leben. Schon gab es ja 1776 *Esperanto*-Gruppen in der Welt. In zwei, drei, höchstens fünf Jahren, und selbst das schien uns noch immer eine entsetzlich lange Zeit, würde man sich überall auf der Welt auf *Esperanto* verständigen können.

Es kam dann allerdings sehr anders. In Rußland hatte Stalin, während *Esperanto* im Westen gerade in der Arbeiterbewegung mehr und mehr Fuß faßte, diese Sprache als imperialistische Angelegenheit verboten. Und 1935 wurde Esperanto im Nazi-Deutschland als eine bolschewistische Angelegenheit angeprangert und ebenfalls verboten. Der Vorwand spielt keine Rolle. Kein autoritäres Regime sieht es gern, wenn seine Bürger sozusagen auf eigene Faust über die durch die Staatsgrenzen errichteten Gefängnismauern hinweg internationale Kontakte suchen. Und dann kam der Krieg, und die Esperantisten wurden in allen von Hitlers Armeen besetzten Gebieten verfolgt und die Bewegung nahezu zum Erliegen gebracht. Gleichviel, wir damals waren überzeugt, so wie das Meter als internationales Maß seinen Siegeslauf vollendet hatte, so würde auch das *Esperanto* sich unverzüglich und überall durchsetzen. Damals nun entstand, ursprünglich auf Esperanto konzipiert, das nachstehende kleine Gedicht. Erst Jahrzehnte später erfolgte die hier ebenfalls vorgestellte Übersetzung aus dem Esperanto ins Deutsche.

METAMORFOZO

Rozflorburĝonon donis
Knabino for al mi.
Ho, kiel min do prenis
De l'amsopir' mani'!

La rozon zorge metis
En akvoglason mi,
Pensante, ke ridetis
Al mi multĉarme ŝi.

Sur mia noktotablo
Kvar tagojn staris ĝi,
Fermita, kvazaŭ fablo,
Mistera fantazi'.

Sed fine ĝi vekiĝis
El sia dormripoz'.
Hodiaŭ ĝi fariĝis
Plenplena purpurroz'.

Feliĉa kiom iĝis
Mi do en mia kor'!
La mondo ĝojpleniĝis
Per vi, ho ĉarma flor'.

METAMORPHOSE

Ein knospend Röslein schenkte
Ein Mädchen mir voll Huld.
Wie sich da in mich senkte
Des Sehnens Ungeduld!

Die Knospe sorglich stellte
Ich in ein Wasserglas.
Ein Lächeln da erhellte,
Mir schien, mein Schlafgelaß.

Sie stand vier volle Tage
Auf meinem Tisch am Bett,
Geheimnisvoll wie Sage,
Ein Zauberamulett.

Doch schließlich, da erwachte
Die Knospe aus der Nacht
Und öffnete sich sachte
Zu purpurroter Pracht.

Vor Glück mocht da erglühen
Unsagbar mir mein Herz.
O Rose, durch dein Blühen
Strahlt Freude allerwärts.

Nun ja, seien Sie nachsichtig! So dichtet man, wenn man sehr jung ist. Diese Verse haben wenigstens den Vorzug, daß sie dem sprachlichen Verständnis kaum Schwierigkeiten bereiten. Obgleich die durch den Rhythmus bedingte Silbenzahl in beiden Fassungen gleich ist, zeigt diese Nebeneinanderstellung deutlich die größere Knappheit des Esperanto-Textes. Bezüglich der Grammatik habe ich Sie nur darauf hinzuweisen, daß *si* Reflexivpronomen ist, z. B. *la patrino lavas sin* die Mutter wäscht sich, aber *la patrino lavas ŝin* die Mutter wäscht sie, nämlich *la knabinon.* Da die Übersetzung mit dem Text der Vorlage recht frei verfährt, lasse ich hier noch die Liste der neu aufgetretenen Wurzelwörter folgen. Sie ist für das kleine Gedicht ganz hübsch lang, aber nicht nur *la knabo,* sondern auch einige andere dieser Wörter werden Ihnen bekannt vorkommen.

rozo Rose, *burĝono* Knospe, *knabo* Knabe, *do* also, doch, *sopiri* sich sehnen, *manio* Leidenschaft, *zorgi* sorgen, *meti* setzen, stellen, legen, *glaso* Glas, *ridi* lachen, *multa* viel, *ĉarmo* Reiz, *ŝi* sie, *nokto* Nacht, *tablo* Tisch, *stari* stehen, *kvazaŭ* gleichsam, *fablo* Fabel, *mistero* Geheimnis, *fantazio* Phantasie, *veki* wecken, *dormi* schlafen, *ripozo* Ruhe, Ausruhen, *fariĝi* werden, *purpuro* Purpur, *feliĉa* glücklich, *kiom* wieviel, *mondo* Welt, *ĝoji* sich freuen.

Vielleicht versuchen Sie sich jetzt noch einmal an dem Zamenhof-Zitat aus dem vorigen Kapitel. Bei Kreuzworträtseln geben Sie doch auch nicht gleich auf. Wollten sich die Menschen nur soviel mit *Esperanto* beschäftigen, wie mit Kreuzworträtseln, das Weltsprachenproblem wäre längst gelöst. Kreuzworträtsel gibt es nämlich schon seit über einem halben Jahrhundert. 1925 fingen sie an, sich rasch steigender Beliebtheit zu erfreuen. Die Beschäftigung mit ihnen hat den Vorzug, Selbstzweck zu sein, die mit *Esperanto* verfolgt (man fühlt sich versucht, zu sagen „leider") darüber hinausgehende Ziele.

Da ich davon überzeugt bin, daß Sie einen klugen Gebrauch davon machen werden, gebe ich Ihnen nun doch die Übersetzung des Zamenhof-Zitates:

„Wenn das letzte Heft des Buches hinausgegangen sein wird, dann wird für den Leser nichts mehr unklar sein: Die Gesellschaft wird dann die ganze Seele der Sprache kennen, sie wird dann ein vollständiges Wörterverzeichnis haben und wird die Sprache dann ganz frei für alle Zwecke gebrauchen können, wie sie jetzt jedwede reiche und ausgearbeitete lebende Sprache gebrauchen kann. Die Abhängigkeit der Sprache vom Willen oder vom Talent meiner eigenen Person oder irgendeiner anderen Einzelperson oder Personengruppe wird ganz verschwinden. Die Sprache wird dann in allen ihren kleinsten Teilen ganz fertig sein. Die Person des Urhebers wird dann ganz von der Bühne abtreten und vergessen werden.

... Das Schicksal irgendeiner lebenden Sprache hängt ganz und gar nicht vom Schicksal dieser oder jener Person ab." Das unerfreuliche Deutsch dieser Übersetzung beruht auf der aus didaktischen Gründen angestrebten wortgetreuen Entsprechung.

Elftes Kapitel / *Dek-unua ĉapitro*

Vollständige Esperanto-Grammatik
Plena gramatiko de Esperanto

Sollten Sie mir, sehr geehrte *gelegantoj,* bis hierher gefolgt sein, so kann ich Sie beglückwünschen. Ich halte Sie nunmehr für genügend vorbereitet, Sie mit der vollständigen Grammatik des *Esperanto* bekannt zu machen. Und da ich ja wieder und wieder empfohlen habe, *Esperanto* sofort in Gebrauch zu nehmen, ergreife ich die Gelegenheit, halte mich an meine Empfehlung und mache Sie mit der *Esperanto*-Grammatik auf *Esperanto* bekannt. Wir wenden also unsere bisher erworbenen Kenntnisse zu deren eigener Festigung und zur Erwerbung weiterer an. Die von *d-ro Esperanto* 1887 zuerst veröffentlichte und dann nach einer einzigen, wenig erheblichen, aber geglückten Änderung ab 1888 gleichbleibend beibehaltene Grammatik umfaßt 16 Regeln, die keine Ausnahmen kennen und die wir uns nun eine nach der anderen vornehmen wollen. Im Anschluß an eine jede gebe ich zu den neu auftretenden Wörtern die Übersetzung unmittelbar oder die zu ihnen gehörige Stammform und deren Übersetzung. In den wenigen Fällen, wo wir auf bisher noch nicht Besprochenes stoßen, füge ich außerdem noch ein paar Beispiele an.

1. *Artikolo nedifinita ne ekzistas; ekzistas nur artikolo difinita (la), egala por ĉiuj seksoj, kazoj kaj nombroj.*

artikolo Artikel, *difino* Begriffsbestimmung, *ekzisti* vorhanden sein, da sein, existieren, *nur* nur, erst, *egala* gleich, *kazo* Fall, *nombri* zählen.

2. *La substantivoj havas la finiĝon o. Por la formado de la multenombro oni aldonas la finiĝon j. Kazoj ekzistas nur du: nominativo kaj akuzativo; la lasta estas ricevata el la nominativo per la aldono de la finiĝo n. La ceteraj kazoj estas esprimataj per helpo de prepozicioj (la genitivo per „de", la dativo per „al", la ablativo per „per" aŭ aliaj prepozicioj laŭ la senco).*

substantivo Substantiv, Dingwort, *nominativo* Nominativ, 1. Fall, *akuzativo* Akkusativ, 4. Fall, *ricevi* bekommen, *cetera* übrig, sonstig, *esprimi* ausdrücken, *prepozicio* Präposition, Verhältniswort, *genitivo* Genitiv, 2. Fall, *dativo* Dativ, 3. Fall, *ablativo* Ablativ, *laŭ* gemäß, nach, *senco* Sinn.

3. *La adjektivo finiĝas per a. Kazoj kaj nombroj kiel ĉe la substantivo. La komparativo estas farata per la vorto „pli", la superlativo per „plej"; ĉe la komparativo oni uzas la konjunkcion „ol".*
adjektivo Adjektiv, Eigenschaftswort, *kompari* vergleichen, *fari* machen, tun, *pli* mehr, *superlativo* Superlativ, 2. Steigerungsstufe, Höchststufe, Meiststufe, *konjunkcio* Konjunktion, Bindewort, *ol* „als" beim Komparativ.
ekzemploj Beispiele: *ĉi tiu knabino estas ĉarma, ŝi estas pli ĉarma ol tiu knabino, ŝi estas la plej ĉarma el ĉiuj knabinoj; ĉi tiu gramatiko estas facila, ĝi estas pli facila ol la gramatiko de tiu alia lingvo, sed la gramatiko de Esperanto estas la plej facila.*
4. *La numeraloj fundamentaj (ne estas deklinaciataj) estas: unu, du, tri, kvar, kvin, ses, sep, ok, naŭ, dek, cent, mil. La dekoj kaj centoj estas formataj per simpla kunigo de la numeraloj. Por la signado de numeraloj ordaj oni aldonas la finiĝon de la adjektivo; por la multoblaj – la sufikson „obl", por la nombronaj – „on", por la kolektaj – „op", por la disdividaj – la vorton „po". Krom tio povas esti uzataj numeraloj substantivaj kaj adverbaj.*
fundamento Grundlage, *deklinacio* Deklination, Beugung, *simpla* einfach, *kune* zusammen, *signo* Zeichen, *ordo* Ordnung, *-obl* Nachsilbe, die der Vervielfältigung dient; . . . fach, . . . mal, *sufikso* Nachsilbe, *-on* Nachsilbe, die zur Bildung von Bruchzahlen dient, *kolekti* sammeln, *-op* Nachsilbe, die zur Bildung von Sammelzahlen dient, *dise* auseinander, *dividi* teilen, *po* je, *krom* außer, *adverbo* Adverb, Umstandswort.
ekzemploj: duobla doppelt, *triobla* dreifach; *kvarono* ein Viertel, *kvinono* ein Fünftel; *sesope* zu sechsen, *sepope* zu sieben; *po ok* je acht, *po naŭ* je neun; *substantivaj numeraloj: la cento, la miliono; adverbaj numeraloj: dek-unue* elftens, *dek-due* zwölftens; *kvar kvinonoj* (4/5), *kvin kvaronoj* (5/4).
5. *Pronomoj personaj: mi, vi, li, ŝi, ĝi (pri objekto aŭ besto), si, ni, vi, ili, oni; la pronomoj posedaj estas formataj per la aldono de la finiĝo adjektiva. La deklinacio estas kiel ĉe la substantivoj.*
pronomo Pronomen, Fürwort, *li* er, *objekto* Objekt, Gegenstand, *besto* Tier, *posedi* besitzen.
6. *La verbo ne estas ŝanĝata laŭ personoj nek nombroj. Formoj de la verbo: la tempo estanta akceptas la finiĝon -as; la tempo estinta -is; la tempo estonta -os; la modo kondiĉa -us; la modo ordona -u; la modo sendifina -i. Participoj (kun senco adjektiva aŭ adverba): aktiva estanta -ant; aktiva estinta -int; aktiva*

estonta -ont; pasiva estanta -at; pasiva estinta -it; pasiva estonta -ot. Ĉiuj formoj de la pasivo estas formataj per helpo de responda formo de la verbo „esti" kaj participo pasiva de la bezonata verbo; la prepozicio ĉe la pasivo estas „de".
verbo Verb, Tätigkeitswort, *ne... nek* nicht... noch, *nek... nek* weder... noch, *tempo* Zeit, *modo* Modus, Mode, *kondiĉo* Bedingung, *ordono* Befehl, *ordona modo = imperativo; participo* Partizip, Mittelwort, *aktivo* Aktivum, *pasivo* Passivum, *bezoni* benötigen.
Ein Konditional ist uns bisher nicht begegnet. Seine Bildung bietet keine Schwierigkeit: *mi estus* ich würde sein, *mi akceptus* ich würde annehmen.
ekzemplo: Formen des Verbums *trink-: mi (vi, li, ŝi, ĝi, ni, ili, oni) trinkas, trinkis, trinkos, trinkus; trinku! trinki; mi k. c. (= kaj ceteraj* / und die übrigen) *estas, estis, estos trinkanta; estas, estis, estos trinkinta; estas, estis, estos trinkonta; estas, estis, estos trinkata (de); estas, estis, estos trinkita (de); estas, estis, estos trinkota (de).*
7. *La adverboj finiĝas per e; gradoj de komparado kiel ĉe la adjektivoj.*
grado Grad.
8. *Ĉiuj prepozicioj per si mem postulas la nominativon.*
mem selbst, *postuli* fordern, verlangen
9. *Ĉiu vorto estas legata, kiel ĝi estas skribita.*
skribi schreiben.
10. *La akcento estas ĉiam sur la antaŭlasta silabo.*
akcenti betonen, *ĉiam* immer, *silabo* Silbe.
11. *Vortoj kunmetitaj estas formataj per simpla kunigo de la vortoj (la ĉefa vorto staras en la fino); la gramatikaj finiĝoj estas rigardataj ankaŭ kiel memstaraj vortoj.*
gramatiko Grammatik.
12. *Ĉe alia nea vorto la vorto „ne" estas forlasata.*
lasi lassen.
ekzemploj: ich habe keine Mutter nicht / *mi havas nenian patrinon;* il n'a ni père ni mère / *li havas nek patron nek patrinon.*
13. *Por montri direkton, la vortoj ricevas la finiĝon de la akuzativo.*
montri zeigen.
14. *Ĉiu prepozicio havas difinitan kaj konstantan signifon; sed se ni devas uzi ian prepozicion kaj la rekta senco ne montras al ni, kian nome prepozicion ni devas preni, tiam ni uzas la prepozicion*

„je", kiu memstaran signifon ne havas. Anstataŭ la prepozicio „je" oni povas ankaŭ uzi la akusativon sen prepozicio.
konstanta beständig, *signifi* bedeuten, *devi* müssen, *rekta* gerade, *kia* wie beschaffen, *tiam* dann, *anstataŭ* anstatt.
Die Präposition *je* wird üblicherweise für Zeit- und Datumsangaben gebraucht, z. B. *je la unua de Majo,* wofür sich sehr wohl auch der Akkusativ setzen läßt: *la unuan de Majo.* Im übrigen wird man auf *je* nur dann zurückgreifen, wenn keine der anderen Präpositionen sich zur Wiedergabe des Verhältnisses eignet.
15. *La tiel nomataj vortoj fremdaj, t. e. tiuj, kiujn la plimulto de la lingvoj prenis el unu fonto, estas uzataj en la lingvo Esperanto sen ŝanĝo, ricevante nur la ortografion de tiu ĉi lingvo; sed ĉe diversaj vortoj de unu radiko estas pli bone uzi senŝanĝe nur la vorton fundamentan kaj la ceterajn formi el tiu lasta laŭ la reguloj de la lingvo Esperanto.*
fremda fremd, *t. e. = tio estas* das heißt, *tio* das, *fonto* Quelle, *ortografio* Orthographie, Rechtschreibung, *diversa* verschieden, *radiko* Wurzel, *regula* Regel.
Um Zamenhofs letzte Bemerkung an einem Beispiel zu verdeutlichen, so ist es also besser, z. B. neben dem Hauptwort „funkcio" auch das Verb „funkcii" zu gebrauchen, als ein von fungieren abgeleitetes „fungi" und vielleicht sogar noch ein von funktionieren abgeleitetes „funkcioni". Bei dem von Zamenhof empfohlenen Verfahren bleibt die Sprache leichter erlernbar. Eine Gefahr aber sind solche Doppelbildungen keineswegs. Mit der Zeit würde sich eine der drei Formen (funkcii, fungi, funkcioni) durchsetzen, und die andern beiden würden in Vergessenheit geraten. Das ist ein Vorgang, wie er in jeder Sprache zu beobachten ist. Die mittlere Form würde ohnehin jeder gute Esperantist vermeiden wegen ihres Anklanges an *fungo* = Pilz.
16. *La fina vokalo de la substantivo kaj de la artikolo povas esti forlasata kaj anstataŭata de apostrofo.*
vokalo Vokal, Selbstlaut, *apostrofo* Apostroph, Auslassungszeichen
Mit diesem simplen Regelwerk und einem Basisvokabular von nur 918 Wurzelwörtern hat Zamenhof seine Sprache in die Welt geschickt. Das ist das Fundament, auf dem sie gegründet ist, oder, um ein anderes Bild zu gebrauchen, das ist der Keim, aus dem sie fortdauernd sich entwickelt: Zamenhofs Originalarbeiten, seine Übersetzungen, mehr als 2000 Lehrbücher in

über 80 Sprachen, allgemeine Wörterbücher und Spezial-Wörterbücher für Wissenschaft und Technik, ein beachtlicher Umfang schöngeistiger Literatur an Übersetzungen und Esperanto-Originalwerken, und nicht zuletzt eine beträchtliche Anzahl regelmäßig erscheinender Zeitschriften.
Sie nun, sehr verehrte *gelegantoj,* dürften, wenn Sie meinen Ausführungen auch nur durchschnittliche Aufmerksamkeit geschenkt haben, jetzt in der Lage sein, mit Hilfe eines Wörterbuches jeden *Esperanto*-Text, wenn auch wohl noch nicht flott zu lesen, so doch immerhin zu entziffern.
Wir sind, wie schon einmal im sechsten Kapitel, wieder an einer Stelle angekommen, wo es sich lohnt, Rückschau zu halten. Darum stelle ich hier ein zweites Mal eine Vokabelliste zusammen. Sie enthält diejenigen Wörter, die seit der ersten Liste dieser Art (Seite 53 ff) neu aufgetreten sind.

ablativo	Ablativ
adjektivo	Adjektiv, Eigenschaftswort
adresi	adressieren
adverbo	Adverb, Umstandswort
aero	Luft
afranki	frankieren
agrabla	angenehm
akcenti	betonen
akcepti	annehmen, übernehmen
akcidento	Unfall, Unglücksfall
aktivo	Aktivum
akuzativo	Akkusativ, 4. Fall
animo	Seele
ankoraŭ	noch
ano	Anhänger (die Nachsilbe *-an* bezeichnet die Anhängerschaft, das Mitglied, die Gruppenzugehörigkeit)
anstataŭ	anstatt
aparta	gesondert
apostrofo	Apostroph, Auslassungszeichen
Aprilo	April
apud	bei
artikolo	Artikel
asocio	Vereinigung
atako	Überfall, Angriff, Anfall

aŭ	oder
aŭdi	hören
Aŭgusto	August
aŭskulti	hören, horchen
aŭtoro	Autor, Schöpfer
aviadi	fliegen
besto	Tier
bezoni	benötigen
blinda	blind
burĝono	Knospe
celi	erstreben
cetera	übrig, sonstig
ĉarmo	Reiz
ĉe	bei, an
ĉelo	Zelle
ĉi	(drückt besondere Nähe aus)
ĉia	jederlei, wie beschaffen auch immer
ĉiam	immer
ĉio	alles
dativo	Dativ, 3. Fall
Decembro	Dezember
deklinacio	Deklination, Beugung
dependi	abhängen
depreni	abnehmen
devi	müssen
deziri	wünschen
difino	Begriffsbestimmung
dimanĉo	Sonntag
dise	auseinander
disponi	verfügen
distribui	verteilen
diversa	verschieden
dividi	teilen
do	also, doch
dormi	schlafen
dum	während

efektiva	wirklich
egala	gleich
ek-	(Vorsilbe, die den plötzlichen Beginn einer Handlung bedeutet)
eksprese	expreß
ekzemplo	Beispiel
ekzisti	vorhanden sein, da sein, existieren
elekti	wählen
ero	Bestandteil (*-ero* als Nachsilbe bezeichnet Einzelnes aus einer Fülle)
esprimi	ausdrücken
estimi	achten
fablo	Fabel
fajro	Feuer
fantazio	Phantasie
fari	machen, tun
fariĝi	werden
Februaro	Februar
feliĉa	glücklich
filo	Sohn
fino	Ende
fonto	Quelle
forgesi	vergessen
formularo	Formular
fremda	fremd
fundamento	Grundlage
fungo	Pilz
funkcii	funktionieren, fungieren
gasto	Gast
ge-	(Vorsilbe, die beide Geschlechter zusammenfaßt)
genitivo	Genitiv, 2. Fall
glaso	Glas
grado	Grad
gramatiko	Grammatik
granda	groß
ĝi	es (neutrales Pronomen der 3. Person Singular für Gegenstände und Tiere)

ĝiri	überweisen
ĝoji	sich freuen
havi	haben
helpi	helfen
hieraŭ	gestern
ia	irgendwelch, irgendein
ili	sie (Pronomen der 3. Person Plural)
imperativo	Imperativ, Befehlsform
iom	etwas (Menge)
Januaro	Januar
jaro	Jahr
je	(Verhältniswort von unbestimmter Bedeutung)
Julio	Juli
Junio	Juni
ĵaŭdo	Donnerstag
ĵeti	werfen
kajero	Heft
karto	Karte
kaso	Kasse
kazo	Fall
ke	daß (Konjunktion)
kia	wie (beschaffen), was für ein
kiam	wann?, als, wenn (zeitlich)
kiom	wieviel(e)
klara	klar
knabo	Knabe
kolekti	sammeln
komerco	Handel
kompari	vergleichen
kondiĉo	Bedingung
koni	kennen
konjunkcio	Konjunktion, Bindewort
konstanta	beständig
krom	außer
kun	mit
kune	zusammen

kvazaŭ	gleichsam
lasi	lassen
lasta	letzter
laŭ	gemäß, nach
legi	lesen
li	er
linio	Linie
loko	Ort
lumo	Licht
lundo	Montag
Majo	Mai
mandato	Auftrag
mano	Hand
mardo	Dienstag
marko	Mark, Marke
Marto	März
mem	selbst
merkredo	Mittwoch
metamorfozo	Metamorphose
meti	setzen, stellen, legen
minimuma	mindest
mistero	Geheimnis
modo	Modus, Mode
mondo	Welt
montri	zeigen
morgaŭ	morgen
multa	viel
naturo	Natur
ne . . . nek	nicht . . . noch
nek . . . nek	weder . . . noch
nenio	nichts
nokto	Nacht
nombri	zählen
nominativo	Nominativ, 1. Fall
Novembro	November
numero (n-ro)	Nummer (Nr.)
nur	nur, erst
objekto	Objekt, Gegenstand

-obl	(Nachsilbe, die der Vervielfältigung dient)
Oktobro	Oktober
ol	als (beim Komparativ)
-on	(Nachsilbe, die zur Bildung von Bruchzahlen dient)
onklo	Onkel
-op	(Nachsilbe, die zur Bildung von Sammelzahlen dient)
ordo	Ordnung
ordono	Befehl
ortografio	Orthographie, Rechtschreibung
participo	Partizip, Mittelwort
parto	Teil
pendi	hangen
persono	Person
perturbi	stören
pesi	wiegen (Gewicht bestimmen)
peti	bitten
pezi	wiegen (Gewicht haben)
pfenigo	Pfennig
plaĉi	gefallen
plej	am meisten
pli	mehr
po	je
poezio	Poesie
porti	tragen
posedi	besitzen
postuli	fordern, verlangen
preni	nehmen
prepozicio	Präposition, Verhältniswort
presi	drucken
preta	fertig, bereit
pri	über
pronomo	Pronomen, Fürwort
propra	eigen
purpuro	Purpur
pasivo	Passivum
radiko	Wurzel
registri	registrieren
registro	Verzeichnis, Liste

regulo	Regel
rekta	gerade
respondi	antworten
resti	bleiben
reto	Netz
recevi	bekommen
riĉa	reich, vermögend
ridi	lachen
ripozo	Ruhe, Ausruhen
rozo	Rose
sabato	Samstag
saluti	grüßen
savi	retten
sceno	Szene
scii	wissen
sciigo	Mitteilung
se	wenn (Bedingung)
sen	ohne
senco	Sinn
sendi	senden
Septembro	September
servi	dienen
sia	sein, ihr
signifi	bedeuten
signo	Zeichen
silabo	Silbe
simpla	einfach
skatolo	Schachtel
skribi	schreiben
sopiri	sich sehnen
sorto	Schicksal
stari	stehen
substantivo	Substantiv, Dingwort
sufikso	Nachsilbe
sumo	Summe
superlativo	Superlativ, 2. Steigerungsstufe, Höchststufe, Meiststufe
ŝarĝi	laden, beladen, beauftragen
ŝi	sie

tablo	Tisch
talento	Talent
telegrafi	telegraphieren
telegramo	Telegramm
televidi	fernsehen
tempo	Zeit
tiam	dann, damals
tie	da, dort
tio	das, jenes
t. e. = tio estas	das heißt
tiu	der; jener, jene, jenes
tuta	ganz
ujo	Behälter, Gefäß (als Nachsilbe Behälter im weitesten Sinne des Wortes)
ulo	Kerl (als Nachsilbe bezeichnet es eine Person, die durch eine hervorstechende Eigenschaft charakterisiert ist)
universala	allgemein
urĝi	drängen
uzi	gebrauchen
valora	wertvoll
veki	wecken
vendredo	Freitag
verbo	Verb, Tätigkeitswort
vespero	Abend
vidi	sehen
vivi	leben
vokalo	Vokal, Selbstlaut
zorgi	sorgen

Zwölftes Kapitel / *Dek-dua ĉapitro*

Ein Duden-Test / *Testo per Dudeno*

Der erste Band des großen zehnbändigen Duden, der die deutsche Rechtschreibung behandelt, enthält in seiner 17. Auflage von 1973 - ich wies bereits darauf hin - mehr als 160 000 Stichwörter. Da mag man sich wohl fragen, ob das Esperanto jemals imstande sein würde, über einen solchen Wortschatz verfügen zu können. Wir erinnern uns, das Esperanto-Vokabular nährt sich aus zwei Quellen: Die eine sind die 918 Basiswörter des ersten Buches der *Internacia Lingvo* des *d-ro Esperanto,* aus denen nach dem sogenannten „schematischen Prinzip" mit Hilfe zahlreicher Ableitungssilben neue Wörter gebildet werden, und die andere sind die in der 15. Regel der *Esperanto*-Grammatik erwähnten *fremdaj vortoj,* die nach dem „naturalistischen Prinzip" der *Esperanto*-Sprache angepaßt und in sie übernommen werden, dann aber ihrerseits die Möglichkeit bieten, als Basis für neu abzuleitende Wörter zu dienen.
Ich sagte mir, wenn es gelänge, die vielen Stichwörter der drei Spalten auch nur einer einzigen beliebig gewählten Seite des Duden auf *Esperanto* wiederzugeben, dann dürfte das wohl für alle anderen Seiten auch möglich sein, d. h. daß auch das *Esperanto* über einen potentiellen Wortschatz von mindestens (mindestens, weil immer noch weitere Ableitungen denkbar sind) 160 000 Wörtern verfügt. Kaum hatte ich diesen Gedanken gefaßt, da machte ich mich auch schon an die Durchführung dieses Versuchs. Das eigentliche Stichwortverzeichnis des Duden umfaßt die Seiten 105 bis 785. Ich wählte die Seite, die genau in der Mitte liegt, nämlich Seite 445 (105 + 340 = 445 / 445 + 340 = 785).
Der Versuch bestätigte einwandfrei die Leistungsfähigkeit des *Esperanto.* Das Ergebnis lege ich Ihnen hier vor, nicht als Lernstoff, das wäre übertrieben, wohl aber dürfte es sich lohnen, diese Liste einmal aufmerksam durchzusehen, sie gegebenenfalls, wenn Sie einen Duden bei der Hand haben, damit zu vergleichen. Wir werden für beide Wortwahlprinzipien reichlich Beispiele finden, und darüber hinaus feststellen, daß das *Esperanto* auch nicht wenige synonyme Ausdrücke aufweisen kann.

Mancha	*Manĉo (hispana regiono)*
manchenorts	*kelkie*
mancher, der	*kelkiu, kiu; iu, kiu*
mancherlei	*kelkspecaj; diversaj*
mancherlei, was	*kelkspeca, kio*
mancherorten	*en kelkaj ejoj*
mancherorts	*kelkeje*
Manchester	*Manĉestro (angla urbo)*
Manchester	*manŝestro (teksaĵo)*
Manchesterhose	*manŝestra pantalono*
Manchestertum	*manĉesterismo (liberaleca politik-ekonomia doktrino)*
manches, was	*kelko, kio*
manchmal	*kelkafoje, iam kaj iam*
Mandant	*mandanto (komisianto, mandatanto; rajtiganto, speciale de advokato)*
Mandantin	*mandantino, komisiantino, mandatantino*
Mandarin	*mandareno (Eŭropa nomo de iama alta Ĉina ŝtat-oficisto)*
Mandarine	*mandarino (malgranda oranĝsimila frukto)*
Mandarinenöl	*oranĝeta oleo*
Mandat	*mandato (komisio; rajtigo; parlamentana seĝo; al ŝtato por administrado fidata teritorio)*
Mandatar	*mandatito; komisiito; rajtigito (iu, kiu agas laŭ mandato de alia; advokato; deputito)*
Mandatarstaat	*mandatita ŝtato*
mandatieren	*mandat(ig)i*
Mandatsgebiet	*mandata teritorio*
Mandatsmacht	*mandatita ŝtato*
Mandatsverlust	*mandat-forpreno*
Mandel	*migdalo (frukto); tonsilo (glando); dekkvino (da), dekseso (da) (nombro-mezuroj); aro da ĉirkaŭ dekkvin garboj*
Mandelauge	*migdalforma okulo*
mandeläugig	*migdalokul(form)a*
Mandelbaum	*migdalujo*
Mandelblüte	*migdal(ujo)-florado*
Mandelentzündung	*tonsilito*
mandelförmig	*migdalforma*

Mandelkleie	*migdalbrano*
Mandelkrähe	*migdalkorniko; blurako (birdo)*
Mandelöl	*migdal-oleo*
Mandelseife	*migdal-sapo*
Manderl	*uleto*
Mandibeln	*mandibloj (kiel supraj makceloj servantaj buŝiloj de artikuloj)*
mandibular	*mandibla (kio apartenas al malsupra makcelo)*
Mandl	*uleto („vireto"; timigilo kontraŭ ĉasbestoj kaj birdoj; ŝtona vojosigno)*
Mandola	*mandolo (tirota kordmuzikilo, sonas oktavon pli malalte ol mandolino)*
Mandoline	*mandolino (kordmuzikilo)*
Mandorla	*mandorlo (migdalforma nimbo)*
Mandragora, Mandragore	*mandragoro (solanaco)*
Mandrill	*mandrilo (simio de certa speco en la regiono de la Kongo)*
Mandschu	*Manĉuro (ano de Mongola popolo parenca al Tunguzoj)*
Mandschu	*Manĉura lingvo*
Mandschukuo	*Manĉukuo (nomo de Manĉurujo kiel imperio 1934–45)*
Mandschurei	*Manĉurujo (Nordĉina malalta regiono)*
mandschurisch	*Manĉura (ekz. Manĉura petekia febro)*
Manege	*maneĝo (cirka prezentejo aŭ rajdejo)*
Manen	*(la bonaj) animoj de mortintoj (en la antikva Roma religio): Manesoj*
Manessisch	*(Manesa manuskripto, skribaĵo de mezepokaj amkantistoj)*
Manet	*Eduardo Maneto*
Manfred	*Manfredo*
mang	*inter; intermiksite kun*
Mangabe	*mangabo (simio de certa speco en Afriko)*
Mangan	*mangano (ĥemia elemento, metalo)*
Manganat	*manganato (salo de mangana acido)*
Manganeisen	*mangan-fero*
Manganit	*manganito (mineralo)*
Mange	*kalandrilo*
Mangel	*kalandrilo (tolaĵ-rulilo)*

Mangel	*manko, deficito, malesto, foresto, seneco, sennutreco, nutromanko, mizero, malsufiĉo*
Mangelberuf	*subokupita profesio*
Mangelerscheinung	*mankaĵo, difektaĵo*
mangelfrei	*senmanka*
mangelhaft	*mankhava, fuŝa, malsufiĉa*
Mangelhaftigkeit	*mank(hav)eco, difekteco*
Mangelholz	*tabulo por kalandri, kalandra tabulo*
Mangelkrankheit	*manknutr(ad)a malsano*
mangeln	*manki (ne sufiĉe ekzisti)*
mangeln	*kalandri (ruli tolaĵon)*
Mängelrüge	*laŭmanka kritiko (plendo pri mankhave liverita komercaĵo aŭ laboro)*
mangels	*pro manko de (la bezonata mono; pro manko de unusignifaj pruvoj; pro manko de pruvoj)*
Mangelware	*nehavebla komercaĵo*
Mangelwäsche	*kalandr(ot)a tolaĵo*
mangen	*kalandri*
Mangfutter	*miksfuraĝo*
Manggetreide	*miksitaj cerealoj*
Manglerin	*kalandr(ist)ino*
Mango	*mango (tropika frukto)*
Mangobaum	*mangifero, mangujo, mangarbo*
Mangold	*beto cikla (legomo de folioj kaj petioloj)*
Mangrove	*manglo (ĉiamverda foliarbaro ĉe margolfoj kaj riverenmariĝoj en tropikaj regionoj)*
Mangrovenbaum	*manglarbo*
Mangrovenküste	*mangloplena marbordo*
Manhattan	*Manhato (enrivera insulo; urboparto de Nova Jorko)*
Manichäer	*Maniĥeano (ano de la Maniĥeismo; en studenta ĵargono malnoviĝinta por admonanta kreditinto)*
Manichäismus	*Maniĥeismo (religio fondita de Maniĥeo)*
Manie	*manio (emego, demonhaveco, pasio, kutimaĉo, preferata okupo, furoro, frenezeco)*
Manier	*maniero (metodo, konduto, apartaĵo, modo, malnaturo, afekteco)*
Manieren	*(bonaj) manieroj*

manieriert	*afektita, malnatura*
Manieriertheit	*afekteco*
Manierismus	*manierismo (stilsigna vorto por la arto de la epoko inter renesanco kaj baroko; afektita imito de stilo)*
Manierist	*manieristo (ano de la manierismo)*
manieristisch	*manierisma*
manierlich	*bonmaniera, bonmora, bonedukita, ĝentila, agrabla*
manifest	*manifesta (evidenta, facile rimarkebla, facile videbla, klara, malkonfuza)*
Manifest	*manifesto (publika deklaro; informo; registro de la komercaĵoj sur ŝipo, la Komunista Manifesto)*
Manifestant	*manifestanto (malnoviĝinta por tiu, kiu ĵurdeklaras pri ŝuldoj; en Svisujo: alie malnoviĝinta por: partoprenanto en politika demonstracio)*
Manifestation	*manifestacio (evidentigo; en jurisprudenco: malkaŝigo; vidigo; en medicino: ekkonnebliĝo de malsanoj; en Svisujo por: politika demonstracio)*
manifestieren	*manifesti, demonstri, montri (malnoviĝinta por: ĵurdeklari pri ŝuldoj; en Svisujo por: politike demonstracii)*
sich manifestieren	*manifestiĝi*
Maniküre	*(agado:) manikurado, manflegado, ungoflegado*
Maniküre	*(persono:) manikuristino, manflegistino*
maniküren	*manikuri*
Manila	*Manilo (plej granda urbo en la Filipinaj Insuloj)*
Manilahanf	*kanabo (ŝpinfibro de la Filipina fibro-bananarbo)*

Auf dieser einen Dudenseite sind uns umgangssprachliche, botanische, geographische, medizinische, juristische und anderweitige Ausdrücke unserer Muttersprache begegnet, von denen uns einige unbekannt waren, andere, die wir wohl in ihrem natürlichen Zusammenhang richtig verstehen können, selbst aber

nie gebrauchen, und schließlich die vertrauten, die wir selbst beim Sprechen oder Schreiben anwenden.
Für sie alle gibt es, wir haben es gesehen, auch mindestens eine, manchmal mehrere Ausdrucksmöglichkeiten auf Esperanto. Und diesen Test, davon darf man wohl überzeugt sein, würde das *Esperanto* auch auf sämtlichen anderen Seiten des Duden bestehen. Wenn Sie diese Liste wenigstens einmal mit einiger Sorgfalt durchgegangen sind, muß Ihnen die schier unerschöpfliche Wortbildungskraft des Esperanto aufgegangen sein. Soweit der abendländische Kultureinfluß reicht, und er reicht tief hinein auch in die Vorstellungswelt der nicht indoeuropäischen Völker, ist *Esperanto* fähig, die ihm gestellten Aufgaben zu erfüllen. Im Grunde genommen spricht die Menschheit schon jetzt eine gemeinsame Sprache. Esperanto ist berufen, dies sichtbar zu machen.

Dreizehntes Kapitel / *Dek-tria ĉapitro*

Ein Robinson im Esperantoland / *Robinsono en Esperantujo*

Der zuerst 1719 in London herausgegebene Roman von Daniel Defoe „The Live and Strange Surprising Adventures of Robinson Crusoe of York, Mariner" war ein Bestseller seiner Zeit. Hauptsächlich war es das einsame Inseldasein des schiffbrüchig gewordenen Seemannes, das die Phantasie der damaligen Lesewelt beschäftigte. Rousseausche Natursehnsucht und gottgefälliges Puritanertum fanden hier reichliche Nahrung, und noch zu Anfang dieses Jahrhunderts war der „Robinson" eine beliebte Lektüre auch an deutschen Gymnasien. Wir lasen ihn damals als Sextaner in einer Bearbeitung von Otto Ernst, der Robinson ohne Bedenken zu einem Hamburger gemacht hatte.
Robinson hatte seine Heimat weit hinter sich gelassen, saß auf seiner Insel und hatte niemanden, mit dem er sprechen konnte, und genau so hatte ich meine geistige *Esperanto*-Heimat in ferner Zukunft vor mir, saß an meinem Schreibtisch und hatte niemanden, mit dem ich *Esperanto* sprechen konnte. Freilich war es nicht immer so. Gelegentlich habe ich Kontakt zu Esperantogruppen aufgenommen, auch wohl auf *Esperanto* korrespondiert, aber diese Art der Betätigung lag mir wenig. Auch auf Reisen mied ich *Esperanto*. Ich war immer viel zu sehr an den Landessprachen interessiert. Ich beherrschte *Esperanto,* und das genügte mir. Und in Hitlers tausendjährigem Reich war es ohnehin besser, wenn niemand von dieser heimlichen Liebe wußte. Der Reiz des *Esperanto* lag für mich in etwas anderem. Für mich war es ein Zugang zu unbekannten Literaturen. Deutsche Literatur las ich auf Deutsch, englische auf Englisch, usw. Aber es gab ja noch genügend Literaturen, die mir von der Sprache her verschlossen blieben, es sei denn, ich hielte mich an Übersetzungen.
Nun, an Übersetzungen hielt ich mich, aber an solche auf *Esperanto.* Sehen sie, eine *Esperanto*-Übersetzung wird doch in der Regel von jemandem vorgenommen, für den die Sprache, aus der er übersetzt, dieselbe ist wie die des Verfassers, dessen Werk er übersetzt und mit dem ihn die gleiche Kulturprägung verbindet. Er wird also die Feinheiten des Textes besser erfassen als jemand, der nicht aus seiner Muttersprache heraus

übersetzt. Und dann ist das *Esperanto* infolge seiner Flexibilität und Klarheit ein so wunderbares sprachliches Medium, daß man bei solchen Übersetzungen, vorausgesetzt allerdings, daß sie gekonnt sind, geradezu den Eindruck hat, man läse das Original, zumindest als erblicke man dessen getreues Spiegelbild. So habe ich denn, ein Robinson ohne Gesprächspartner, Jahrzehnte hindurch, von meiner Schreibtischinsel aus immer einmal wieder zu einem Buch auf *Esperanto* gegriffen; und die auf diese Weise verbrachten Stunden sind gewiß nicht die schlechtesten meines Lebens gewesen. Viele meiner Bücher sind mir durch widrige Zeitumstände oder auch nur, weil ihrer zu viele wurden und ich meine Bücherregale entlasten mußte, abhanden gekommen. Vieles war darunter, dessen Verlust oder Weggabe ich heute bedauere und das für die Esperantobewegung dokumentarischen Charakter hätte. Immerhin ist es mir geglückt, einige meiner bevorzugten *Esperanto*-Bücher durch alle Ungunst der Zeiten bis in die Gegenwart herüberzuretten.
Können Sie Schwedisch? Ich auch nicht. Aber da habe ich eine hübsch in blaues Leinen gebundene und mit Goldprägung versehene *Sveda Antologio,* an der nicht weniger als 32 Übersetzer mitgewirkt haben. Sie ist 1934 in Stockholm erschienen, kurz bevor Hitler in Deutschland der Esperanto-Bewegung die Luft abschnürte. Durch sie bin ich erstmalig mit Schöpfungen solcher Autoren wie Gustav Fröding, Erik Axel Karlfeldt oder Hjalmar Söderberg in Berührung gekommen. Das Buch enthält auch Texte von Gustav af Geijerstam, Verner von Heidenstam, Selma Lagerlöf und den ersten Akt von Strindbergs „Gustav Vasa". Von Selma Lagerlöf aber las ich auf Esperanto vor allen Dingen die großartige von Stellan Engholm gefertigte Übersetzung ihres Romans „Gösta Berling". Sie schließt mit dem Satz: *„Jen la gigantaj abeloj de la fantazio svarmis ĉirkaŭ ni dum tagoj kaj jaroj, sed kiel ili povu eniri en la abelujon de la realeco, tio vere estas por ili malfacila afero."*
jen! da! siehe!, *giganta* riesenhaft, *abelo* Biene, *svarmi* schwärmen, wimmeln, *ĉirkaŭ* ungefähr, um ... herum, *reala* wirklich, *vera* wahr, *afero* Sache, Angelegenheit.
Mir ist, als paßten die für sie viel zu großen Esperanto-Bienen noch immer nicht in die Enge der Amtsstuben und die Bedenklichkeiten der Engherzigen.
Oder können Sie etwa Ungarisch? Ich auch nicht. Aber ich habe auch eine *Hungara Antologio* (Budapest 1933), die einen

erstaunen läßt ob der Vielseitigkeit und Reichhaltigkeit der ungarischen Literatur. Ihr verdanke ich insbesondere die Bekanntschaft mit den Gedichten des vielleicht bedeutendsten politischen Dichters des 19. Jahrhunderts, des in der Schlacht bei Schäßburg (magyarisch Segesvár) ums Leben gekommenen Sándor Petöfi. - Noch eine andere Begegnung mit ungarischer Literatur will ich erwähnen. Eines guten Tages entdeckt Hitler seine Freundschaft mit Ungarn, denn jenseits davon fließt das rumänische Erdöl. Der ungarische Reichsverweser v. Horthy kommt auf Staatsbesuch nach Deutschland. Das Propagandaministerium weiß, was es zu tun hat, und in den Theatern gibt's „Die Tragödie des Menschen" (Az ember tragédiája) von Imre Madách, eine Art Faustdrama, der Protagonist ist allerdings nicht Faust, sondern Adam. Im ersten Bild gibt es so etwas wie einen Prolog im Himmel und das fünfzehnte und letzte Bild endet mit der abschließenden Mahnung des Herrn: *Mi diris, penu, hom', kaj firme fidu!*

diri sagen, *peni* sich abmühen, *homo* Mensch, *firma* fest, *fidi* vertrauen

„Die Tragödie des Menschen" hatte 1883 im Budapester Nationaltheater ihre Uraufführung erlebt. Ein größerer Gegensatz zur nationalsozialistischen Weltanschauung als dieses Stück mit seinem pessimistischen Geschichts- und Menschenbild war kaum denkbar, jetzt aber wurde es aufgeführt, und die Feuilletons waren voll davon. So gut wie niemand hatte je von dem Stück gehört, von seiner und seines Verfassers Existenz gewußt, nur der *Esperanto*-Robinson, der hatte vier oder fünf Jahre vorher die 1924 in Budapest herausgegebene *Esperanto*-Übersetzung von Kalocsay *La Tragedio de l' Homo* gelesen und vermochte sich bereits vor der Premiere im Bekanntenkreis sachkundig dazu zu äußern.

Können Sie vielleicht Polnisch? Ich auch nicht. Und doch ist mir, als hätte ich den Roman QUO VADIS?, der seinem Verfasser Henryk Sienkiewicz 1905 den Nobelpreis einbrachte, auf polnisch gelesen. Ich las ihn aber in der 1957 in Warschau veröffentlichten Übersetzung von Zamenhofs Tochter Lidia. Zu Unrecht, scheint mir, wird dieses auf sorgfältige Quellenstudien gegründete und zuverlässige Geschichtsbild aus der Zeit Neros heute zurückhaltender beurteilt als zur Zeit seines ersten Erscheinens. Mehrfache Verfilmungen, schon so frühe wie die von 1901 und die von 1912, die damals die Vormachtstellung des italienischen Films begründete, und spätere haben zu seiner Popularisierung beigetragen. *Tiel pasis Nero,* steht auf der letzten Seite, *kiel pasas uragano, fulmotondro, brulo, milito aŭ pesto,...* Da mochte der Esperanto-Leser von 1957 wohl denken: *Tiel pasis ankaŭ Hitler...*

pasi vorübergehen, *uragano* Orkan, *fulmo* Blitz, *tondro* Donner, *bruli* brennen, *militi* Krieg führen, *pesto* Pest

Können Sie etwa Russisch? Ich genau so wenig. Zu meinen bevorzugten Esperanto-Büchern gehörte der *Eŭgeno Onegin* von Alexander Puschkin. Er ist mir verloren gegangen, stammte, wenn ich mich recht erinnere, aus einem russischen Verlag und aus der Zeit, bevor der Esperantismus in Rußland durch Stalin abgewürgt wurde.

Aber am Ende können Sie Dänisch? - Ich leider auch nicht. 1926 brachte die *Esperantista Centra Librejo* in Paris die ersten beiden Teile der *Plena Kolekto* der *Fabeloj* Hans Christian Andersens heraus, den ersten Teil bereits in zweiter Auflage mit dem Vermerk *Eldonite: 4.950 Ekzempleroj.* Das ist eine Auflagenhöhe, mit der sich auch nationalsprachliche Bücher durchaus sehen lassen können. 1932 folgten dann der dritte und später noch der vierte Teil. Die Übersetzung stammt von Zamenhof selbst, und die Sprache ist, liegt es nun an ihm, liegt es an Andersen? von zauberhafter Schlichtheit. Wenn ich das Buch nur öffne, lese ich mich immer wieder darin fest. Erinnern Sie sich noch aus Ihrer Kindheit an die Geschichte von der Prinzessin auf der Erbse? *Per tio oni povis vidi, ke ŝi estas vera reĝidino, ĉar tra la dudek matracoj kaj la dudek lanugaĵoj ŝi sentis la pizon. Tiel delikatsenta povis esti nur vera reĝidino!*

reĝo König, *-id* (diese Nachsilbe bezeichnet die Nachkommenschaft, z. B. *reĝido* Königssohn), *tra* durch, hindurch, *matraco* Matratze, *lano* Wolle, *lanugo* Wollhärchen, *senti* fühlen, *pizo* Erbse, *delikata* fein

Von Zamenhof habe ich alles gelesen, dessen ich nur habhaft werden konnte, auch wenn es mir aus den Originalsprachen schon bekannt war. Von seiner meisterhaften Übersetzung des Alten Testaments war schon die Rede. Hätten Sie Lust auf eine Probe? Nehmen Sie einmal Ihre Bibel zur Hand und vergleichen Sie die ersten Verse der Schöpfungsgeschichte:

En la komenco Dio kreis la ĉielon kaj la teron. Kaj la tero estis senforma kaj dezerta, kaj mallumo estis super la abismo; kaj la spirito de Dio ŝvebis super la akvo. Kaj Dio diris: Estu lumo; kaj

fariĝis lumo. Kaj Dio vidis la lumon, ke ĝi estas bona; kaj Dio apartigis la lumon de la mallumo. Kaj Dio nomis la lumon Tago, kaj la mallumon Li nomis Nokto. Kaj estis vespero, kaj estis mateno, unu tago.

Ist es nicht, als ob dieser altvertraute Mythos plötzlich einen neuen Glanz erhielte, als ob man durch das neue sprachliche Medium nicht von ihm entfernt, sondern weit eher mehr an ihn herangeführt würde? Oder geht es, aus welchem Grunde auch immer, nur mir so?

Und jetzt der Monolog Hamlets:

Ĉu esti aŭ ne esti, – tiel staras
Nun la demando: ĉu pli noble estas
Elporti ĉiujn batojn, ĉiujn sagojn
De la kolera sorto, aŭ sin armi
Kontraŭ la tuta maro da mizeroj
Kaj per la kontraŭstaro ilin fini?
Formorti – dormi, kaj nenio plu!
Kaj scii, ke la dormo tute finis
Doloron de la koro, la mil batojn,
Heredon de la korpo, – tio estas
Tre dezirinda celo. Morti – dormi –
Trankvile dormi! Jes sed ankaŭ sonĝi!

Diese Sprache verblüfft durch ihre Klarheit, Unmittelbarkeit, Lebendigkeit. Zamenhofs Übersetzungen sind vorbildlich, und sie werden vermutlich für alle künftigen *Esperanto*-Schriftsteller und -Übersetzer Standardwerke bleiben, stilistische Lehrmeister, zu denen man immer wieder zurückkehren wird, um sich bei ihnen Rat zu holen. Von Zamenhof gibt es u. a. noch: *La Revizoro* (Gogol), *La Rabeno de Baĥaraĥ* (Heine), *La Gimnazio* (Ŝalom Alejĥem), *George Dandin* (Molière), *Ifigenio en Taŭrido* (Goethe), *La Batalo de l' Vivo* (Dickens), *La Rabistoj* (Schiller), *Marta* (Eliza Orzeszko) und nicht zuletzt eine Reihe von *Lingvaj Respondoj,* die in den Jahren 1889 bis 1912 in verschiedenen *Esperanto*-Zeitschriften erschienen, später in Paris in Form einer vollständigen Sammlung herausgegeben wurden und heute in einer Ausgabe der Editions Françaises d'Espéranto, Marmande 1962, in 6. Auflage vorliegen. Nur zögernd ließ sich Zamenhof zu solchen Äußerungen herbei. Er fühlte wohl und fürchtete zugleich, daß er mit einer jeden Entscheidung in sprachlichen Fragen dem *Esperanto* eine zusätzliche Fessel anlegte, wollte lieber die Sprache sich frei entwickeln lassen und der Zeit die Entscheidung anheimstellen. Immer wieder betonte er, daß er seine Meinung nicht mehr als Autor des *Esperanto,* sondern ganz unverbindlich äußere, wie es das Recht eines jeden anderen Esperantisten auch sei. Gleichwohl stellen die *Lingvaj Respondoj* eine wertvolle Quelle philologischer Einsichten dar, deren Studium jedem Esperantisten nur dienlich sein kann.

Nicht übersehen wollen wir auch die *Fundamenta Krestomatio de la Lingvo Esperanto,* für die Zamenhof als Herausgeber zeichnet. Mir liegt die 13. Ausgabe von 1931 vor (Paris, *Esperantista Centra Librejo).* Sie ist als eine grundlegende Textsammlung gedacht, die der *Esperanto*-Sprache die Richtung weisen und den Weg ebnen, nicht aber sie knebeln soll. Das zeigt sich deutlich in einer Bemerkung Zamenhofs im Vorwort der Chrestomathie, wo er auf zweifelhafte oder doppelte Wortformen zu sprechen kommt, die sich in den zusammengestellten Texten finden. *Ĉar ne venis ankoraŭ la tempo, por diri la lastan vorton pri tiuj dubaj formoj, tial mi preferis ne tuŝi tiujn duoblajn formojn, sed rigardi ambaŭ formojn kiel egale bonajn kaj uzeblajn laŭ la libera elekto de la uzantoj.*

dubi zweifeln, *tial* deshalb, *preferi* vorziehen, *tuŝi* berühren, *ambaŭ* beide

Der Inhalt der 460 Seiten umfassenden Chrestomathie ist vielseitig. Sie enthält Prosatexte und Gedichte. Es gibt Übungsstücke, Märchen, Legenden, Anekdoten, Erzählungen und Aufsätze. Besonders interessant scheinen mir heute in historischer Sicht die *Artikoloj pri Esperanto.* Unter den Zamenhofschen Gedichten findet sich auch sein Gedicht *Mia Penso* und die Esperanto-Hymne *La Espero (En la mondon venis nova sento, . . .)*

Mit diesen kurzen, allzu aphoristischen Hinweisen auf die Esperanto-Literatur habe ich Ihnen ein sehr einseitiges und sehr persönlich orientiertes Bild gegeben. Von der Original-Literatur auf Esperanto war so gut wie überhaupt nicht die Rede. Ich verfolgte auch keinerlei literarhistorische Absicht. Mir lag lediglich daran, Ihnen zu zeigen, daß Esperanto auch ohne praktische Anwendungen im Alltagsleben für jeden schöngeistig interessierten Menschen ein beglückendes Hobby sein kann, gewiß kein schlechteres als viele andere Hobbies auch, im Zweifelsfalle eher ein besseres. Sie dürfen mir glauben, ich habe Sie nur just einen flüchtigen Blick hinter den Vorhang der *Esperanto*-Literatur werfen lassen.

Vierzehntes Kapitel / Dek-kvara ĉapitro

Etwas Systematisches / *Io sistema*

Mehrfach sind uns so kleine Dingerchen, sprachliche Partikel, für das Gedächtnis schwer zu fassende Wörterchen begegnet, die durch unsere Textstücke geistern wie eine Bande unbeaufsichtigter Abc-Schützen durchs Schulgebäude. Wir müssen sie in den pädagogischen Griff bekommen, sie didaktisch bewältigen. Sie sollen uns nicht mehr zwischen die Beine purzeln, so daß wir über sie stolpern, vielmehr sollen sie gesittet auf ihren Bänken sitzen, jedes an seinem Platz, wo sie hingehören, und ihre Aufgaben erledigen.

Fünfundvierzig sind es. Das Klassenzimmer hat fünf lange Bänke zu je neun Plätzen. Fünfmal neun ist fünfundvierzig. So können wir sie alle unterbringen. Einige sind uns schon bekannt. Sie heißen: *kiu, tiu, ĉiu; tio, ĉio, nenio; ia, kia, ĉia; tie; iam, kiam, tiam, ĉiam; kiel, tiel; kiom.* Das sind erst siebzehn. Da bleiben ja noch achtundzwanzig nach! Sie meinen, das könne ja kein Mensch bewältigen, das würden Sie nie schaffen. Moment mal! Nur keine Angst! Nach einigen Tagen kann jeder Schulmeister seine vielen Klabautermännchen auseinanderhalten. Er macht sich nämlich einen Sitzplan und legt ihn sich beim Unterricht aufs Pult. Wenn Schüler so etwas machen, nennt man das einen Mogelzettel. Machen wir uns also einen Mogelzettel!

Da sind zunächst neun Mädchen, die heißen: Inge U., Ilse O., Ida A., Irma Es., Isolde E., Ilsa Am., Ingrid El., Ivonne Al. und Imma Om. Aus Gründen der Diskretion habe ich die Nachnamen abgekürzt. Die Vornamen beginnen alle ohnehin mit „I“. (Das ist überhaupt die größte Leistung der Schulmeister, in jeder Klasse wieder aufs neue die vielen Annemarie, Heidemarie, Marianne, Annemie, Anna, Hanna, Hannchen, Ursula, Ursi, Uschi usw. auseinanderzuhalten. Aber davon spricht man nicht, und ist doch so viel schwerer als Esperanto.)

Also unsere neun i-Mädchen setzen wir in die erste Reihe:

i-u, i-o, i-a, i-es, i-e, i-am, i-el, i-al, i-om

Da sitzen sie nun und sehen so merkwürdig u n b e s t i m m t aus, daß wir immer noch Gefahr laufen, sie zu verwechseln.

Weitere neun Kinderchen setzen wir in die zweite Reihe, das Kind U., das Kind O., das Kind A., das Kind Es., das Kind E.,

das Kind Am., das Kind El., das Kind Al., das Kind Om. Also: *ki-u, ki-o, ki-a, ki-es, ki-e, ki-am, ki-el, ki-al, ki-om.*
Da sitzen sie nun und blicken uns alle so f r a g e n d an, gespannt auf das, was nun kommen wird. Und auch wir f r a g e n uns, ob wir die Gesellschaft jemals als Individuen werden auseinanderhalten können. Sehr f r a g l i c h scheint uns das. „Und wie heißt du?" fragen wir den kleinen Jungen, der unmittelbar vor uns steht. „Fritzchen", sagt er. „Und du?" fragen wir den nächsten. Sieh an! der heißt auch Fritzchen. „Heißt hier etwa noch jemand Fritzchen?" - „Ich, ja ich, ich, ich . . ." schreit es begeistert von allen Seiten. Da gibt es also Fritzchen U., Fritzchen O., Fritzchen A., Fritzchen Es., Fritzchen E., Fritzchen Am., Fritzchen El., Fritzchen Al. und Fritzchen Om. Wir setzen die Fritzchen alle in die dritte Reihe. Da sitzen sie nun und können es nicht fassen, daß sie alle Fritzchen heißen und w e i s e n immer wieder aufeinander h i n . „Du heißt auch Fritzchen!" - „Der heißt auch Fritzchen!" und „Der da auch!" und „Jener auch!" Während sich die neun Fritzchen noch gar nicht wieder beruhigen können, notieren wir auf unserem Mogelzettel:
tiu, tio, tia, ties, tie, tiam, tiel, tial, tiom

Nun haben wir es bald geschafft. Nur noch achtzehn sind unterzubringen. Wir sehen, es sind auch Asiaten dabei, lauter hübsche Bübchen und Mädchen mit tiefschwarzem Haar und gelblicher Hautfarbe. Lauter kleine Chinesen. Wieder sind es neun. Diesmal brauchen wir ihre Namen nicht abzukürzen. Die sind ganz kurz und einsilbig. Es sind die Chinesenkinder U, O, A, Es, E, Am, El, Al und Om. Vielleicht sind sie gar keine Chinesenkinder, sondern Japaner, Vietnamesen, Siamesen, Koreaner, Burmesen, Thailänder, . . . Wir sind gar nicht imstande, es auseinanderzuhalten. Wir v e r a l l g e m e i n e r n eben. Für uns sind das alles kleine Chinesen, *ĉi-noj.* Davon gibt es doch so viele. Neun davon füllen die vierte Bank:
ĉiu, ĉio, ĉia, ĉies, ĉie, ĉiam, ĉiel, ĉial, ĉiom

Der Rest sind nur noch Mädchen. Als wir sie fragen, wie sie heißen, da geht es bunt durcheinander: „Nanna, Netta, Nina, Leni . . ." Wir hören schon gar nicht mehr genau hin, bringen alles durcheinander und machen aus der Leni U. eine *neniu,* und schließlich steht auf unserem Zettel:

neniu, nenio, nenia, nenies, nenie, neniam, neniel, nenial, neniom

Als wir nun die erste sicherheitshalber noch einmal fragen: „Du bist doch die Neni U.?“ da ist es kein Wunder, daß sie v e r n e i n t. Das hätten wir uns als Esperantisten wegen des *ne* (nein, nicht) ohnehin denken können.

Nun sehen wir uns unser Werk noch einmal an. Da stehen die fünf Bänke, und darauf sitzen die neun Unbestimmten, die neun Fragenden, die neun Hinweisenden, die neun verallgemeinernden und die neun Verneinenden. Jetzt fordern wir unsere Erstkläßler auf, sich hübsch auf Vordermann zu setzen, schön gerade und aufrecht und möglichst genau hintereinander. Immer steckt uns noch etwas Preußentum im Blut. Und da sitzen nun ganz links die fünf, deren Nachnamen mit *U* beginnen. *-u* bedeutet soviel wie „Person oder eine bestimmte und benannte Sache“: *iu* irgendwer, irgendeiner, jemand, *kiu* wer; welcher, welche, welches, *tiu* der; jener, jene, jenes, *ĉiu* jeder, jede, jedes, *neniu* niemand, keiner.

Wir machen einen Schritt nach rechts und stehen vor der zweiten Fünfergruppe. Alle Nachnamen dieser Kinder fangen mit *O* an. Die Endung *-o,* das wissen wir, substantiviert. Hier bezeichnet sie eine Sache, eine weiter nicht bestimmte oder benannte Sache: *io* etwas, irgend etwas, *kio* was, *tio* das, *ĉio* alles und *nenio* nichts.

Die dritte Gruppe unterscheidet sich von allen anderen durch das *-a* am Ende. Und das, auch das wissen wir, hat ja adjektivischen Charakter, kennzeichnet die Beschaffenheit, die Eigenschaft: *ia* irgendeine Art, irgendwelch, irgendein, *kia* was für ein, wie beschaffen. *tia* solch ein; solcher, solche, solches, *ĉia* jeglich, jederlei und *nenia* keinerlei, kein.

Wir kommen zur vierten Gruppe auf *-es.* Diese Endung drückt den Besitz aus: *ies* irgend jemandes, *kies* wessen, *ties* dessen, deren, *ĉies* jedermanns, *nenies* niemandes.

Die fünfte Gruppe hat *-e.* Dieses *-e* ist uns als Endung der abgeleiteten Adverbien geläufig. In dieser Fünfergruppe hat es örtliche Bedeutung: *ie* irgendwo, *kie* wo, *tie* da, dort, *ĉie* überall und *nenie* nirgends.

Das *-am* der sechsten Gruppe hat zeitliche Bedeutung: *iam* irgendwann, einst, einmal, *kiam* wann, *tiam* dann, *ĉiam* immer und *neniam* niemals.

Das *-el* der siebenten Gruppe bezeichnet die Art und Weise: *iel*

irgendwie, *kiel* wie, auf welche Weise, *tiel* so, *ĉiel* auf jede Weise, auf jede Art und Weise und *neniel* auf keine Art und Weise; keineswegs.
Das *-al* der achten Gruppe begründet: *ial* aus einem Grunde, aus irgendeinem Grund, *kial* warum, weshalb, weswegen, *tial* darum, deshalb, *ĉial* aus jedem Grunde und *nenial* aus keinem Grunde.
Und das *-om* schließlich deutet auf die Menge: *iom* etwas, ein wenig, *kiom* wieviel, wieviele, *tiom* soviel, soviele, *ĉiom* alles; das Ganze und *neniom* gar nichts, nichts.
Alle fünfundvierzig Kinder sind nun untergebracht und vorgestellt. Jetzt gilt es, sie genauer kennenzulernen. Nur gut, daß uns einige schon vorher begegnet waren. Damit aber der Unterricht zügig vorangehen kann, sollten wir uns wirklich einen solchen Mogelzettel, einen Sitzplan anfertigen. Denn es dürfte immerhin noch einige Zeit dauern, bis wir alle fünfundvierzig auch unabhängig von ihrem Platz auf der Schulbank in anderer Umgebung richtig wiedererkennen und identifizieren können.
Sie sind auch von sehr unterschiedlichem Temperament, einige sitzen still und ruhig da, melden sich kaum und sagen nur selten etwas. Sie sind zurückhaltend und fallen uns kaum auf. Andere melden sich unentwegt, drängen sich vor und ziehen unsere Aufmerksamkeit auf sich. Und einige sind nicht ohne Eigenarten.
Die *ki*-Wörter z. B. haben nicht immer nur fragenden Charakter, sie werden auch als rückbezügliche Wörter verwandt (*la patro, kiu* = der Vater, der), treten auch gern zusammen mit den hinweisenden auf: *tiu, kiu* jener, der, *tio, kio* das, was, *tie, kie* dort, wo, *tiam, kiam* dann, wenn, *tiel . . . kiel* so . . . wie. Den hinweisenden wiederum gesellt sich häufig ein auf größere Nähe weisendes *ĉi* zu: *ĉi tie kaj tie* (hier und dort), *tio ĉi kaj tio* dies und das, *tiu kaj tiu ĉi* jener und dieser; dieser und dieser hier. *Kiam?* (wann?) wird auch als Konjunktion für Nebensätze der Zeit verwendet, dann bedeutet es soviel wie „als" oder „wenn" (in älterem Deutsch „wann"), z. B. *tiam, kiam vi venos* (dann, wenn du kommst = dann, wann du kommen wirst).
Die Gruppe auf *-o* kann in den Akkusativ treten, z. B. *mi vidas tion, mi aŭdas nenion.* Die Gruppen auf *-u* und *-a* kommen ebenfalls im Akkusativ, aber auch im Plural vor, z. B. *mi legas tiujn librojn, kiujn mi aĉetis* ich lese die – bestimmten – Bücher, die ich gekauft habe, *kiajn librojn vi aĉetis?* was für

Bücher hast du dir gekauft? *esperantajn.* Merken wir uns noch *ĉiuj* für „alle“, im Akkusativ natürlich *ĉiujn,* z. B. *mi ricevis ĉiujn informojn,* und daß nach den Mengenwörtern auf *-om* die Präposition *da* steht: *iom da pano* etwas Brot, *kiom da akvo?* wieviel Wasser? *prenu tiom da oranĝoj, kiom vi volas!* nimm soviele Apfelsinen, wie du willst! *mi perdis ĉiom da mono* ich habe alles Geld verloren, *neniom da scio* nichts an Wissen.
Hier nun stelle ich Ihnen die ganze Gesellschaft noch einmal geschlossen vor:

iu	*io*	*ia*	*ies*	*ie*	*iam*	*iel*	*ial*	*iom*
kiu	*kio*	*kia*	*kies*	*kie*	*kiam*	*kiel*	*kial*	*kiom*
tiu	*tio*	*tia*	*ties*	*tie*	*tiam*	*tiel*	*tial*	*tiom*
ĉiu	*ĉio*	*ĉia*	*ĉies*	*ĉie*	*ĉiam*	*ĉiel*	*ĉial*	*ĉiom*
neniu	*nenio*	*nenia*	*nenies*	*nenie*	*neniam*	*neniel*	*nenial*	*neniom*

Diese Tabelle nennt man wohl auch die Zamenhofsche Tabelle, *la Zamenhofa tabelo.*
Jetzt sind wir so hübsch in die Systematik geraten, daß wir noch ein wenig weiter machen wollen. Wir gehen einmal hinüber zu unserem Kollegen in die Nachbarklasse. Da gibt es „nur“ vierundvierzig Schüler. Es hilft alles nichts, die müssen wir auch noch kennenlernen. Sie sind nicht so hübsch auf fünf Bänke verteilt, sondern in zwei ungleichen Gruppen mit besonderen Aufgaben beschäftigt. Die eine der Gruppen besteht aus vierzehn Schülern, die andere aus dreißig. Aber Gott sei Dank! mit Befriedigung stellen wir fest, daß wir die meisten von ihnen, es sind rund zwei Drittel, schon kennen. Sie sind damit beschäftigt, neue Wörter zu basteln. Die kleinere Gruppe macht es vorsetzlich (oder schreibt man das mit „ä“?), die größere macht es anhänglich. Beobachten wir sie einmal bei ihrer Arbeit!

I. Vierzehn Vorsilben:

bo- Verschwägerung: *patro* Vater, *bopatro* Schwiegervater; *filino* Tochter, *bofilino* Schwiegertochter

dis- Trennung: *rompi* brechen, *disrompi* zerbrechen; *iri* gehen, *disiri* auseinandergehen

ek- Handlungsbeginn: *dormi* schlafen, *ekdormi* einschlafen; *veturi* fahren, *ekveturi* abfahren

eks- Ehemaligkeit: *instruisto* Lehrer, *eksinstruisto* Lehrer a. D.; *oficiro* Offizier, *eksoficiro* Offizier a. D.

fi- Verächtlichkeit: *homo* Mensch, *fihomo* Lump; *hundo* Hund, *fihundo* Köter

for- Entfernung: *porti* tragen, *forporti* forttragen; *kuri* laufen, *forkuri* weglaufen

ge- Zusammenfassung beider Geschlechter: *patro* Vater, *gepatroj* Eltern; *knabo* Knabe, *geknaboj* Jungen und Mädchen

mal- Gegensatz: *hela* hell, *malhela* dunkel; *varma* warm, *malvarma* kalt

mis- Abwegigkeit: *uzi* gebrauchen, *misuzi* mißbrauchen; *konduki* führen, *miskonduki* mißleiten

ne- Verneinung: *trinkebla* trinkbar, *netrinkebla* nicht trinkbar; *respekto* Achtung, *nerespekto* Nichtachtung

pra- Vorzeitlichkeit: *avo* Großvater, *praavo* Urgroßvater; *homo* Mensch, *prahomo* Urmensch

re- Wiederholung und Rückwendung: *vidi* sehen, *revidi* wiedersehen; *veturo* Fahrt, *reveturo* Rückfahrt

sen- Fehlanzeige: *hara* behaart, *senhara* kahl; *potenco* Macht, *senpotenco* Ohnmacht

tro- Übermaß: *pezo* Gewicht, *tropezo* Übergewicht; *plena* voll, *troplena* überfüllt

II. Dreißig Nachsilben:

-aĉ Verschlechterung: *ĉevalo* Pferd, *ĉevalaĉo* Klepper; *komerci* handeln, *komercaĉi* schachern

-ad Dauer: *paroli* reden, *paroladi* eine Rede halten; *kuro* Lauf, *kurado* Dauerlauf

-an Gruppenzugehörigkeit: *urbo* Stadt, *urbano* Städter; *societo* Gesellschaft, *societano* Gesellschaftsmitglied

-aĵ Dinglichkeit: *trinki* trinken, *trinkaĵo* Getränk; *skribi* schreiben, *skribaĵo* Geschriebenes, Manuskript

-ar Sammelbegriff: *ŝipo* Schiff, *ŝiparo* Flotte; *arbo* Baum, *arbaro* Wald

-ĉj männliche Koseform: *patro* Vater, *paĉjo* Väterchen; *Frideriko* Friedrich, *Friĉjo* Fritzchen

-ebl Möglichkeit: *legi* lesen, *legebla* lesbar; *trinki* trinken, *trinkebla* trinkbar

-ec Abstraktum: *bela* schön, *beleco* Schönheit; *bona* gut, *boneco* Güte

-eg Vergrößerung: *homo* Mensch, *homego* Riese; *pordo* Tür, *pordego* Tor

-ej	Örtlichkeit: *telefono* Telefon, *telefonejo* Fernsprechstelle; *lerni* lernen, *lernejo* Schule
-em	Neigung: *babili* schwatzen, *babilema* schwatzhaft; *ŝpari* sparen, *ŝparema* sparsam
-end	Notwendigkeit: *lernaĵo* Lernstoff, *lernendaĵo* Pensum; *pagi* zahlen, *pagenda* fällig
-er	Einzelheit: *fajro* Feuer, *fajrero* Funke; *pano* Brot, *panero* Krümel
-estr	Oberhaupt: *urbo* Stadt, *urbestro* Bürgermeister; *domo* Haus, *domestro* Hausmeister
-et	Verkleinerung: *varma* warm, *varmeta* lau; *strato* Straße, *strateto* Gasse
-id	Abkömmling: *reĝo* König, *reĝido* Prinz; *ŝafo* Schaf, *ŝafido* Lamm
-ig	Veranlassung: *sata* satt, *satigi* sättigen; *sankta* heilig, *sanktigi* heiligen
-iĝ	Werden: *blinda* blind, *blindiĝi* erblinden; *scii* wissen, *sciiĝi* erfahren
-il	Mittel oder Werkzeug: *tranĉi* schneiden, *tranĉilo* Messer; *instrui* lehren, *instruilo* Lehrmittel
-in	Weiblichkeit: *knabo* Knabe, *knabino* Mädchen; *amiko* Freund, *amikino* Freundin
-ind	Würdigkeit: *aŭdi* hören, *aŭdinda* hörenswert; *ami* lieben, *aminda* liebenswert
-ing	Halter: *plumo* Feder, *plumingo* Federhalter; *cigaredo* Zigarette, *cigaredingo* Zigarettenspitze
-ist	Beruf: *baki* backen, *bakisto* Bäcker; *vendi* verkaufen, *vendisto* Verkäufer
-nj	weibliche Koseform: *patrino* Mutter, *panjo* Mutti; *Helino* Helene, *Helinjo* Lenchen
-obl	Vielfaches: *du* zwei, *duobla* doppelt; *multa* viel, *multobla* vielfach
-on	Bruchteil: *kvar* vier, *kvarono* Viertel; *cent* hundert, *centono* Hundertstel
-op	Sammelzahl: *tri* drei, *triope* zu dritt; *dek-du* zwölf, *dek-duope* dutzendweise
-uj	Behälter: *tabako* Tabak, *tabakujo* Tabakdose Baum: *ĉerizo* Kirsche, *ĉerizujo* Kirschbaum Land: *Germano* Deutscher, *Germanujo* Deutschland
-ul	Eigenschaftsträger: *stulta* dumm, *stultulo* Dummkopf; *almozo* Almosen, *almozulo* Bettler

-um Begriffliche Annäherung: *plena* voll, *plenumi* erfüllen; *flanko* Seite, *flankumi* flankieren; *kolo* Hals, *kolumo* Kragen; *butono* Knopf, *butonumi* zuknöpfen

Da es im *Esperanto* praktisch keine Grenze zwischen Bildungssilben und selbständigen Wörtern gibt, ließe sich diese Liste noch beliebig verlängern. SAPIENTI SAT!

Fünfzehntes Kapitel / *Dek-kvina ĉapitro*

Unter Esperantisten / *Inter Esperantistoj*

Im siebenten Kapitel seines Zauberbergs, da, wo er vom großen Stumpfsinn spricht, schildert Thomas Mann, wie sich die Sanatoriumsinsassen allerlei Art Beschäftigungen hingeben, die zeitweise den Charakter wahrer Epidemien annehmen, als da sind die Liebhaberphotographie, das Briefmarkensammeln, der unaufhörliche Verzehr von Schokolade, das Zeichnen mit geschlossenen Augen, das Sichabplagen mit der Quadratur des Kreises oder das Entwerfen von Projekten über das Sammeln und die Verwertung von Altpapier, und dann folgt der bemerkenswerte Satz: „Einige Berghofinsassen trieben Esperanto und wußten sich etwas damit, in dem künstlichen Kauderwelsch bei Tische zu konversieren. Hans Castorp blickte sie finster an, indem er übrigens bei sich selber dafür hielt, daß sie die Schlimmsten nicht seien."

Nun wahrlich, sie sind nicht die Schlimmsten, und so habe ich mich denn, obgleich als unorganisierter Esperantist keiner Gruppe zugehörig, unter sie gewagt und vom 17. bis 20. Mai 1975 den Deutschen *Esperanto*-Kongreß in Oberkirch mitgemacht. Am Vortage schon war ich dort, bestaunte am Bahnhof das *bonveniga ŝildo* und die grüne Fahne mit dem fünfstrahligen *Esperanto*-Stern und ging gleich, nachdem ich mich in meinem Hotelzimmer eingerichtet hatte, zum *kongresejo,* der Stadthalle in Oberkirch, wo ebenfalls eine ansehnliche *Esperanto*-Fahne wehte und dem modernen Flachbau ein festliches Aussehen gab. Während ich noch vergeblich versuchte, die verschlossene Eingangstür zu öffnen, rief mir aus einem vorbeifahrenden Auto ein freundlicher Herr mehmals zu: *Je la sepa! je la sepa!* Das war also die erste praktische Anwendung des Esperanto, die ich erlebte. *Je la sepa!* sollte soviel heißen wie *je la sepa horo.* Um sieben Uhr, damit war allerdings um 19 Uhr gemeint, würde also geöffnet werden.

Das waren noch fast zwei Stunden, die ich damit verbrachte, durch den Ort zu schlendern, wobei ich jedesmal in ein inneres „Hallo!" ausbrach, wenn mir jemand begegnete, der die *Esperanto*-Nadel anstecken hatte. Und nach Geschäftsschluß, als die Einheimischen aus dem Straßenbild verschwanden, da erweckten bereits ein knappes Dutzend Esperantisten den Eindruck, als wimmelte der Ort nur so von ihnen. Als ich kurz nach 19 Uhr wieder vor der Stadthalle stand, fand ich die Tür offen. In dem großen Saal war man damit beschäftigt, letzte Hand an die Ausstellung zu legen, die im Zusammenhang mit dem Kongreß veranstaltet wurde. Der Hauptteil der Stellwände trug in *Esperanto* abgefaßte Werbeprospekte von Reisebüros aus älterer und neuerer Zeit, Reiseprospekte an die Adresse von *Esperanto*-Kundigen. Daneben fanden sich Photographien aus dem *Esperanto*-Leben, Begegnungen mit ausländischen Esperantisten, Einweihungen von *Esperanto*- und Zamenhofstraßen, Briefmarken mit dem Bildnis von Dr. Zamenhof oder Poststempel, die auf Kongresse hinwiesen, und anderes mehr, das einen *Esperanto*-Freund erfreuen kann und in dieser gedrängten Fülle sich sehr ansehnlich ausnahm. Unter anderem waren auch die Briefumschläge aus der Korrespondenz eines Oberkircher Bürgers mit Esperantisten in 57 verschiedenen Ländern ausgestellt, eine Sammlung sui generis, die gewiß nicht nur das Herz eines jeden Esperantisten höher schlagen ließ, sondern wegen der vielfältigen Buntheit der Briefmarken wohl dazu angetan war, manchen Philatelisten vor Neid erblassen zu lassen.

Die Atmosphäre war ganz die, wie sie eben vor Ausstellungseröffnungen und ähnlichen Veranstaltungen zu sein pflegt. Hier und da standen Leute einzeln oder in kleinen Gruppen beschäftigungslos herum, während andere höchst geschäftig und bedeutsam herumliefen und Wichtiges zu erledigen schienen. Es wurde Deutsch gesprochen, viel Deutsch, aber auch das von Thomas Mann als „künstliches Kauderwelsch" bezeichnete Verständigungsmittel. An meiner Anwesenheit nahm niemand Anstoß, obgleich ich mich dort im Saale eigentlich ohne jede Berechtigung aufhielt, denn die Kongreßeröffnung war ja erst für den nächsten Tag vorgesehen. Sprach ich um einer Auskunft willen jemanden an, so wurde mir bereitwillig mitgeteilt, wonach ich fragte, oder man verwies mich an die betreffende Stelle, wo ich Belehrung finden würde. Niemand argwöhnte in mir einen bombenlegenden Terroristen, und kein befugter Obrigkeitsvertreter verwies mich des Ortes. Nein, wahrlich, diese Esperantisten unter den Zeitgenossen waren die Schlimmsten nicht.

Auf einem Tisch am Eingang lagen allerlei Prospekte und Werbeschriften. Ein großer bunter, reich bebildeter Prospekt der Hamburger Fremdenverkehrszentrale mit detailliertem Text auf *Esperanto* wies unter anderen diese Überschriften auf: *Vaporboati sur la Alster* mit Alsterdampfern fahren, *Flari havenaeron* Hafenluft riechen, *Butikumi sur* Jungfernstieg auf dem Jungfernstieg ... *butiko* = Laden + um + i; versuchen Sie selbst, dieses köstliche Wort zu übersetzen!, *Promeneti sur Reeperbahn* ein bißchen über die Reeperbahn schlendern, und alles zusammen: *Malkovri Hamburgon!* Hamburg entdecken. Ein anderer umfänglicher Prospekt lud nach *Århus en Danlando* ein und ein anderer in das *Esperantista Kulturdomo* nach Frankreich, wo sich jährlich Hunderte von Esperantisten aus allen Kontinenten einfinden: *centoj da esperantistoj el ĉiuj kontinentoj.* Auch der Verkehrsverein in Mannheim warb mit einem eigenen *Esperanto*-Prospekt, während ein Werbeblatt für die „Haute-Saône“ *Esperanto* neben Französisch, Deutsch und Englisch nur als vierte Sprache gelten ließ. Die „Deutsche *Esperanto*-Jugend“ hatte mehrere geschickt aufgemachte Werbeschriften ausgelegt. Freilich stolperte ich in einer von ihr über die Behauptung: „Die über 16 Millionen, die in der Welt *Esperanto* sprechen, beschränken sich nicht auf Theorie.“ Über 16 Millionen? Wie kommt die Zahl wohl zustande? Das wären ja weit mehr, als die Niederlande Einwohner zählen. Es gibt Leute, die lernen Holländisch. Das nimmt man hin. Allenfalls fragt man: „Warum tun die das?“ Aber man hält sie nicht für arme Irre. So müßte ja eigentlich schon der Zeitpunkt gekommen sein, wo man auch den Adepten des *Esperanto* nicht mehr für einen armen Irren halten kann. In der Doppel-Nummer Juli-August 1974 der Zeitschrift *„esperanto“*, die der *Esperanto*-Weltbund herausgibt *(universala esperanto-asocio),* finde ich eine *laŭlanda membrostatistiko por 1973,* die die dieser Vereinigung direkt oder durch Gruppen angeschlossenen Mitglieder auf 32 716 beziffert. Diese Ziffer wiederum sagt nichts aus über unorganisierte oder anderweitig zusammengeschlossene Esperantisten, so gibt es z. B. noch den Weltbund der Arbeiter-Esperantisten *(Sennacieca Asocio Tutmonda) SAT,* ein Schisma, das die Durchschlagskraft des *Esperanto* erheblich herabsetzt, so daß man ihnen allen zurufen möchte: *Esperantistoj de ĉiuj landoj, unuiĝu!*

Am nächsten Tag, es ist der Sonnabend vor Pfingsten, finde ich

mich wieder in der Stadthalle ein. Da ist es vor allen Dingen der große *Esperanto*-Bücherstand, der am Vortage noch nicht aufgebaut worden war und der mich immer wieder anzieht. Da gibt es *Esperanto*-Veröffentlichungen noch und noch, Lehrbücher auf der Basis von Nationalsprachen, aber auch solche, die nach direkter Methode nur auf *Esperanto* abgefaßt sind, Wörterbücher, Werbeschriften, linguistische Untersuchungen zum Weltsprachenproblem, theoretische Schriften über *Esperanto,* Geschichtliches aus der Bewegung, ein reichhaltiges Angebot schöngeistiger und unterhaltender Literatur. Die Bibel, prächtig gebunden, behauptet ihren Platz. Aber auch vom Koran gibt es eine schöne zweisprachige Ausgabe (Arabisch und *Esperanto).* Und auch die dritte „Bibel", die *Elektitaj Verkoj De Maŭ Zedong,* fehlt nicht. Auf gutem Papier *en Ĉina Popola Respubliko* gedruckt (Peking 1971), in vorbildlichem, klaren *Esperanto* geschrieben, 610 Seiten stark, mit Seidenband als Lesezeichen und einem festen roten Kunststoff-Schutzumschlag versehen, kostet sie ganze DM 2,20. Das sind schätzungsweise die Portokosten, die die Reise um die halbe Welt für das Buch gekostet hat. Da haben wir einmal den Fall, wo reichliche Werbemittel indirekt auch für *Esperanto* eingesetzt werden.
Ein großer Prachtband enthält auf 527 Seiten 952 Abbildungen, die Zamenhof selbst oder Erinnerungswürdiges aus seinem Leben zeigen. Diese *Granda Galerio Zamenhofa* ist das Lebenswerk eines Bürgers der USA (Adolf Holzhaus). Japanische Esperantisten haben in zwei Prachtbänden die Jahrgänge 1922–1926 der Esperanto-Zeitschrift *Literatura Mondo* neu herausgegeben. Und daneben gibt es einen in seiner bescheidenen Schlichtheit rührenden Faksimile-Druck des ersten Büchleins, das nach den ersten Lehr- und Wörterbüchern der neuen Sprache einen literarischen Text brachte. Es handelt sich um Alexander Puschkins Erzählung *La Neĝa Blovado* in der Übertragung von A. Grabowski, Warschau 1888, 22 Seiten.
Beachtlich ist auch eine der jüngsten Veröffentlichungen, das *Internacia komerca-ekonomika vortaro en 9 lingvoj.* Während in den Sprachen Deutsch, Spanisch, Französisch, Italienisch, Niederländisch, Portugiesisch und Schwedisch die etwa 2000 Stichwörter nur in einfachen Übersetzungen gegeben werden, sind sie auf Englisch und auf *Esperanto* außerdem noch genauestens begrifflich bestimmt. Das in den Niederlanden erschienene dicke, festgebundene Nachschlagewerk kostet 67,50 gld. Natür-

lich gibt es auch *Esperanto*-Abzeichen zu kaufen, kleine Anstecknadeln mit dem grünen fünfstrahligen Stern, dessen Farbe die Hoffnung und dessen fünf Spitzen die fünf Kontinente symbolisieren, und Aufkleber *Esperanto* fürs Auto, Werbe-Klebemarken für Briefumschläge und Ansichtskarten von Oberkirch mit dem Kongreßstempel.

Allmählich ist es an der Zeit, daß ich meinen Kongreßbeitrag entrichte. Ich gehe zum *informejo* und erhalte einen Anhänger mit dem Text *Esperanto Turismo / 53a Germana Esperanto Kongreso / Oberkirch Pentekoston 1975* und eine rote Mappe Nr. 137 mit der Aufschrift *Kongreso de Esperanto.* Den Anhänger befestige ich sogleich an meinem Revers. Nun erst gehöre ich richtig dazu. Die Mappe, die sinnig mit einem grünen Streifen versehen ist, erweist sich als wahre Wundertüte. Da ist zunächst ein Exemplar der „Renchtal Zeitung" vom 16. Mai 1975. Dieses „Alleinige Heimatblatt im Renchtal" enthält eine ganze Seite, die ausschließlich dem 53. Deutschen Esperanto-Kongreß gewidmet ist. Der Haupttext handelt allgemein von dem Kongreß, insbesondere von *Esperanto* als Sprache der Hoffnung und von ihrer leichten Erlernbarkeit. In einem besonderen Kästchen findet sich die Liste der Mitglieder des Ehrenkomitees. Sie enthält ganz hübsch prominente Persönlichkeiten, Minister, Bürgermeister, Mitglieder des Deutschen Bundestages und solche des Landtages von Baden-Württemberg u. a. In einem zweiten Kästchen entbietet das *Loka Kongresa Komitato* den Tagungsteilnehmern seinen Gruß auf *Esperanto,* in einem dritten und vierten tun es auf deutsch der Oberkircher Bürgermeister und der Minister für Wirtschaft, Mittelstand und Verkehr des Landes Baden-Württemberg. Ein paar Seiten weiter kündet noch ein Artikel davon, daß „es in Oberkirch keine Sprachschwierigkeiten gibt".

Weiter enthielt die Mappe eine Neufassung der Satzung des Deutschen Esperanto-Bundes E. V., eine Liste der *„Kongresanoj"* Tagungsteilnehmer, fünf zusammengeheftete Blätter mit *Esperanto*-Texten für den am Pfingstsonntag vorgesehenen ökumenischen Gottesdienst, ein Informationsblatt *El la Germana Esperanto-movado,* zwei Nummern der *Eŭropa Esperanto-Revuo* (Jan.-Febr. 75 und März 75) und eine Reihe von Werbeblättern, Reiseprospekten und Programmen. Die Teilnehmerliste war eine Woche vor Tagungsbeginn mit 133 Teilnehmern abgeschlossen worden. Es kamen dann aber noch soviele ver-

spätete Anmeldungen, daß die Zahl 150 überschritten wurde. Obgleich dieser Kongreß speziell für die deutschen Esperantisten gedacht war, hatten sich auch einige Ausländer eingefunden: 8 Franzosen, 4 Österreicher, 2 Polen und 2 Schweizer.
Um 15 Uhr wurde durch eine kurze Ansprache, bei der die Kongreß-Teilnehmer zwanglos um den Sprecher herumstanden, zunächst die Ausstellung eröffnet, und schon eine halbe Stunde später setzte man sich zum Kongreß-Beginn an die in genügender Anzahl in Reihen aufgestellten Tische. Von festlicher Musik (ein Streichtrio spielte Beethoven, Schubert und Mozart) unterbrochen und eingerahmt, nahmen die Ansprachen ihren Lauf... auf deutsch. Der Deutsche Esperanto-Bund entbot seinen Gruß durch den stellvertretenden Bundesvorsitzenden Hermann Heiß, die Stadt Oberkirch tat es durch ihren Bürgermeister Erwin Braun und das örtliche Kongreß-Komitee durch seinen Vorsitzenden Walter Poppeck; Ehrengäste und Gäste aus dem Ausland folgten, wobei sich die Polen und Franzosen des *Esperanto* bedienten. Besonders liebenswürdig war die Ansprache von Prof. Dr. Hans Furler*), des ehemaligen Präsidenten des Europäischen Parlaments. Die eigentliche Festansprache über „*Esperanto* und Tourismus", um der Gäste und ihrer Unterrichtung willen auch auf deutsch, hielt der Vorsitzende des Deutschen Esperanto-Bundes und Lehrbeauftragte für *Esperanto* an der Universität Hamburg Dr. sc. pol. Werner Bormann. Seine Ausführungen waren von beachtlicher Sachlichkeit getragen, der Tourismus, der immer noch in Expansion begriffen sei, sei das gegebene Feld, *Esperanto* als Mittel zu ausländischen Kontakten anzubieten, woraus sich von selbst das Begehren ergäbe, dieses Mittel auch anzuwenden.
Abends fand der Kongreßball statt. Die ausliegende Speisekarte war zweisprachig abgefaßt, und man konnte sich überlegen, ob man lieber auf deutsch ein „Kasseler Rippchen auf Sauerkraut, dazu Teigwaren" oder lieber auf *Esperanto* ein *Peklita porka kotleto kun fermentita brasiko kaj farunaĵoj* essen wollte. Der Preis war jedenfalls derselbe. Für Schlemmer gab es z. B. *Pokolo da glaciaĵo kun fruktoj kaj kremaĵo.* Es wurde eifrig getanzt und geschwatzt, *Germane* und auch *Esperante.*
Ein freundlicher, etwa achtzigjähriger, gleichwohl aber rüstiger

*) Es war vermutlich seine letzte, denn er starb bald darnach.

alter Herr, einer der aussterbenden Veteranen der Bewegung, erzählte mir von seiner Begegnung, die er als junger Mann mit Zamenhof gehabt hatte. Es war 1913 auf dem 9. internationalen Kongreß in Bern, dem letzten, den Zamenhof selbst mit machte. (Auf der Reise nach Paris zum 10. kehrte er wegen Ausbruch des ersten Weltkrieges wieder um, und 1917 starb er.) Der junge Mann also kam etwas verspätet in den Kongreßsaal. Alle Plätze waren besetzt. So setzte er sich verlegen auf einen der vorderen, reservierten Plätze. Gleich darauf erschien Zamenhof inmitten der ihn begleitenden Prominenzen. Schnell wollte sich der Jüngling verdrücken. Da aber nötigte ihn Zamenhof selbst zum Sitzen, er dürfe bleiben, wenn er nur verspräche, dem *Esperanto* treu zu bleiben. Nun, er hat sein Versprechen gehalten.
Am nächsten Morgen, Pfingstsonntag, fand dann um neun Uhr der ökumenische Gottesdienst statt, den *pastro* Roger Degrelle aus Nancy und *pastoro* Wilhelm Grillenberger aus Fürth gemeinsam zelebrierten. Es war eine hübsche Feierstunde, und da die Teilnehmer die *Esperanto*-Texte aus der roten Mappe zur Hand hatten, ging alles mit Hymnen, Wechselrede, Glaubensbekenntnis und Vaterunser in angenehmer und gleichsam gewohnter Weise vor sich.
Anschließend, um 10 Uhr, begann die Jahreshauptversammlung *(jarĉefkunveno)* des Deutschen *Esperanto*-Bundes. Sie dauerte bis in die Mittagszeit hinein. Und bei dieser Gelegenheit nun endlich hatte das *Esperanto* gewissermaßen seinen großen Auftritt. Der Hinweis „Die Arbeitssprache des Kongresses ist *Esperanto*“ wurde genauestens beachtet. Auch nicht einer der Sprechenden scherte aus. Es war, und nicht nur für Neulinge, eindrucksvoll, zu erleben, wie hier selbst Leute aus einfachen, nicht mit höherer Bildung belasteten Berufen ihre Sprache korrekt, sicher und fließend sprachen, ohne je um den Ausdruck ringen zu müssen oder dabei nach Vokabeln zu suchen. Und da es auch Meinungsverschiedenheiten gab, kam es auch vor, daß der eine oder andere wohl auch einmal heftiger reagierte, immer aber wurde die Disziplin so weit gewahrt, daß das *Esperanto* als sprachliche Basis der Auseinandersetzung nicht aufgegeben wurde. Wer selbst mit Sprachen umgehen kann, weiß, wieviel leichter, wenn auch noch immer beschwerlich genug, es sich mit Ausländern in deren Muttersprache sprechen läßt, als etwa mit einem Landsmann, und wie schnell man im

letzteren Falle wieder in die eigene Sprache zurückfällt. Hier aber schien das *Esperanto* das leichtere und damit auch das angenehmere sprachliche Medium zu sein. Zum Beherrschen des *Esperanto* kommt bei seiner Anwendung mit wachsender Fähigkeit die durch kein Unsicherheitsgefühl getrübte Funktionslust. Wann denn erreicht man in einer der national gebundenen Fremdsprachen das Gefühl der s i c h e r e n Beherrschung? Ich fürchte, man erreicht es um so eher, je naiver man ist. Wie jede andere spielerische Betätigung, ob Golf, ob Schach, macht auch *Esperanto* ganz einfach . . . Spaß.

Der Nachmittag ging mit unterschiedlichen Arbeitssitzungen dahin. Es gab eine über Informationstätigkeit und Beziehungen zur Presse, in einer anderen versammelten sich die Mitglieder der Ludwig-Zamenhof-Gesellschaft. Gleichfalls hatten dic *Esperanto*-Naturfreunde und die Ökumenische Liga e. V. (der deutsche Zweig der KELI) ihre Sondersitzungen. In der Sitzung des Internationalen *Esperanto*-Autoklubs wurden zwei farbige Werbefilme in *Esperanto* gezeigt, die von der Firma „Fiat“ stammten. Die „Fiat Pubblicità“ hat übrigens auch ein kleines sechssprachiges Heftchen (30 Seiten) *Malgranda vortaro aŭto-turisma* herausgegeben. Sondersitzungen hatten schließlich noch das Deutsche *Esperanto*-Institut, der Verband deutscher *Esperanto*-Lehrer und die Deutsche *Esperanto*-Jugend.

Der Abend galt der Entspannung und der Unterhaltung. Es spielten die „Renchtal-Musikanten Hesselbach“. Ein Herr aus der Schweiz sprach über *Turismo kaj kulturo*. Man feierte das zehnjährige Jubiläum der besonderen Verbundenheit der *Esperanto*-Gruppen von Gray in Frankreich und Oberkirch in der BRD. Schließlich spielten auch noch zwei polnische Schauspieler, ein Herr und eine Dame, Kalina Pienkiewicz und Zbigniew Dobrzynsky aus Warschau ein Zweipersonenstück *Proksima Nekonato* von Alexander Scibor-Rylski. An den nächsten beiden Tagen (Pfingstmontag und der darauffolgende Dienstag) gaben eine Wanderung, ein großes gemeinsames Mittagessen und Busfahrten Gelegenheit zu weiteren persönlichen Begegnungen.

Solche Landeskongresse halten ja wohl in etwa die Mitte zwischen den regulären Zusammenkünften örtlicher *Esperanto*-Gruppen und alljährlich stattfindenden großen internationalen *Esperanto*-Kongressen, die durchschnittlich von etwa 2000 Menschen besucht werden. Sie sind unerläßlich zur Pflege,

Tradierung und Fortentwicklung der *Esperanto*-Idee, darüber hinaus weisen sie dem einzelnen Esperantisten Wege zu Kontakten jenseits der Landesgrenzen und führen, die Erfahrung hat es gezeigt, zu dauerhaften Freundschaften mit Menschen, die sich oft nur durch *Esperanto* verständigen können, und sogar zu Eheschließungen.
Kehrt man aus einem solchen Kongreß wieder zurück in die gewohnte Umgebung, die gewohnten Straßen, Häuser und Läden mit ihren vielen Menschen, von denen kaum einer mehr als allenfalls gerade den Namen *Esperanto* kennt, kommt man sich selber vor wie ein Fremdling aus einer anderen Welt, verfremdeter als kehrte man aus Frankreich, England, Holland, Spanien, Italien oder sonstwoher zurück, denn das sind Wirklichkeiten, die die anderen auch kennen. Den nicht lokalisierbaren Planeten *Esperanto* kennen aber nur wenige.

Bemerkung zur dritten Auflage:

Obgleich seit diesem Kongreß eine Reihe von Jahren vergangen und dementsprechend weitere Deutsche *Esperanto*-Kongresse über die Bühne gegangen sind, so 1978 in Augsburg, 1979 in Heilbronn, 1980 in Berlin, 1981 in Westerland, 1982 in Münster, 1983 in Bad Säckingen, 1984 in Kassel, hat der Verfasser doch keinen so intensiv erlebt wie den in Oberkirch, der für ihn der erste war. Wegen der Darstellung des Ersterlebens haben wir diese Schilderung auch in die dritte Auflage übernommen.

Bleicher Verlag

Sechzehntes Kapitel / *Dek-sesa ĉapitro*

Irgendeine Sekte / *Ia sekto*

Gehören Sie etwa zur Kirche Jesu Christi der Heiligen der letzten Tage? Sind Sie Mormone? Haben Sie unter Ihren Bekannten einen Mormonen? Es gibt deren etwa zweieinhalb Millionen. Wenn sie auch in den USA in Salt Lake City ihren Hauptsitz haben, so sind sie doch wie die Esperantisten über die ganze Erde verbreitet.

Sind Sie Anthroposoph? Anthroposophen gibt es auch mancherorts. Sie haben ihren Hauptsitz in Dornach in der Schweiz, wie etwa die Esperantisten in Rotterdam in Holland.

Gehören Sie zu der „Society of Friends"? Sind Sie ein „Zitterer", ein „quaker" oder Quäker? Davon gibt es über 200 000. Es gibt sie namentlich in England und in den USA. Sie sind, ganz wie die Esperantisten lose in örtlichen Gruppen organisiert und treten, genauso wie die Esperantisten, länderweise zu Jahresversammlungen zusammen und haben, ebenfalls wie die Esperantisten, auch Weltversammlungen.

Sind Sie Anhänger der von Mary Baker-Eddy gegründeten Glaubensgemeinschaft der „Christian Science"? Ihr Hauptort ist Boston. Es gibt über 3000 Zweiggemeinden. Sie haben, ganz wie die Esperantisten, ihre eigenen Zeitungen, z. B. die seit 1903 erscheinende Monatsschrift „Der Herold der Christlichen Wissenschaft". Das klingt sehr ähnlich wie der zwar erst 1920 gegründete, aber halbmonatlich erscheinende *„Heroldo de Esperanto"*.

Sie sind das alles nicht? Aber dann sind Sie vielleicht Briefmarkensammler! Wenn Sie einen Brief erhalten, fällt Ihr erster Blick auf die Briefmarke, erst dann auf den Absender. Sie wissen, wo in Ihrer oder in der nächsten Stadt sich ein Briefmarkengeschäft befindet. Sie haben Zusammenkünfte mit Betreibern des gleichen Hobbys, Sie sind Abonnent einer philatelistischen Zeitschrift, besitzen einen der großen Briefmarkenkataloge, sind vielleicht Mitglied eines philatelistischen Vereins, Sie wissen, wie man an Neuerscheinungen kommt, kennen die berühmten Marken mit Seltenheitswert, haben Briefmarkenausstellungen und Postmuseen besucht, Sie kennen sich aus mit Fälschungen, Wasserzeichen und Perforationsweiten, Sie wissen Pinzette, Lupe, Klebestreifen und Alben zu handhaben,

Sie haben sich längst spezialisiert, kurz, Sie beherrschen Ihre Liebhaberei, wie diese Sie beherrscht.
Am Ende sind Sie Vegetarier? Da kennen Sie natürlich die Schriften oder wenigstens die Namen von Ragnar Berg, M. Hindhede, Maximilian Bircher-Benner samt seinem Müsli, Werner Kollath, und Are Waerland samt seiner Kruska. Auf Reisen wissen Sie die vegetarischen Restaurants zu finden, kein Reformhaus entgeht Ihrem spürenden Blick, und Sie wissen, wohin man zur Kur und Erholung fährt, ohne Gefahr zu laufen, daß einem Schweinernes vorgesetzt wird.
Alle diese Gruppen, denen sich noch viele andere zugesellen ließen, haben Eines gemeinsam: die gleichgerichtete Idee, das gleiche Interesse, das sie verbindet und das sie verfolgen. Wenn Sie selbst ein Zeuge Jehovas, ein ernster Bibelforscher sind, so ist die Welt für Sie voller Zeugen Jehovas, dann sind Sie eingespannt in eben diese Welt besonderer geistiger Beziehungen. Gehören Sie aber nicht dazu, so wissen Sie allenfalls um die Existenz dieser Leute, die rührend geduldig mit ihrem „Wachtturm", den ihnen niemand abkauft, an der Straßenecke stehen.
Mit den Esperantisten ist es nicht viel anders. Solange Sie nicht dazugehören, sind Ihnen die so fremd wie die Botokuden oder Hottentotten, sind die für Sie ein zwar nicht räumlich, aber doch geistig sehr entlegener Volksstamm, von dessen Existenz Sie irgendwann einmal gehört haben, dem aber augenscheinlich keinerlei Bedeutung zukommt. Taucht einmal in einer Zeitung anläßlich eines Kongresses oder aus anderem Anlaß der Name *Esperanto* auf, so vermag er vielleicht auf einen Augenblick Ihr Interesse zu erregen, im nächsten Augenblick ist er aber durch die Fülle der geistigen Eindrücke, denen der moderne Mensch unentwegt ausgesetzt ist, wieder verdrängt. *Esperanto* bleibt für Sie etwas Unwirkliches, etwas Abseitiges, etwas Absurdes, ein „künstliches Kauderwelsch", seine Vertreter aber Sonderlinge, weltfremde Narren, unverbesserliche Weltverbesserer und Schlimmeres. Da mag man wohl mit Goethe sagen: „Und so sieht's auch der Herr Philister."
Und wie geht's weiter? „Kommt aber nur einmal herein! Begrüßt die heilige Kapelle; da ist's auf einmal farbig helle, . . . " – „Von innen", sozusagen, sieht der Esperantismus völlig anders aus. Da sind die Esperantisten ein über die ganze Welt verbreitetes, zwar dünn gesätes, aber sehr lebendiges, fortschrittliches

und keineswegs weltfremdes Völkchen, das durch anhaltend gepflegte Kontakte innerhalb und außerhalb der Landesgrenzen oft unterschiedliche persönliche Absichten verfolgt, immer aber der gemeinsamen Sache dient. Ein beachtliches Ziel hat es sich vorgenommen, ein Ziel, dessen Verwirklichung aufs innigste zu wünschen ist, nämlich zu erreichen, daß eines Tages jeder auf diesem Erdball sich mit jedem unmittelbar verständigen kann, ohne Übersetzer, ohne Übersetzungsmaschinen, ohne Hilfe einer der komplizierten fremden lebenden oder toten Nationalsprachen, in einer neutralen und allen zugänglichen Sprache, die jedem in dem Maße gehört, wie er sie beherrscht und wie er sie mit seinem Geist erfüllt, eine Sprache, die den großartigsten Kompromiß darstellt, der denkbar ist, eine vorbildliche demokratische Angelegenheit, die der kleinsten sprachlichen Minderheit die gleichen Chancen gibt wie den sprachlichen Kraftprotzen, den Chinesen, den Russen, den Engländern, den Franzosen, eine Angelegenheit vorbildlicher Toleranz. Schon arbeitet eine zahlenmäßig schwer zu erfassende, aber keineswegs geringe Zahl von Schriftstellern, Dichtern, Übersetzern, Gelehrten, Linguisten, Sprachlehrern, Kursusleitern, Verlegern, Lexikographen, Journalisten u. a. für das Esperanto-Volk in aller Welt, das in sich schon dadurch, daß es die Mühe, denn eine Mühe ist es, auf sich genommen hat, *Esperanto* überhaupt zu lernen, eine Elite darstellt. Die Esperantisten wissen, wohin sie reisen können, um Esperantisten zu treffen, für sie ist die Welt mit Esperantisten erfüllt. Sie haben große und kleine Kongresse, eigene Ferienheime, und jede der weithin verstreuten Ortsgruppen freut sich über einen Besuch aus dem Ausland, der sich durch seine „Visitenkarte *Esperanto*" als zugehörig ausweist. Ja, als Mitglied der *Universala Esperanto-Asocio* steht dem reisenden Esperantisten ein aus mehr als 3000 Delegierten gebildetes Netz von Menschen zur Verfügung, die ihm im Rahmen des Möglichen mit Rat und Tat zu helfen bereit sind.

Nun wollen wir einmal einen Augenblick lang annehmen, daß uns alle im Stich lassen. Kein Wechselbüro will von unserem Zahlen-Kode etwas wissen. Die Bundesbahn pfeift uns was (mit ihrer stärksten Dampflok!). Die Post hat andere Sorgen; sie kommt ohnehin aus den roten Zahlen nicht heraus. Die Kirchen versteifen sich auf ihr Latein. Das ist wenigstens etwas Gebildetes. Rundfunk und Fernsehen sind davon überzeugt, daß Unterhaltungsmusik und Krimis für ihre Bilanz wichtiger sind. Was möglicherweise sogar stimmt. Kurz, sie hätten sich alle verschworen, sprachlich so babylonisch weiterzuwursteln wie bisher, und *Esperanto* träfe überall nur auf taube Ohren. Von keiner staatlichen Stelle wäre Hilfe zu erhoffen. Alle überließen sie gleichgültig *Esperanto* seinem Sektierer-Dasein. Es wäre dennoch schon jetzt, nach dem gegenwärtigen Stand der *Esperanto*-Bewegung, aus den verschiedensten und selbst plump materialistischen Gründen sinnvoll, sich der *Esperanto*-Sekte anzuschließen und ihre Sprache zu erlernen, so sinnvoll, wie es etwa sinnvoll ist, für eine Italienreise italienisch zu erlernen, so sinnvoll, wie es sinnvoll ist, um ihrer Literatur willen eine fremde Sprache, und sei es auch eine tote, zu erlernen, so sinnvoll, wie es überhaupt sinnvoll ist, mit Ausländern Kontakt zu pflegen, und so sinnvoll, wie es überhaupt sinnvoll ist, sich geistig zu beschäftigen. So betrachtet z. B. der Universitäts-Professor Dr. Sarolea in Edinburgh „das Studium des Esperanto als ein im höchsten Grade philosophisches. Ohne Übertreibung gesagt, kenne ich", so äußert er sich, „wenige Studienfächer, die förderlicher für den Geist sind als Esperanto." Sehr viel sinnvoller ist es jedenfalls, sich mit *Esperanto* zu befassen, als Kreuzworträtsel zu raten oder Patiencen zu legen.

Aber die oben aufgezählten Annahmen stimmen ja gar nicht. In allen aufgezählten Institutionen und noch anderen auch gibt es für *Esperanto* aufgeschlossene Menschen. Nur ist das Wissen um die Effizienz des *Esperanto* so gering, sind die Schwierigkeiten seiner amtlichen Einführung so groß, daß niemand einen wirklichen entscheidenden Anfang machen will und wie aus wohlerzogener Höflichkeit den Vortritt ... den andern überläßt. Dabei wären sie alle bestens bedient, wäre der große Schritt über die Schwelle erst geschehen.

Es wäre sicherlich interessant und gewiß auch eine echt wissenschaftliche Aufgabe, ein dankbares Thema für eine Doktorarbeit, einmal in aller Gründlichkeit zu untersuchen, woher es kommt, daß die Vorurteile gegen *Esperanto* sich so schwer ausrottbar festsetzen konnten: Sentimentale Überbewertung der „geheiligten Muttersprache", die ja niemandem genommen werden soll, aber im Vergleich zu der das ganz anders gelagerte *Esperanto* abgewertet werden mußte. Das Fiasko des Volapük, das als mißlungener Versuch alle ähnlichen Versuche einschließlich des *Esperanto* in Mißkredit brachte. Die Feindse-

ligkeit der totalitären Staaten, die in ihrer weitreichenden Propaganda nichts unterließen, *Esperanto* nationalfeindlicher Umtriebe zu verdächtigen, wozu seine jüdische Herkunft nicht wenig beitrug, um es gewaltsam zu verfolgen. Die utopische Vorstellung, das Weltsprachenproblem sei ja mit der Vormachtstellung des Englischen längst gelöst und man brauche *Esperanto* gar nicht mehr. Vielleicht auch die Besorgnis aller derjenigen, die sich bereits jahrelang um den Besitz einer fremden Sprache abgemüht haben, *Esperanto* würde sie um die Früchte ihrer Arbeit bringen. Und nicht zuletzt die Scheu und Abneigung gegen alles Neue überhaupt, speziell in diesem Fall, wo die nicht für jeden einzelnen überall gleich ins Auge springenden Vorteile erst durch vorweg zu leistende Mühe *(Esperanto* lernen!) erworben werden müssen, wo Abwehr oder Gleichgültigkeit also eine Folge der Trägheit sind. Das alles findet sich dann noch verstärkt durch die Tatsache mangelhafter oder oberflächlicher Information, die durch die oft übertriebene propagandistische Versimpelung zu Unglauben und Skepsis führt. Wer z. B. weiß schon, daß der *Esperanto*-Weltbund *(UEA = Universala Esperanto-Asocio)* durch Beschluß der Generalversammlung der Kulturorganisation der Vereinigten Nationen seit 1954 den Rang einer mit der UNESCO zusammenarbeitenden Organisation hat?
Mit der Einführung des *Esperanto* von oben her ist nicht eher zu rechnen, als bis der Druck von unten her stark genug geworden ist, um die schwerfällige Bürokratie in Bewegung zu setzen. Da könnte ein einziges Elternpaar, das an einer einzigen Schule es fertig brächte, die Elternschaft auf Trab zu bringen, daß sie für ihre Kinder ein Jahr *Esperanto* und dafür ein Jahr Englisch weniger forderten, Wunder wirken. Das aber kann wieder nur ein Elternpaar zu Wege bringen, das selbst nicht nur mit *Esperanto* genügend vertraut ist, sondern auch hinlänglich über das Weltsprachenproblem unterrichtet ist, um allen Einwänden sachliche Argumente entgegensetzen zu können. Sie müßten also, um es mit andern Worten zu sagen, selbst tüchtige Esperantisten sein. Wo aber ein solcher Druck aus Elternkreisen fühlbar würde, würde auch, das darf man getrost annehmen, das betreffende Kultusministerium nachgeben. Wobei allerdings jedes unverbindliche Angebot von zusätzlichen und freiwilligen Arbeitsgemeinschaften oder Sonderkursen seine Gefahren birgt und besser abzulehnen wäre. Schüler

sind wohl bereit, sich mit großem Elan in ein solches Abenteuer zu stürzen, aber kaum imstande, es durchzuhalten, wenn die nüchterne Erfahrung gemacht wird, daß es ohne zusätzliche Mühe und Arbeit nicht geht. Es ist ungeheuer schwer, den Circulus vitiosus zu durchbrechen. Oben geschieht nichts ohne Druck von unten; unten wartet man, daß oben etwas geschehe. Unkenntnis und Vorurteile erschweren die Situation.

Die Entwicklung hat aber einen wirklichen kritischen Punkt erreicht, das Bedürfnis nach einer internationalen Gemeinsprache ist noch nie so groß gewesen wie jetzt. Und doch bleibt alles beim alten ! Das *Esperanto*-Volk geht unbeirrt seinen Weg, aber es lebt wie eine Sekte, wie im inneren Exil, wie in der Diaspora, fast wie im Underground. Und das seit bald hundert Jahren! Wie ist es zu erlösen? Ich glaube, den Weg dazu gewiesen zu haben. Jeder einzelne, energische aktive Esperantist ist als Kristallisationspunkt von immenser Bedeutung. Dennoch hat sich die Popularisierung des *Esperanto* auf dem Wege der Mitgliedergewinnung als unzulänglich erwiesen. So bleibt als viel zu wenig ausgeschöpftes Mittel die Infiltrierung. Der Zahlen-Kode an den Kassen der Banken und Institute, die zweisprachigen Beschriftungen mit *Esperanto* an allen Ballungszentren des Fremdenverkehrs, auf den Bahnhöfen, auf den Postämtern, das allsonntägliche *Patronia* in den Kirchen, die tägliche Minute angewandtes *Esperanto* im Rundfunk und im Fernsehen, sie alle sind, ein jedes für sich, unzulängliche Schritte, aber sie sind geeignet, beinahe ad hoc eine Hilfe zu sein und *Esperanto* ins Gespräch zu bringen, ohne daß zunächst überhaupt jemand *Esperanto* lernen müßte. Ein einziger linguistisch versierter Esperantist bei der Bundesbahn, ein einziger bei der Post, ein einziger bei jeder Rundfunk- oder Fernsehgesellschaft (bei gutem Einvernehmen, einer für alle zusammen) würden genügen, und die Geistlichen brauchten nur das *Patronia* richtig zu sprechen und könnten im übrigen bei ihrem Latein bleiben.

Weder einer dieser aufgezeigten Wege noch alle zusammen brächten die Leute zum *Esperanto*-Sprechen, sie würden aber das Bedürfnis nach *Esperanto*-Lehrgängen wecken und dadurch zur Vermehrung der Esperantisten beitragen. Schon heute gibt es Industrie-Unternehmungen und Firmen, die sich des *Esperanto* zu Werbezwecken bedienen. Sie erreichen die Esperantisten auf dem Wege über die *Esperanto*-Zeitungen und durch

Werbematerial, das sie an die *Esperanto*-Gruppen schicken. Genauso lassen Reisebüros ihre Prospekte an die Esperantisten gehen oder setzen *Esperanto*-Verleger ihre Bücher an die über die ganze Welt verstreuten Esperantisten ab. Das letztere geschieht also zumeist unter Ausschaltung des normalen Buchhandels, nicht eben um ihn auszuschalten, sondern weil der Absatz von *Esperanto*-Büchern es mit so ganz anders gearteten Bedingungen zu tun hat als der übliche Buchhandel. Das alles ist die Folge des sektiererhaften Abgesondertseins der Esperantisten. Für *Esperanto* wäre es zweifellos besser, jedermann sähe die vielen *Esperanto*-Bücher in allen Buchhandlungen, oder die Werbemittel der Industrie, des Handels und der Touristik gelangten in die Hände von potentiellen künftigen Esperantisten. Das aber gerade tun sie nicht.

Die Esperantisten ihrerseits finden nur schwer aus ihrer Sektiererexistenz heraus. Sie führen das scheue Leben religiöser oder sprachlicher Minderheiten, denken nicht daran, auf die Barrikaden zu gehen, gehen nicht einmal auf die Straße, um zu demonstrieren und um mit Riesenplakaten für ihre Sache, die die Sache aller ist, zu werben: *Lernu Esperanton!* oder *Esperanto en la lernejojn!* oder *Por Esperanto kaj paco!* oder *Esperanto la dua lingvo por ĉiuj!* oder *Vojaĝu kun Esperanto!* oder *Demokratio kaj Esperanto!* oder *Turismo per Esperanto kaj Esperanto per Turismo!* oder *Per Esperanto kontraŭ milito!* oder *Per Esperanto al paco!* oder *Por internacia scienco internacia lingvo!* oder *Esperanto en la fervojojn!* oder *Manĝi laŭ esperanta menuo!* oder *Esperanto tuj, senprokraste Esperanto!* oder *Homoj de ĉiuj landoj, unuiĝu!* oder *Unu mondo, unu lingvo!*

Denken Sie sich selbst noch einige weitere hübsche *sloganojn* aus!

Siebzehntes Kapitel / *Dek-sepa ĉapitro*

Guten Appetit! / *Bonan apetiton!*

Lassen Sie uns einmal annehmen, daß jeder Versuch, die Vereinten Nationen, ich meine die „United Nations Organization", nein, vielmehr die „Organisation des Nations Unies", also die *Unuiĝintaj Nacioj* samt der UNESCO, ihrer Sonderorganisation, die berufen ist, die Zusammenarbeit der Mitgliedstaaten auf den Gebieten der Erziehung, Wissenschaft und Kultur zu fördern, vom Nutzen der allgemeinen Einführung des *Esperanto* zu überzeugen, aus welchen Gründen auch immer, nicht auf das gewünschte Verständnis und die erforderliche Bereitwilligkeit stößt, nehmen wir ferner an, daß wir auch bei den Kultusministerien der Bundesrepublik Deutschland einschließlich aller untergeordneter Dienststellen auch bei wiederholten Bemühungen auf taube Ohren stoßen, so wäre es vielleicht zweckmäßig, daß wir uns, anstatt an soche amtlichen Stellen, einmal an nüchtern und geschäftsmäßig denkende Leute der Praxis, z. B. einmal an die Vertreter der Spitzenverbände des Hotel- und Gaststättengewerbes wenden. Wir haben ihnen einen Vorschlag zu machen, der imstande ist, ihnen im Zusammenhang mit dem Dienst am Kunden eine gewisse Erleichterung zu verschaffen. Wir werden nicht viel von *Esperanto* oder Welthilfssprache reden, schon gar nicht von so lästigen Dingen wie Sprachenlernen, und sei es auch nur das Erlernen einer so angenehmen Sprache wie *Esperanto,* nein, wir würden sie darauf hinweisen, wie lästig es doch ist, daß, um einmal von Amsterdam zu sprechen, im Restaurant des Flughafens Schiphol oder in einem der vielen netten Gaststätten der Kalverstraat oder rund um den Leidseplein die Speisekarte jeden Tag von neuem auf niederländisch, englisch, französisch und deutsch geschrieben werden muß und daß damit doch dem Finnen, Norweger, Schweden oder Dänen, falls er weder niederländisch, englisch, französisch noch deutsch kann, aber trotzdem sich auch gerne etwas Substantielles zu Gemüte führen möchte, in keiner Weise gedient sei.

Wir würden die praktischen und geschäftsnüchternen Herren weiter darauf hinweisen, daß, wie den Nordländern, denen wir auch noch den Isländer zugesellen müssen, so auch den Südländern, wie z. B. dem Portugiesen, dem Spanier, dem Katala-

nen, dem Italiener, von den Balkan- und Ostblockstaaten, vom nahen und fernen Orient, von Afrika und Südamerika ganz zu schweigen, unter gleichen Bedingungen so auch nicht geholfen sei. Um dem nun ein für allemal abzuhelfen, hätten wir uns etwas ausgedacht. Gewiß, die Herren Restaurateure könnten ja täglich von ihren Gerichten Farbaufnahmen machen lassen und die auf die Speisekarte kleben, das werde ihnen niemand, und wir schon gar nicht, verwehren. Da hätten wir doch etwas ganz anderes! Wir hätten da so eine Liste aufgestellt, schon eher ein kleines Büchlein, das enthalte alle nur erdenklichen Gerichte, und falls wirklich noch etwas fehle, so etwas Besonderes, auf das man nicht sogleich käme, so solle man es uns nur mitteilen, wir würden Abhilfe schaffen und Sorge tragen, daß es auch noch auf die Liste käme. Wenn nun die Speisekarte geschrieben werden müßte, solle man so verfahren, daß man das betreffende Gericht an seiner alphabetischen Stelle in dieser Liste aufsuche und die, mag sein, etwas befremdlichen Ausdrücke, die man an dieser Stelle fände, mit auf die Speisekarte setze.
Was nun diese Ausdrücke anbelangt, seien es Ausdrücke, so würden wir den cleveren Herren des weiteren auseinandersetzen, die in einer Reihe von Sprachen ohnehin unmittelbar verständlich seien, ferner solche, die nach gewissen wissenschaftlichen Erkenntnissen der Interlinguistik (das klingt doch sehr hübsch!) geeignet seien, sich dem Gedächtnis verhältnismäßig leicht einzuprägen, drittens seien diese Ausdrücke den Reisenden aus den Speisekarten ihrer Heimat, wo man ja genauso verfahren würde, vertraut und viertens hätten die Reisebüros, das würde sich ja hoffentlich einbürgern, den Reisenden mit der Fahrkarte auch eine kleine Liste, so eine Art Schlüssel mitgegeben, in dem sie diese Ausdrücke nachschlagen und deren Bedeutung in ihrer Muttersprache feststellen könnten. So werde es künftig nicht mehr passieren, daß jemand statt eines Hirschbratens mit Kronsbeeren in der Pfanne gebratene Grützwurst mit Apfelmus nach der Art des Hauses oder statt eines Châteaubriant etwa Pomme de terre du Château neuf Henri IV, nämlich Bratkartoffeln bekommt, wobei die ausschweifendste Phantasie immer noch hinter den Wechselfällen der Verwechslungen des Lebens zurückbleibt. Wir, unter uns sei es gesagt, wissen natürlich ganz genau, was das für ein Wechselbalg ist, den wir hier dem Hotel- und Gaststättengewerbe unterschieben wollen.

Ob nun aber auch die betreffenden Herren, die den Dienst am Kunden geschickt mit dem Dienst an ihrem Girokonto zu verbinden wissen, das *Esperanto* wittern oder nicht, bleibt dabei völlig gleichgültig, wichtig ist nur, daß sie die Zweckmäßigkeit eines solchen Vorgehens, das einigermaßen risikolos ist, einsehen und die erforderlichen Schritte zu seiner Durchführung unternehmen. Das wäre wieder ein Stück eingeführtes *Esperanto,* ohne daß darum ein bewußter Lernprozeß stattfinden müßte. Gast und Kellner würden sich schon verständigen, und, wie wir an früheren Beispielen gesehen haben, beinhaltet schon ganz wenig Exsperanto-Text ein beachtliches Maß *Esperanto*-Struktur. Die Gerichte könnten, wie das schon heute vielfach üblich ist, mit Nummern versehen sein, wobei es angebracht wäre, hinter die Ziffer das dazugehörige Zahlwort in Buchstaben zu setzen, z. B. 7 *(sep)*, was das Bestellen sehr erleichtern würde. Der Zahlen-Kode wäre hier die angemessene Ergänzung.
Was z. B. auf holländisch „asperge" sei, so würden wir mit unserem Sirenengesang fortfahren, das sei auf englisch „asparagus", auf schwedisch „sparris", auf dänisch „Asparges", auf deutsch „Spargel", auf französisch „asperge", auf spanisch „espárrago", auf potugiesisch „aspargo" und auf italienisch *asparago,* und just diese letzte Form des Wortes, die solle nun gemäß der Liste immer als zweiter Ausdruck auf der Speisekarte stehen. Was aber auf holländisch „oester" sei, sei in den obigen Sprachen in derselben Reihenfolge: „oyster, ostron, Østers, Auster, huître, ostra, ostra, ostrica". Dafür wolle man nun als zweiten Ausdruck immer *ostro* sagen. Mit dem holländischen „forel" könnten allerdings die Engländer, Franzosen, Spanier, Portugiesen und Italiener nichts anfangen, das hieße in den genannten Sprachen: „trout, truite, trucha, truta und trota", dafür wolle man also lieber *truto* setzen. Es sei eben durchweg nach Möglichkeit die verbreitetste und angenehmste sprachliche Form genommen worden. Was aber „peen" bedeute, könne kein Nichtholländer erraten. Mit *karoto* dagegen seien Angehörige der verschiedensten Sprachen sogleich im Bilde. Und mit *ananaso* seien sowohl Holländer als auch fast alle anderen gut bedient, da kämen sogar noch die Engländer mit, obwohl die lieber „pineapple" sagen. - Auf diese Weise oder ähnlich würden wir versuchen, mit unserer Liste den Herren den Mund wässerig zu machen, auf daß sie Appetit bekämen auf die neuen Namen altvertrauter Genüsse.

Kein Hotelier, kein Gastwirt, kein Kellner, kein Koch und kein Reisender brauchte darum *Esperanto* zu lernen oder zu sprechen. Aber es wäre wieder ein Schritt, und gewiß kein kleiner, in die gewünschte Richtung. Jeder Gast, dem eine solche Liste vor Augen kommt, sähe, daß *Esperanto* benutzt wird, außerdem kann er, während er die Speisekarte studiert, denn eine Speisekarte studiert man, gar nicht umhin, ein wenig *Esperanto* zu lernen; und ein wenig *Esperanto* bedeutet für *Esperanto* ja immer viel mehr, als es bei entsprechenden Verhältnissen für andere Sprachen bedeuten würde. Der Reisende, gesetzt der Fall, solche Speisekarten wären weitgehend eingeführt, dem in seiner Heimat schon oft bei den von ihm bevorzugten Gerichten die betreffende *Esperanto*-Bezeichnung begegnet ist, wird sie, kommt er ins Ausland, wieder erkennen und sich so orientieren. Und bliebe diese Einrichtung auch nur auf die Bundesrepublik beschränkt, so wäre sie dennoch wegen ihrer gegenüber den deutschen Bezeichnungen leichteren Verständlichkeit eine Hilfe für die des Deutschen unkundigen Gäste aus dem Ausland, ein Dienst an der Touristik, ein beachtliches Werbemittel, eine Kulanz an die Adresse der kleinen und also sprachlich benachteiligten Nationen, zu denen vorläufig auch noch die Esperantisten gehören, ob es ihrer nun zwei oder sechzehn Millionen gibt.

Wieder kommt es darauf an, *Esperanto* sofort in Gebrauch zu nehmen, einen kleinen Ausschnitt der Sprache, und sei er auch noch so unbedeutend, durch die Praxis zu lehren, es dadurch in die Praxis einzuleiten und damit die Praxis zu erleichtern. Und zwar wäre dieser Weg um so wirkungsvoller, wenn neben der Landessprache und *Esperanto* jede andere Mehrsprachigkeit von der Karte verschwände. Nach einer kurzen Übergangszeit, die keine Risiken oder Konflikte, kaum Anfangsschwierigkeiten zu gewärtigen hat, wüßten die reisenden Gourmands und Gourmets überall dasjenige auf der Speisekarte zu finden, wonach ihnen der Sinn steht. Auch hierbei bedarf es keiner verzögernder und komplizierender internationaler Abmachungen. Die Zweckmäßigkeit eines solchen Verfahrens ist so einleuchtend, daß sie selbst beispielgebend ihren Weg auch in andere Länder finden würde. Eine internationale Normierung könnte durchaus einer späteren Entwicklung vorbehalten bleiben.

Welch ein Triumph für die *Esperanto*-Bewegung, wenn in

anderen Ländern die *Esperanto*-Gruppen, statt bei den Verbänden des Hotel- und Gaststättengewerbes antichambrieren zu müssen, von diesen um Hilfe angegangen würden! Und welch ein Triumph für die Bundesrepublik, auf dem so wichtigen Gebiet internationaler Touristik in dieser Beziehung bahnbrechend gewesen zu sein!
Noch liegen solche Speisekarten nur in sehr vereinzelten Fällen aus. Machen wir daher einmal einen kleinen privaten Vorstoß in die vorgeschlagene Richtung, und sehen wir uns die wenig umfängliche *Menukarto* aus der Stadthalle vom Oberkircher *Esperanto*-Kongreß an:

Varmaj manĝaĵoj warme Gerichte:
unue erstens: *Peklita porka kotleto kun fermentita brasiko kaj farunaĵoj* Kasseler Rippchen auf Sauerkraut, dazu Teigwaren; *due* zweitens: *Farĉita bovaĵrulaĵo kun farunaĵoj kaj salato* gefüllte Rinderroulade mit Teigwaren und Salat, *trie* drittens: *Bovidaĵa frikaso kun rizo kaj salato* Kalbsfrikassee mit Reis und Salat; *kvare* viertens: *Hungarmaniera gulaŝo kun spagetoj kaj salato* ungarischer Gulasch mit Spaghetti und Salat; *kvine* fünftens: *Kokaĵfrikaso laŭ Hinda maniero kun Siam-Patna-rizo* Hühnerfrikassee nach indischer Art mit Siam-Patna-Reis; *sese* sechstens: *Pikanta acida rostaĵo kun farunaĵoj kaj salato* pikanter Sauerbraten mit Teigwaren und Salat

Malvarmaj manĝaĵoj kalte Gerichte:
unue: Porcio da ŝinkolardo laŭ maniero de Nigra Arbaro kun pano kaj butero Portion Schwarzwälder Schinkenspeck mit Brot und Butter; *due: Kolbasosalato kun pano* Wurstsalat mit Brot; *trie: Tranĉaĵo da pano kun kolbaso* Wurstbrot; *kvare: Tranĉaĵo da pano kun kuirita ŝinko* Schinkenbrot mit gekochtem Schinken; *kvine: Tranĉaĵo da pano kun nekuirita ŝinko* Schinkenbrot mit rohem Schinken; *sese: Tranĉaĵo da pano kun fromaĝo* Käsebrot

Desertoj Desserts:
1e Glaciaĵtorto „Princo Piklero“ kun kremaĵo Fürst-Pückler-Eisschnitte mit Sahne; *2e Mokao-Nukso glaciaĵtorto kun kremaĵo* Mokka-Nuß Eiskremtorte mit Sahne; *3e Pokalo da glaciaĵo kun fruktoj kaj kremaĵo* Früchte-Eiskrem-Becher mit Sahne

La prezoj inkluzivas la servmonon kaj la imposton Bedienungsgeld und Umsatzsteuer sind in den Preisen enthalten. Und diese Preise in DM sind auf *Esperanto* dieselben. Sie brauchen also keinerlei *Esperanto*-Aufschlag zu zahlen. Es ist eben Dienst am Kunden. Nur heißt es dann nicht „DM“, sondern *gmk (germanaj markoj).*

Nun stellen Sie sich einmal vor, daß das Schicksal oder Ihr Unternehmungsgeist Sie in ein Land verschlägt, wo statt des wohlvertrauten Deutsch Ihnen etwas völlig Unbekanntes vor die Augen tritt, griechische, hebräische, arabische, kyrillische oder chinesische Schriftzeichen oder auch, um es weniger schlimm zu machen, zwar das lateinische Alphabet, aber im Dienste einer Sprache, die mit den indogermanischen Sprachen so gar nichts gemein hat, wie etwa das Ungarische, das Finnische, das Estnische oder das Türkische, wären Sie da nicht glücklich, wenn sich auf der Speisekarte die zusätzlichen *Esperanto*-Angaben fänden? Mit Heißhunger würden Sie auch als Nichtesperantist mit dem Zeigefinger auf *kotleto* und *salato* tippen, auf *frikaso* oder *gulaŝo,* auf *spagetoj* und *ŝinko,* auf *butero* und auf *kremo,* und die komischen *o* am Ende der Wörter würden Sie vor Begeisterung gleich mit hinunterschlucken. Aber da Sie dies Buch bis zu dieser Stelle gelesen haben, sind Sie ja schon mindestens ein halber Esperantist und können den Herrschaften in Ihrer Begleitung, die von allem keine blasse Ahnung haben, noch weitergehende Aufschlüsse geben. Mit der Speisekarte in der Hand werden Sie ganz groß dasitzen. Besonders wenn Sie sich als vorwegnehmende Maßnahme auch noch die nachstehende Liste genau ansehen!

abrikotoj	Aprikosen	*aveloj*	Haselnüsse
acida brasiko	Sauerkraut		
agarikoj	Champignons	*bakaĵo*	Gebäck
alkoholaĵoj	Spirituosen	*banano*	Banane
ananaso	Ananas	*batita kremo*	Schlagsahne
anaso	Ente	*biero*	Bier
angilo	Aal	*bifsteko*	Beefsteak, Steak
angla kukaĵo	Pudding		
ansero	Gans	*blanka brasiko*	Weißkohl
antaŭmanĝeto	Vorspeise		
apro	Wildschwein	*blankaj fazeoloj*	Weiße Bohnen
artiŝokoj	Artischocken		
asparagoj	Spargel	*blanka pano*	Weißbrot

boligitaj ovoj	gekochte Eier
botelo (da)	Flasche
bovaĵo	Rindfleisch, Ochsenfleisch
bovidaĵo	Kalbfleisch
brasiko	Kohl
brasikrapoj	Kohlrabi
bruna biero	dunkles Bier
bruna pano	Schwarzbrot
brusto	Brust
buljono	Kraftbrühe
bulko	Brötchen
burĝonbrasiko	Rosenkohl
celerisalato	Selleriesalat
cepoj	Zwiebeln
ceposupo	Zwiebelsuppe
cerbaĵo	Hirn
cervo	Hirsch
cikorio	Chicorée
ĉampano	Champagner
ĉampanvino	Champagnerwein
ĉefa manĝaĵo	Hauptgericht
ĉerizbrando	Kirschbranntwein
ĉerizoj	Kirschen
ĉokolado	Schokolade
daktiloj	Datteln
deserto	Nachspeise, Nachtisch
diversaj viandaĵoj	Aufschnitt
dorso	Rücken
eglefino	Schellfisch
endivisalato	Endiviensalat
ezoko	Hecht

fabosupo	Bohnensuppe
fazano	Fasan
fazeolsalato	Bohnensalat
femuro	Keule
fenkolo	Fenchel
figoj	Feigen
fiŝsupo	Fischsuppe
florbrasika supo	Blumenkohlsuppe
florbrasiko	Blumenkohl
fragoj	Erdbeeren
framboj	Himbeeren
frikasaĵo	Frikassee
frititaj terpomoj	Bratkartoffeln
fritita kolbaso	Bratwurst
fromaĝo	Käse
fruktosalato	Fruchtsalat
fruktosuko	Fruchtsaft
funga supo	Pilzsuppe
fungoj	Pilze
garneloj	Garnelen
gelataĵo	Geleespeise
gelato	Gelee
glaciaĵo	Speiseeis
grasa kokino	Masthuhn
graso	Fett
griaĵo	Grießspeise
griosupo	Grießsuppe
grosoj	Stachelbeeren
gulaŝo	Gulasch
hakaĵo	Gehacktes
hakviando	Hackfleisch
haringo	Hering
hela biero	helles Bier
helikoj	Weinbergschnecken
hepato	Leber
hodiaŭa plado	Tagesgericht

itala salato	italienischer Salat
juglandoj	Walnüsse
kafo	Kaffee
kakao	Kakao
kantareloj	Pfifferlinge
kapono	Kapaun
kapreolo	Reh
karafo (da)	Karaffe
karotoj	Karotten
karpo	Karpfen
kaviaro	Kaviar
kirlovaĵo	Rühreier
kirŝo	Kirsch
kokaĵa salato	Geflügelsalat
kokbuljono	Hühnerbrühe
kokino	Huhn
kolbaseto	Würstchen
kolbaso	Wurst
kolombo	Taube
kompoto	Kompott
konfitaĵa omleto	Omelette confiture
konjako	Weinbrand
kotleto	Kotelett
kraboj	Krebse
krabsupo	Krebssuppe
kremo	Sahne, Crème
kruĉeto (da)	Kännchen
kuko	Kuchen
kukumoj	Gurken
kukumsalato	Gurkensalat
kukurbo	Kürbis
kuniklo	Kaninchen
lakto	Milch
laktuko	Kopfsalat
lango	Zunge
langusto	Languste

lardo	Speck
legoma supo	Gemüsesuppe
lentsupo	Linsensuppe
leporo	Hase
likvoroj	Liköre
limonado	Limonade
lumbaĵo	Filet
lumbosteko	Filetsteak
makoronoj	Makkaroni
makrelo	Makrele
maltbiero	Malzbier
malvarma viando	kaltes Fleisch
mandarino	Mandarine
manĝaĵkarto	Speisekarte
marmelado	Marmelade
matenmanĝo	Frühstück
meleagro	Truthahn
melono	Melone
menuo	Gedeck
mielo	Honig
miksita salato	Gemischter Salat
mikslaktaĵo	Milchmischgetränk
mineralakvo	Mineralwasser
mokao	Mokka
morkeloj	Morcheln
mustardo	Senf
nudeloj	Bandnudeln
nudelsupo	Nudelsuppe
oleo	Öl
omaro	Hummer
omleto	Omelette
oranĝaĵo	Orangeade
oranĝoj	Apfelsinen
ostroj	Austern
ovoj	Eier

ovosalato	Eiersalat

pampelmuso	Pampelmuse
pano	Brot
paprikaj silikvoj	Paprikaschoten
pasteĉo de anserhepato	Gänseleberpastete
pasteĉo de folieca bakaĵo	Blätterteigpastete
patkuko	Pfannkuchen
perdriko	Rebhuhn
persiko	Pfirsich
petroselaj terpomoj	Petersilienkartoffeln
pipro	Pfeffer
piro	Birne
pizoj	Erbsen
pizosupo	Erbsensuppe
plateso	Scholle
pomkaĉo	Apfelmus
pomo	Apfel
pomsuko	Apfelsaft
pomvino	Apfelwein
porcio (da)	Portion
poreo	Porree
porkaĵo	Schweinefleisch
pruno	Pflaume
pudingo	Pudding
pulardo	Poularde
pulmaĵo	Lunge

raguo	Ragout
ravioloj	Ravioli
renoj	Nieren
riboj	Johannisbeeren
rizo	Reis
rizosupo	Reissuppe
rombofiŝo	Steinbutt
rostaĵo	Braten
rostbifo	Roastbeef
rostitaj terpomoj	Röstkartoffeln
rostita pantranĉaĵo	Toast
ruĝa brasiko	Rotkohl
ruĝa vino	Rotwein
rumpsteko	Rumpsteak
rusaj ovoj	russische Eier

sabeliko	Wirsingkohl
salato	Salat
salato de kraba vosto	Krebsschwanz-Salat
salmo	Lachs
salo	Salz
sandro	Zander
sardeloj	Sardellen
sardinoj	Sardinen
sepio	Tintenfisch
sodoakvo	Sodawasser
soleo	Seezunge
spagetoj	Spaghetti
spinaco	Spinat
sprotoj	Sprotten
suflea omleto	Omelette soufflée
supo de asparago	Spargelsuppe
supo de testudo	Schildkrötensuppe
sukeraĵoj	Konfekt
sukero	Zucker

ŝafaĵo	Hammelfleisch
ŝafidaĵo	Lammfleisch
ŝampinjonoj	Champignons
ŝaumvino	Schaumwein
ŝinko	Schinken

tagmanĝo	Mittagessen	*tranĉopeceto*	Schnitzel
taso (da)	Tasse	*trinkaĵokarto*	Getränkekarte
teo	Tee	*truto*	Forelle
terpomaj kroketoj	Kartoffelkroketten	*tunfiŝo*	Thunfisch
terpomaj pecetoj	Kartoffelchips	*vakcinioj*	Preißelbeeren
terpoma kaĉo	Kartoffelbrei	*vegetaĵoj*	Vegetabilien
terpomobulo	Kartoffelknödel	*verdaj fazeoloj*	grüne Bohnen
terpomosupo	Kartoffelsuppe	*vermiĉeloj*	Fadennudeln
terpomsalato	Kartoffelsalat	*vespermanĝo*	Abendessen
tomatoj	Tomaten	*viandhakaĵo*	Haschee
tomatsalato	Tomatensalat	*viandrulaĵo*	Roulade
tomatsuko	Tomatensaft	*viena tranĉopeceto*	Wiener Schnitzel
tomatsupo	Tomatensuppe	*vinagro*	Essig
torto	Torte	*vinberoj*	Weintrauben
tranĉaĵo (da)	Scheibe, Schnitte	*vinbersuko*	Traubensaft
		vinkarto	Weinkarte
		virkoketo	Hähnchen

Bei ihrer Unvollkommenheit hat diese Liste, das versteht sich wohl von selbst, nur den Sinn, eine erste einführende Orientierung zu sein und Ihnen als künftigen *Esperanto*-Touristen eine Möglichkeit zur Vorbereitung zu geben. Ein brauchbares *vortaro* für die gastronomische Praxis im Sinne meines Vorschlages aufzustellen, dazu reichen, nicht vielleicht die sprachlichen, wohl aber die fachkundlichen Kenntnisse des Verfassers nicht aus.

Ein 128 Seiten umfassendes *„Gastronomia Terminaro kun Fakterminaro por Kelneroj kaj Kuiristoj de Erhard Urban“* gab 1958 die *Universala Esperanto-Asocio* in Rotterdam heraus.

Achtzehntes Kapitel / *Dek-oka ĉapitro*

Das „leichte" Esperanto / *La „facila" Esperanto*

Immer wieder wird, zu Recht und Unrecht zugleich, auf die leichte Erlernbarkeit des *Esperanto* hingewiesen. Die vielgepriesene leichte Erlernbarkeit des *Esperanto* kann nur relativ verstanden werden, und was man darunter versteht, hängt auch von den Zielen ab, die man sich setzt: Aneignung umgangssprachlicher Wendungen für den Reisegebrauch; die Fähigkeit, schöngeistige oder andere Texte in *Esperanto* zu lesen ohne im übrigen sprechen zu können; die Fertigkeit im mündlichen Gebrauch der Sprache zu zwangloser Unterhaltung im Freundeskreis bis hin zur Beteiligung an Debatten in Versammlungen; die Fähigkeit, private oder geschäftliche Korrespondenz zu führen, selbst wissenschaftliche oder schöngeistige Texte abzufassen, und was es sonst noch an Möglichkeiten geben mag, wobei selbstverständlich das eine das andere nicht ausschließen muß.

Eine internationale Sprache muß, das ist die „conditio sine qua non", leicht erlernbar sein. Darum scheidet z. B. das Latein von vornherein aus. Jeder Lateinlehrer weiß, wie es selbst nach jahrelangem Unterricht mit den Lateinkenntnissen seiner Schüler bestellt ist, und wie sehr er selbst versagen würde, sollte er sich vor einem internationalen Forum etwa über pädagogische, didaktische oder sonstige, sein Fach betreffende Fragen in eine lateinisch geführte Diskussion einlassen müssen. Die Internationalität des Lateinischen im Mittelalter war eine höchst elitäre Angelegenheit, nur einer besonders begabten und wohl auch zumeist materiell zumindest so gestellten Schicht von Menschen vorbehalten, daß sie für sich oder ihre Kinder die für das Lateinstudium erforderliche Zeit und Mühe neben der unmittelbaren Sorge für die Existenz erübrigen konnte.

Die vielgepriesene Leichtigkeit des Englischen erweist sich bei näherer Betrachtung als Trugbild. Lernt man es, nachdem man schon angefangen hat, die alten Sprachen oder Französisch zu lernen, so mag man wohl mit Erleichterung die weitgehend reduzierte Grammatik, worunter im besonderen die Einfachheit der Konjugations- und Deklinationsformen zu verstehen ist, zur Kenntnis nehmen, je weiter man dann aber ins Englische

hineinwächst, um so mutloser wird man wohl, wird man erst der Fülle der idiomatischen Wendungen, des uferlosen Vokabulars (über 400 000) und der nuancenreichen Unregelmäßigkeiten der Aussprache gewahr. Das Englische als internationale Hilfssprache würde hoffnunglos in die Primitivität des Pidgin oder in die verkrampfende Simplizität des Basic English hinabsinken, es würde, wie es das allenfalls jetzt schon ist, eine Behelfs-, aber keine allen, den einfachsten wie den höchsten, Anforderungen gewachsene Hilfssprache sein. Ganz abgesehen von anderen politischen und soziologischen Umständen, die hier aber nicht zur Diskussion stehen, ist das Englische immer noch viel zu schwer, um als eine für alle verbindliche internationale Hilfssprache eingeführt zu werden. *Esperanto* zu lernen ist sehr viel leichter, als Englisch zu lernen, darüber gibt es nicht nur theoretische Überlegungen, sondern auch schulpraktische Versuche, aber ist es darum leicht?
Tolstoi sagt von sich, er sei nach weniger als zwei Stunden Beschäftigung mit den Grundlagen des *Esperanto* imstande gewesen, die Sprache zwar nicht schriftlich zu verwenden, aber doch, sie frei zu lesen. Nun, Tolstoi war nicht nur ein gebildeter Mann, er hatte gewiß auch ein überdurchschnittliches Gehirn, und die von ihm genannte Zeit dürfte eine Ausnahme sein. Wer aber könnte eine auch nur annähernd ähnliche Aussage über das Englische machen? Wieviel Stunden würde wohl selbst der Begabteste unter uns gebrauchen, bis er das Englische nur frei lesen könnte?
Pierre Janton, „Professeur à l'Université de Clermont-Ferrand", berichtet von einem Japaner, einem Menschen also, dessen Muttersprache keinerlei Beziehungen zur indo-europäischen Sprachenfamilie hat, der *Esperanto* innerhalb eines Monats beherrschen (maîtriser) lernte, während, wie er weiter ausführt, japanische Studenten im allgemeinen erst nach zwei oder drei Jahren diesen Stand erreichen, aber selbst nach achtjährigen Bemühungen mit dem Französischen noch immer die größten Schwierigkeiten haben. Leichter als irgendeine der anderen lebenden oder toten Sprachen ist *Esperanto* gewiß. Seine Erlernbarkeit aber hängt, das ist einleuchtend, von den verschiedensten Umständen ab, von der persönlichen Begabung des einzelnen, von seinem Intelligenzquotienten, wie man heute sagt, weitgehend auch von seinen Vorkenntnissen, davon, ob er schon die eine oder andere Sprache gelernt hat oder nicht und

ob er etwa, wie das bei sprachlichen Minderheiten und in Grenzgebieten häufig der Fall ist, vielleicht schon zwei- oder gar mehrsprachig aufgewachsen ist, d. h. außer seiner Muttersprache wenigstens e i n e zweite Sprache funktionell und nicht nur rezeptiv beherrscht.
Auf die leichte Erlernbarkeit des *Esperanto* wird nun, das ist verständlich, von Esperantisten immer wieder nachdrücklich hingewiesen. Auch ich habe im ersten Absatz des ersten Kapitels, und jetzt will ich gestehen, daß es nicht ganz ohne Ironie war, gesagt: „So einfach ist Esperanto". Da gibt es z. B., und das ist eine schon seit den Anfängen des Esperantismus geübte Tradition, die Darstellung des „*Esperanto* auf einem Blatt" oder in einer Werbeschrift des Deutschen Esperanto-Bundes („Moderne Menschen sprechen") eine nur wenige Seiten umfassende Einführung ins *Esperanto: „Esperanto* im Fluge". Dagegen ist nicht viel einzuwenden, wenn der Adressat solcher Werbemittel sich über deren prospektiven Charakter nicht täuscht. Solche Übersichten enthalten in der Regel die notwendigen Angaben über die Aussprache, mehr oder weniger vollständig die 16 Regeln der Zamenhofschen Grammatik und das Wichtigste über die Wortbildungslehre samt einer Liste der häufigsten Vor- und Nachsilben, dazu eine Esperanto-Textprobe mit Übersetzung. Diese Art, *Esperanto* schmackhaft zu machen, kommt mir immer vor, als wolle ein Verkäufer einem Kunden ein Musikinstrument aufschwatzen, indem er ihm auseinandersetzt, er brauche nur dieses Loch zuzudecken und zu blasen oder an dieser Saite zu zupfen oder auf diese Taste zu drücken und schon erklinge der Ton a, und für h mache man es so, für c so usw. Damit aber kann der Käufer sein neuerworbenes Instrument noch nicht spielen, er ist noch weit davon entfernt, es zu beherrschen. Ohne Übung geht es nicht. Auch *Esperanto* ist so ein Instrument, dessen Beherrschung erst durch Üben und einige Mühe zu erwerben ist. Der Empfänger eines der oben genannten oder ähnlicher Werbemittel „kann" noch lange kein Esperanto und präge er sich auch deren Inhalt in allen Einzelheiten ein. Es muß, von der Kenntnis der rund tausend Wurzelwörter und weiterem Vokabular einmal abgesehen, noch etwas anderes dazukommen, nämlich die nur durch Übung und Anwendung zu bewirkende Verlebendigung des an sich toten Sprachmaterials. Diese *Esperanto*-Übersichten sind so etwas wie eine Art Schlüssel, mit dem man, je nach Ge-

duld, Mühe, Begabung und Vorkenntnissen, aber wohl kaum ohne Wörterbuch, *Esperanto*-Texte entziffern kann. Für den jeder Fremdsprache Unkundigen dürfte ein solcher Schlüssel eher abschreckend wirken, für andere, die durch die reduzierte Grammatik geblendet werden, kann er sich leicht als trügerische Hoffnungen erweckendes Glatteis erweisen, denn auch *Esperanto* birgt seine Schwierigkeiten, die vielleicht schon mit der Aussprache, bestimmt aber mit der Wortbildungslehre und der Anwendung der Tabellenwörter beginnen und sich bis in die feinsten Stilfragen und Probleme der Entwicklung des *Esperanto* hinein fortsetzen.

Wir können also, wenn wir aufrichtig sein wollen, wenn wir nicht trügerische Hoffnungen wecken wollen, nur sagen, *Esperanto* sei leichter, nicht aber, daß es leicht sei, wie eben eine ältere Dame trotz des Komparativs jünger ist als eine alte Dame. Tolstoi macht in seiner Aussage einen einem jeden Sprachkundigen geläufigen Unterschied. Er spricht vom Lesen und vom Schreiben des *Esperanto.* Schreiben bedeutet hier, Tolstoi ist Schriftsteller, soviel wie Anwenden und Sprechen, Lesen bedeutet rezeptives Verhalten, Aufnehmen und Verstehen. Ein *esperanto*-sprachliches Milieu, in dem man durch Hören, Verstehen und gleichsam tastendes Imitieren in die Sprache hineinwachsen könnte, dürfte noch weiterhin eine seltene Ausnahme bleiben. Die Esperanto-Kongresse sind es immer nur auf wenige Tage. Wenn in der sprachlichen Entwicklung der Menschheit und ihrer Nachvollziehung durch unsere Kinder die gesprochene Sprache ihrer schriftlichen Fixierung zeitlich auch voraufgeht, so wird für den heutigen *Esperanto*-Beflissenen im allgemeinen der umgekehrte Weg der gegebene sein. Er wird sich am besten nach Erwerbung der Grundkenntnisse zunächst in die Sprache hineinlesen, ehe er dazu übergeht, sie schriftlich oder mündlich selbst anzuwenden. Reichliche, gewissermaßen vorbereitende und vorzugsweise laute Lektüre ist der sicherste Weg zur völligen Beherrschung des *Esperanto* in Wort und Schrift. Bei einiger Beharrlichkeit und Mühe wird man dann aber, und das liegt am Gegenstand selbst, über *Esperanto* besser und vollkommener verfügen, als man es je in einer anderen Sprache erreichen könnte.

Eine Sprache sprechen ist mehr als Schreibmaschine schreiben, rad- oder Autofahren oder stenographieren können. Sie ist wie diese zwar zunächst auch nur eine zu erlernende Fertigkeit, dann aber ein allmählich die ganze Persönlichkeit ergreifendes und tief in die Psyche hinabreichendes Ausdrucksmittel, das schließlich mit dem Denken eine nicht mehr lösbare Verbindung eingeht, da der menschliche Geist beim Denken nach und nach aufhört, in die andere Sprache zu übersetzen und dann das Übersetzte auszusprechen, sondern sich schließlich, unmittelbar wie in der Muttersprache, in dem neuen Medium manifestiert.

Diesen Grad der Beherrschung werden allerdings auf lange Sicht nur wenige anstreben und noch wenigere erreichen. Aber das wenig umfängliche *Esperanto,* das man benötigt, um eine Fahrkarte zu lösen, eine Briefmarke zu kaufen, sich im Hotel ein Zimmer geben zu lassen oder sich (mit Hilfe der Speisekarte!) mit dem Kellner zu verständigen, das könnte sehr bald Gemeingut vieler sein, wenn es erst einmal gelänge, *Esperanto* gewissermaßen von der Basis her in die Praxis einzuführen. Dem Sprechen, auch den ersten Anfängen dazu, ginge praktischerweise das Assimilieren von *Esperanto*-Vokabeln durch möglichst viele Begegnungen im täglichen Leben vorauf. Viele werden sich dann damit durchwurschteln, für manche wird es ein Anreiz sein, sich weitergehende Kenntnisse zu erwerben, und für den einen oder anderen wird es der Anfang eines regelrechten, alle Mühe reichlich lohnenden Studiums werden. Dazu bedarf es keiner staatlichen Autorität. Ist aber einmal dieser Zustand erreicht, dann dürfte der Druck von unten her auch stark genug werden, die staatlichen Instanzen zur Einführung des *Esperanto* in die Schulen zu bewegen, mit allen dazugehörigen, sehr weitreichenden Konsequenzen, als da sind Einrichtung von Universitätslehrstühlen für *Esperanto,* Aufstellung von Lehrplänen, Prüfungsordnungen, staatliche Examina, Diplome, Lehrerausbildung, Bereitstellung von Lehrmitteln, *Esperanto*-Abteilungen in Bibliotheken und Volksbüchereien, Ausschüsse für internationale Absprachen und Normierungen, evtl. Begründung einer staatlichen *Esperanto*-Akademie, Reduzierung des bisherigen Fremdsprachen-Unterrichts, und was sonst noch alles dazu gehören mag. Auch für *Esperanto* wird die Idee zur materiellen Gewalt, wenn sie die Massen ergreift.

Damit es aber dahin kommt, ist es nötig, daß man sozusagen tagtäglich irgendwo über *Esperanto* stolpert, gleichviel, ob man es versteht oder nicht. Aber so wird man anfangen, es allmählich zu verstehen. Sie aber, meine verehrten Leser, verstehen ja

bereits sehr viel. Versuchen Sie sich einmal an diesem Text:
Lernebleco de Esperanto
Unu el la plej oportunaj kvalitoj de Esperanto estas ĝia relative facila lernebleco, t. e. ĝi estas relative facile lernebla. Plej ofte Esperanto jam povas esti lernata dum dekono de la tempo, kiun oni bezonus por la lernado de nacia lingvo, eĉ por la plej facile lernebla. Tio ne estas nura konstato, sed fakto pruvita per sennombraj kursoj. Jam post 25 (dudek kvin) instruaj horoj oni povas bone interkomprenigi sin kaj korespondadi per simplaj leteroj. Tiam oni estas preta por pluaj paŝoj al plena posedo de la lingvo Esperanto.
Ohne weiteres werden Sie in dieser Probe die *Esperanto*-Wörter für: Qualität, relativ, oft, konstatieren, Faktum, Kursus, instruieren und korrespondieren erkannt haben. Die anderen sind uns bis auf nur wenige schon früher begegnet, so daß ich mich auf folgende Hilfen beschränken kann: *t. e.* = *tio estas* d. h. = das heißt, *eĉ* selbst, sogar, *pruvi* beweisen, *kompreni* verstehen, *plu* weiterhin, *plua* weiterer, weitere, weiteres und *paŝo* Schritt.

Neunzehntes Kapitel / *Dek-naŭa ĉapitro*

Wege und Irrwege / *Vojoj kaj erarvojoj*

Man darf wohl annehmen, daß das Interesse für Esperanto bei sehr viel mehr Menschen vorhanden ist, als gemeinhin angenommen wird oder, besser gesagt, als es den Anschein hat. Es ist latent. Man spürt nichts davon. Man spricht nicht über *Esperanto,* weil kein Anlaß dazu gegeben ist. Man hört nichts über *Esperanto.* Man erfährt nichts über *Esperanto.* Man weiß auch nicht viel über *Esperanto.* Kommt aber doch einmal das Gespräch darauf, so stellt sich meist heraus, daß *Esperanto* für eine gute Sache gehalten wird. Irgendwie davon gehört hat man schon. Die Vorstellungen sind oft unklar, manchmal skeptisch. Oft auch kommen naiv verwunderte Äußerungen, warum es denn nicht schon längst eingeführt sei. Der Gedanke, es müsse auf demokratischem Wege erworben, ja, erkämpft werden, liegt den meisten sehr fern. Das sollen andere für sie machen. Sie selbst haben andere Sorgen. Die Zahl der Menschen, die, spräche man sie auf *Esperanto* hin (aber nicht auf *Esperanto)* an, positiv reagierten, ist gewiß recht groß. Nur, es spricht sie ja niemand an. Hier, scheint mir, liegt für Zeitungen und Zeitschriften die große Aufgabe vor, die ohne viel Aufwand zu leisten wäre, mitzuhelfen, daß *Esperanto* ins Leben einbezogen wird. Warum erkennen sie diese Aufgabe eigentlich nicht? Interessierte Leser könnten einiges bewirken. Sie sollten die Herausgeber ihres Leib- und Magenblattes einmal auf *Esperanto* hin anschreiben. Zeitungen und Zeitschriften haben für alle möglichen Dinge und Liebhabereien ihrer Leser Verständnis und räumen dafür Platz ein: die Rätselecke, die Rechts- oder Gesundheitsberatung, die Schachecke, die Tips für den Photoamateur, die Cartoons, die Witze, die Koch- und Schlemmerrezepte, die Gymnastik, die Anregungen für den Bastler, Denkspiele, die Lebensberatung, die Horoskope, die Anlage-Beratung, die Winke für die Hausfrau, der Kunstmarkt, die Wohnungsgestaltung, die Pflanzenpflege, die Tierhaltung, die Reiseberatung, das Briefmarkensammeln, der Sport in allen seinen Sparten, da gibt es fast nichts, das von Zeitungen, besonders in ihren Sonntagsbeilagen, und Zeitschriften, zu denen selbstverständlich auch die vielen Illustrierten zu rechnen sind, nicht gepflegt und gehätschelt wird, je nach Art des betreffenden Blattes bald dieses mehr und jenes weniger oder umgekehrt. Dabei handelt es sich auch oft um solche Dinge, die nur einen verhältnismäßig kleinen Prozentsatz der Leser ansprechen.

Es wäre gut, die Zeitungen würden erkennen, daß für *Esperanto* ein echtes, wenn auch kaum bewußtes, nicht gewecktes Interesse vorliegt. Eine Zeitung, die regelmäßig eine gut redigierte *Esperanto*-Seite oder auch nur -Spalte brächte, würde ohne Frage nicht nur bei den meisten ihrer Leser gewinnen, sondern sich möglicherweise, solange die Konkurrenz noch nicht damit aufwartet, auch neue Freunde erwerben. Wie müßte eine solche Seite beschaffen sein? Sie könnte eine oder mehrere Nachrichten aus der *Esperanto*-Welt bringen, wie sie jeder *Esperanto*-Zeitschrift zu entnehmen sind. Als wichtigsten Bestandteil aber müßte sie eine Art permanenten *Esperanto*-Kursus enthalten, der Woche für Woche in einer jeweils nur kleinen Lektion in stets wechselnden Zusammenhängen im Laufe der Zeit die gesamten Grundlagen des Esperanto an seine Leser heranträgt, evtl. mit einer Aufgabe, deren Lösung dann das nächste Mal vorgelegt wird, immer so, daß Neuinteressierte ohne weitere Vorkenntnisse jederzeit einspringen können. Das ist durchaus möglich. Der Abschluß könnte dann eine Kurzgeschichte oder Anekdote auf *Esperanto* sein, die sich an die Fortgeschrittenen und Könner wendet.

Um zu veranschaulichen, wie man sich einen solchen *Esperanto*-Kursus, der seiner methodischen Voraussetzung nach weder Anfang noch Ende hat, vorzustellen hat, gebe ich hier ein Modellstück, das selbstverständlich auch ganz anders aussehen könnte:

LERNU ESPERANTON!

Sprechen Sie *c* immer wie z, *s* wie ß, *v* wie w, *z* wie s in Rose, *ŝ* wie sch, *ĉ* wie tsch, *ĝ* wie g in gentleman, *ĵ* wie g in Genie und *aj* wie ai in Mai!)

*Baletis**ti**no, **da**ncu la ma**zur**kon!*	Tänzerin, tanz die Mazurka!
*Muzi**ki**sto, **lu**du la pi**a**non!*	Musiker, spiel das Klavier!
*Speku**la**nto, a**ĉe**tu la ak**ci**on!*	Spekulant, kauf die Aktie!
*Boa**ti**sto, pi**lo**tu la bo**a**ton!*	Bootsmann, steure das Boot!
*Pa**se**ro, **be**ku la pa**ne**ron!*	Spatz, pick das Brotkrümchen!

Hundo, manĝegu la oston!	Hund, friß den Knochen!
Dentisto, elŝiru la denton!	Zahnarzt, zieh den Zahn!
Amatoro, fotografu la katedralon!	Liebhaber, photographiere die Kathedrale!
Aŭtoro, skribu la romanon!	Verfasser, schreib den Roman!
Kantisto, kantu la himnon!	Sänger, sing die Hymne!
Instruisto, lernigu la lernanton!	Lehrer, unterrichte den Schüler!
Seruristo, fajlu la ŝlosilon!	Schlosser, feile den Schlüssel!
Juĝisto, kondamnu la krimulon!	Richter, verurteile den Verbrecher!
Parlamentano, finu la debaton!	Parlementarier, beende die Debatte!
Profesoro, komencu la prelegon!	Professor, beginn die Vorlesung!
Abonanto, legu la ĵurnalon!	Abonnent, lies die Zeitung!
Maristo, levu la ankron!	Seemann, hiev den Anker!
Soldato, salutu la oficiron!	Soldat, grüß den Offizier!
Prezidanto, prezidu la kongreson!	Präsident, sitz der Versammlung vor!
Kelnero, alportu la bieron!	Kellner, bring das Bier!
Servistino, melku la bovinon!	Magd, melke die Kuh!
Kuracisto, receptu la medikamenton!	Arzt, verschreibe die Arznei!
Rajdanto, sursaltu la ĉevalon!	Reiter, sitz auf!
Aŭtomobilisto, veturigu la aŭtomobilon!	Automobilist, fahr das Auto!

Übung 1: alles aufmerksam lesen

Übung 2: unter genauer Beachtung der Hinweise für die Aussprache die linke Spalte mehrmals laut lesen.

Übung 3: rechte Spalte zudecken und die *Esperanto*-Sätze ins Deutsche übersetzen.

Übung 4: linke Spalte zudecken und umgekehrt verfahren, bis es fließend geht.

Übung 5: linke Spalte zudecken und die *Esperanto*-Sätze schriftlich wiedergeben.

(Die fünf Übungen brauchen nicht an einem Tage erledigt zu werden, aber zwei oder drei mündliche Wiederholungen an den folgenden Tagen sollte man nicht unterlassen.)

Wir verfahren also so, daß wir uns, abgesehen von den nötigsten Hinweisen für die Aussprache gewisser Buchstaben, jeder grammatischen Erklärung enthalten und den Leser seine Entdeckungen selbst machen lassen. So unterlassen wir bei den vorliegenden Beispielen auch den Hinweis, daß der Imperativ sich auch an mehrere Personen wenden kann oder daß er neben der vertraulichen Anrede auch für die höfliche Anrede gilt und in abhängigen Sätzen dem deutschen „sollen" entspricht. Wir verlieren kein Wort über den Artikel oder das Akkusativ-*n* oder über die Betonung, die wir durch Fettdruck des Vokals andeuten. Darauf wird jeder Leser instinktiv richtig reagieren. Wir wenden uns also ausschließlich an das Gedächtnis, das durch die Gleichartigkeit der Sätze gestützt wird, und auch die Vokabeln prägen sich so durch ihre Sinnbezogenheit leichter ein, als wenn man sie zu Lernzwecken isoliert. Durch dieses Verfahren ist gewährleistet, daß jeder jederzeit in den Kursus einspringen, ihn auch unbedenklich eine Zeitlang unterbrechen oder versäumen kann. Er wird langsam in die Sprache hineinwachsen, seine Vokabelkenntnis allmählich erweitern und sich wie von selbst der Analogie-Möglichkeiten des *Esperanto* bewußt werden. Außerdem sind mit dieser Methode Menschen der unterschiedlichsten Bildungs-, Begabungs- und Altersstufen ansprechbar. Ob wohl nicht mehr Leser daran Interesse fänden als an der Schachecke, und ob nicht vielleicht einige sogar ihr steriles Kreuzworträtsel darüber vergäßen? Das Wichtigste daran aber ist wiederum, daß *Esperanto* möglichst vielen Menschen möglichst oft begegnet, daß seine Existenz sich aufdrängt, es ins Gespräch kommt und aus seinem Schattendasein ans Licht gezogen wird.

Das nächste Mal wiederholen wir unsere Hinweise über Aussprache und Übungen und bringen vielleicht solche Sätze:

LERNU ESPERANTON!

La lampo pendas de la plafono!	Die Lampe hängt an der Decke!
La hundo kuŝas sub la tablo.	Der Hund liegt unter dem Tisch.
La tajpistino maŝine skribas en la kontoro.	Die Stenotypistin schreibt im Kontor auf der Schreibmaschine.

La tapiŝo kuŝas sur la planko.	Der Teppich liegt auf dem Fußboden.
La laboristo laboras en la fabriko.	Der Arbeiter arbeitet in der Fabrik.
La muŝo zumas en la ĉambro.	Die Fliege summt im Zimmer.
La birdo flugas en la aero.	Der Vogel fliegt in der Luft.
La fiŝo naĝas en la akvo.	Der Fisch schwimmt im Wasser.
La luno lumas dum la nokto.	Der Mond leuchtet während der Nacht.
La suno brilas dum la tago.	Die Sonne strahlt am Tage.
La arbo staras en la ĝardeno.	Der Baum steht im Garten.
La junulo atendas sub la lanterno.	Der Jüngling wartet unter der Laterne.
La postenulo atentas antaŭ la kazerno.	Der Posten hat acht vor der Kaserne.
La rano kvakas en la marĉo.	Der Frosch quakt im Sumpf.
La herbo kreskas en la herbejo.	Das Gras wächst auf der Wiese.
La fraŭlino telefonas en la telefonĉelo.	Das Fräulein telefoniert in der Telephonzelle.
La letero troviĝas sur la skribotablo.	Der Brief befindet sich auf dem Schreibtisch.
La rozo odoras en la vazo.	Die Rose duftet in der Vase.
La onklo sidas sur la sofo.	Der Onkel sitzt auf dem Sofa.
La infano ludas antaŭ la domo.	Das Kind spielt vor dem Haus.
La drinkulo dormas sur la benko.	Der Trunkenbold schläft auf der Bank.
La kasisto kalkulas en la banko.	Der Kassierer rechnet in der Bank.
La oratoro parolas sur la tribuno.	Der Redner spricht auf der Tribüne.
La pasaĝero promenas sur la ferdeko.	Der Passagier geht auf dem Verdeck spazieren.

Ein andermal bringen wir die erste Reihe in abgewandelter Form:

La baletistino dancas la mazurkon.
La muzikisto ludas la pianon.
La spekulanto aĉetas la akcion.
usw.

Oder wir setzen die zweite Serie in die Mehrzahl:
La lampoj pendas de la plafonoj.
La hundoj kuŝas sub la tabloj.
La tajpistinoj maŝine skribas en la kontoroj.
usw.

Oder wir geben eine Serie dieser Art:
Hieraŭ mi ludis, hodiaŭ mi laboras.
Hieraŭ mi legis, hodiaŭ mi skribas.
Hieraŭ mi promenis, hodiaŭ mi veturas.
usw.

Irgendwann folgt dann:
Hodiaŭ mi laboras, morgaŭ mi ludos.
Hodiaŭ mi skribas, morgaŭ mi legos.
Hodiaŭ mi veturas, morgaŭ mi promenos.
usw.

Oder:
unu kaj unu estas du
du kaj unu estas tri
tri kaj unu estas kvar
usw.

Oder:
Malgranda domo estas dometo. ... Häuschen.
Malgranda strato estas strateto. ... Gasse. (!)
Malgranda arbo estas arbeto. ... Strauch. (!)
usw.

Oder wir wandeln die erste Serie nochmals ab:
La mazurko estas dancata de la baletistino.
La piano estas ludata de la musikisto.
La akcio estas aĉetata de la spekulanto.
usw.

Oder:
Tiu ŝipo estas la via, tiu ĉi estas la mia.
Tiu valizo estas la lia, tiu ĉi estas la ŝia.
Tiu vagonaro estas la nia, tiu ĉi estas la ilia.
usw.

Es ist also immer das gleiche Prinzip, durch gleichartige Satzserien, *Esperanto* dem aufmerksamen Leser durchsichtig zu machen, ihm Wortmaterial zu vermitteln und ihn überhaupt zu interessieren, am Ende in ihm den Wunsch zu wecken, *Esperanto* nun einmal „ordentlich" lernen zu wollen, durch Besuch eines Kursus auf der Volkshochschule oder mit Hilfe eines Lehrgangs zum Selbstunterricht. Wenn von Zeit zu Zeit eine kleine Preisaufgabe erschiene, bei der es ein *Esperanto*-Buch zu gewinnen gäbe, wäre der Anreiz natürlich noch größer. –

Jahr für Jahr kaufen sich unzählige Menschen Taschenkalender, Agenden und alle möglichen Jahrbücher, und unzählige Firmen verschicken Jahresprospekte, Abreiß- oder sonstige Wandkalender und Jahreskataloge. In einem solchen Taschenkalender finde ich: Angaben über die Ferienordnung an öffentlichen Schulen, über Postgebühren, über Tarife und Entfernungen bei der Eisenbahn, mathematische Formeln zur Berechnung von Flächeninhalten und Körpermaßen, Listen von Einheiten im Meßwesen, dezimale Vielfache und Teile von Einheiten, eine Liste über Rauminhalte einer Ladung von 10 t Gewicht, eine Umrechnungstabelle für Temperaturgrade nach Celsius und Fahrenheit, Listen über Entzündungstemperaturen und über Schmelz- und Siedepunkte, eine Zusammenstellung von chemischen Zeichen, eine Übersicht über Ländergrößen, ihre Bevölkerungszahlen und -dichte, eine Darstellung von Sirenenzeichen, die Nationalitätszeichen, die Herkunftsbezeichnungen der Kraftfahrzeuge, ein Städteverzeichnis, die Autokennzeichen der DDR, eine farbige Übersicht über die wichtigsten Verkehrszeichen, eine ebensolche über die Warnzeichen und Blinkanlagen an Bahnübergängen und schließlich noch ein paar farbige geographische Karten (Deutschland, Westeuropa, Alpenländer). Das ist sehr viel für relativ wenig Geld, aber *Esperanto* fehlt, und doch ließen sich bequem die Grundlagen des *Esperanto,* etwa nach dem Muster *„Esperanto* auf einem Blatt" auf drei bis vier Seiten solcher Taschenkalender und Almanache unterbringen. Ich frage mich, ob es auf die Dauer gesehen, nicht nützlicher wäre, statt der einen oder anderen der aufgezählten Angaben, wenn nicht überhaupt zusätzlich, *Esperanto* aufzunehmen. Noch wertvoller wäre es, würden in den Kalendarien die deutschen Namen der Monate und Wochentage von ihrer *Esperanto*-Bezeichnung, und sei es auch in

Klammern oder kleinerem Druck, begleitet sein. Das wäre wieder eine, wenn auch bescheidene, praktische Anwendung des *Esperanto*. -
Sehr viel sprachlicher Aufwand wird von manchen Herstellern für ihre Fabrikate getrieben. Da liegen den Packungen umfängliche Gebrauchsanweisungen und Garantieerklärungen in manchmal mehr als einem halben Dutzend Sprachen bei. Ich habe eine hübsche kleine Kollektion davon. Und gerade diese ständig zunehmende Zahl der berücksichtigten Sprachen weist deutlich wie kaum etwas anderes darauf hin, daß dieser Weg ins Absurde führt. Immer wird es, mit zunehmender internationaler Verbreitung des Produkts, noch eine Sprachengemeinschaft geben, die noch nicht berücksichtigt ist, ja, die sich übergangen fühlen wird. Da habe ich mir z. B. einen Rasierapparat gekauft und mit der Ware eine schon zu einer kleinen Broschüre angeschwollene elfsprachige Gebrauchsanweisung erhalten: Hinweise zum Gebrauch, Instructions for Use, Mode d'emploi, Instrucciones de uso, Istruzioni per l'uso, Gebruiksaanwijzing, Brugsanvisning, Upotstvo za upotrebu, Kullanilişi hakkinda malûmat und zwei weitere. Solche Firmen würden sehr bald die Früchte ihres Bemühens ernten, wenn sie sich entschließen könnten, ihren Fabrikaten nur noch zweisprachige Prospekte und Anweisungen beizugeben. Gerade Gebrauchsanweisungen, wenn sie bebildert sind, eignen sich gut dazu, mitzuhelfen, *Esperanto* in die Praxis einzuführen. Ein jeder Vorstoß in diese Richtung ist eine Pioniertat. Sie enthält zunächst Nötigung, alsdann Belehrung und im Endeffekt eine allgemeine befreiende Erleichterung. Jedem Empfänger würde die Existenz des *Esperanto* in praktischer Anwendung vor Augen geführt, ihm würde aufgehen, daß es eine nützliche Sache wäre, *Esperanto* zu können, und irgendwie zu helfen wüßte er sich allemal. Er würde entweder selbst mit Hilfe des Objektes, der Abbildungen und der beiden Textfassungen (Ursprungssprache + *Esperanto*) herausknobeln, was gemeint ist, oder in seinem Bekanntenkreis oder seiner Nachbarschaft jemanden finden, der ihm helfen kann. Gerade sprachliche Minderheiten sollte man in dieser Hinsicht nicht unterschätzen. Die betreffende Firma aber könnte sich, stolz wie die HAPAG in Hamburg, zu der Devise bekennen: „Mein Feld ist die Welt". -
Geradezu grotesk aber ist es, wenn eine Firma dem Käufer ihres Farbbandes für Schreibmaschinen in sechs Sprachen das

mitteilt, was er ohnehin sieht, nämlich daß er ein „Farbband, Typewriter ribbon, Ruban à ecrire, Inklint, Cinta mecanográfica, Nastro dattilogràfico“ in der Hand hält, auf *Esperanto* also in genauester Ausführlichkeit ein *kolorita rubando por skribmaŝino* oder, nicht ganz so umständlich, ein *rubando por maŝinskribi* oder, noch einfacher, ein *skribmaŝina rubando* oder schließlich, ganz einfach, wenn der Zusammenhang klar ist, ein *kolorrubando.* Weiterhin erfährt der Käufer, ebenfalls in sechs Sprachen, daß sein eben erstandenes *kolorrubando* aus *natura silko,* nämlich aus Naturseide ist und daß es zur Gruppe, group, groupe, groep, grupo und gruppo 1 gehört, wobei wir anmerken wollen, daß das vorletzte (spanische) Wort genau dem *Esperanto*-Wort *grupo* entspricht. Das ist doch alles sehr traurig. Traurig, daß diese leistungsfähige Firma den Absatz ihrer Fabrikate auf die paar Millionen Menschen beschränken will, die die obigen sechs Sprachen sprechen. Traurig auch, daß der Zusatz „farbaktiv“ geheimnisvoll nur dem deutschen Käufer vermittelt und den anderen fünf Sprachen vorenthalten wird, wenn auch der so angesprochene deutsche Käufer sich kaum mehr darunter vorstellen kann als der übergangene, des Deutschen unkundige. Wäre denn ein Farbband, das nicht „farbaktiv“ ist, überhaupt noch ein Farbband in dem erwarteten Sinne? Übersetzen wir es also getrost, auch wenn wir keinen rechten Sinn darin sehen: *kolorefika, koloraktiva, tinkturefika, tinkturaktiva.* Welchen Ausdruck würden Sie vorziehen? Etwa *farbaktiva?* Auch das ginge zur Not.

Zwanzigstes Kapitel / *Dudeka ĉapitro*

Ein Bettelweib mit Konsequenzen / *Almozulino kun konsekvencoj*

Ich habe Ihnen schon von meinen Begegnungen mit der *Esperanto*-Literatur erzählt. Ich möchte darauf noch einmal zurückkommen. Es gilt, dabei dreierlei zu unterscheiden. Ein Verfasser kann etwas gleich auf *Esperanto* schreiben oder es aus seiner oder einer anderen Nationalsprache ins *Esperanto* übersetzen. Zamenhof hat alle drei Wege beschritten und dabei Vorbildliches geleistet. Wenn bei uns Übersetzungen aus dem Englischen, dem Französischen und anderen Sprachen erscheinen, so sind sie, mit ganz seltenen Ausnahmen, von Deutschen gemacht, die sich die nötigen Sprachkenntnisse, im Englischen oder Französischen usw., erworben haben, und nicht etwa Engländer und Franzosen, die soviel Deutsch gelernt hätten, um solche Übersetzertätigkeit zu leisten, weil das einfach zu schwer ist. Man kommt eher dahin, das kann ja gar nicht anders sein, eine Sprache in allen Feinheiten rezeptiv zu überblicken, als sie selbst in allen Feinheiten anwenden zu können. Von einem guten Übersetzer erwartet man also einmal genügendes Verständnis für die Sprache, aus der er, und genügende Ausdrucksfähigkeit für die Sprache, in die er übersetzt.
Beim *Esperanto* sind ganz andere Voraussetzungen gegeben. Hier übersetzt man in der Regel aus der eigenen Sprache, die einem ja besser als jede andere und besser als jedem anderen, der nicht von Kindesbeinen an ihr zugehört, vertraut ist, in die internationale Sprache, die durch ihre Anpassungsfähigkeit und ihre schier unausschöpflichen Möglichkeiten der Wortbildung es erlaubt, feinste sprachliche Unterscheidungen wiederzugeben, die die originale Ausdrucksweise sogar noch an Treffsicherheit überbieten können. Außerdem ist *Esperanto* nicht, wie die Nationalsprachen, durch festgefahrene sprachliche Gewohnheiten eingeengt. Das „it is grammatically correct, but they don't say so" gibt es im *Esperanto* nicht.
Zamenhof hat durch seine Schriften und Übersetzungen seinen Nachfolgern einen Weg gewiesen, der von den besten unter ihnen mit anhaltendem Erfolg noch immer begangen wird. Er hat der Sprache das schwer zu definierende Etwas gegeben, das eine Sprache überhaupt erst zur Sprache macht. Wer nun ins

Esperanto übersetzt, muß, wenn seine Übersetzung überhaupt *Esperanto* sein soll, sich in diese Tradition einfügen. Das *Esperanto* hat also etwas durchaus Eigenständiges, das es verbietet, ihm beim Übersetzen Besonderheiten der nationalen Sprachen aufzuzwingen. Auch beim *Esperanto* muß eine Art Umwandlung, eine Art Umdenken der Textvorlage erfolgen. Dabei ist es aber durchaus möglich, soviel von der nationalsprachlichen Prägung des Textes, seines besonderen literarisch-stilistischen Charakters ins *Esperanto* zu übernehmen, daß das Original noch durchschimmert, weit mehr als bei einer Übersetzung in andere Sprachen, und zwar ohne daß nun wiederum das *Esperanto* dadurch beeinträchtigt werden müßte.

Diese theoretischen Ausführungen blieben wohl etwas blaß und, um mit Goethe zu reden, taugten nicht viel „ohne Gegenwart und Sinn“. Ich habe daher für Sie ein bestes Stück deutscher Literatur übersetzt, noch dazu von einem Schriftsteller, dessen eigenwilliger, in geballten und bis zum Bersten gefüllten Satzkaskaden einherrollender Stil ganz unverkennbar ist. Sie sollen sich selbst ein Urteil bilden können. Unter Heinrich von Kleists acht berühmten Erzählungen findet sich auch die ganz kurze, kaum drei Seiten beanspruchende Erzählung „Das Bettelweib von Locarno“. Sie paßt vorzüglich in unsere heftig parapsychologisch bewegte Zeit.

Wenn Sie es sich bequem machen wollen, gehen Sie also an Ihren Bücherschrank, nehmen Sie sich Kleists Werke zur Hand und vergleichen Sie meine Übersetzung mit dem Original. Ich möchte Ihnen freilich lieber einen umständlicheren, aber wirksameren Weg anraten. Da Sie ja schon die *Plena gramatiko de Esperanto* kennengelernt haben und auch sonst schon einiges über *Esperanto* wissen, versuchen Sie doch einmal, ohne Übersetzung mit dem Text fertig zu werden. Machen Sie sich als Vorbereitung einen „Mogelzettel“ mit den biestigen Tabellenwörtern (S. 111), nehmen Sie drei Lesezeichen, eines für die Seiten 111 bis 114, da finden Sie die Wortbildungssilben und je eines für die beiden Vokabellisten, Seite 53 bis 58 und Seite 87 bis 94. Und da ich es gut mit Ihnen meine, gebe ich Ihnen für die Stellen, für die die obigen vier Stützen nicht ausreichen, noch weitere Hilfen.

Werden Sie nicht ungeduldig, wenn es nicht gleich klappt! Denken Sie, Sie hätten ein Kreuzworträtsel vor sich! Sehr bald werden Sie dahinterkommen, daß es für das Verstehen eines

Esperanto-Textes vor allen Dingen wichtig ist, zu erkennen, wie sich die Wörter zusammensetzen, und das ist reine Übungssache. So hat z. B. *supremenciata* nichts mit *premi* (drücken) zu tun, sondern setzt sich zusammen aus *supre* (oben), *mencii* (erwähnen) und dem Kennzeichen des Präsens-Passiv-Partizips *-ata,* heißt also „obenerwähnt". Die Verbform *ektimigita* hat als Kern die Wortwurzel *tim- (timo* = Angst, *timi* = fürchten), *tim/ig/i* heißt dann ängstigen, Angst einflößen, *ek-* bedeutet plötzliches Einsetzen der Handlung, *ektimigi* also erschrecken, davon ist *ektimigita* das Perfekt-Passiv-Partizip mit der Bedeutung erschrocken. Das Feld heißt auf Esperanto *kampo,* die Gesamtheit der Felder *kamp/ar/o* (das flache Land im Gegensatz zur Stadt), und der Mann, der dazu gehört *(-an),* der Landmann, ist dann der *kamparano,* die Mehrzahl *kamparanoj* (Landleute).

Sie verfahren am besten so, daß Sie den Text erst einmal lesen, ohne dabei groß um Verständnis bemüht zu sein. Dann lesen Sie ihn ein zweites Mal und versuchen, ihn zu entziffern, ohne sich dabei lange bei den Stellen aufzuhalten, die sich nicht gleich erschließen lassen wollen. Morgen nehmen Sie sich ihn noch einmal vor und versuchen, etwas mehr herauszubekommen. Das können Sie dann notfalls noch zwei- oder dreimal so weiter machen. Erst wenn Sie gar nicht mehr vorankommen, sollten Sie sich die verflixte Alte aus dem Bücherschrank holen. Wenn Sie diese Aufgabe nämlich geduldig meistern, dann haben Sie nicht nur diese eine Esperanto-Erzählung gelesen, sondern an ihr gelernt, wie man überhaupt sich ins *Esperanto* hineinliest. Jedes einmal mit Überlegung selbst aufgeschlüsselte Wort hat die Tendenz, zu Ihrem dauernden geistigen Besitz zu werden.

Hat man nämlich überhaupt erst einmal in *Esperanto* Fuß gefaßt, so vervollkommnet man sich am besten, ohne groß im Wörterbuch nachzuschlagen, durch eifriges Lesen. Auf *Esperanto* gibt es mehr Unterhaltungsliteratur, als Sie je bewältigen könnten. Auch spannende Kriminalromane sind darunter. Gestern stieß ich bei meiner Lektüre auf ein mir unbekanntes Wort: *Ni ne estas s t r u t o j , kiuj enŝovinte la kapon en la sablon, opinias ke ĉio estas en ordo.* (Wir sind keine . . . . . ., die, nachdem sie den Kopf in den Sand gesteckt haben, meinen, daß alles in Ordnung ist). Wissen S i e jetzt, was *strutoj* bedeutet?

LA ALMOZULINO DE LOKARNO (de Henriko de Klajsto)

Ĉe la piedoj de Alpoj, apud Lokarno en supra Italujo, troviĝis malnova, al markizo apartenanta kastelo, kiun oni nun, venante de Sangotardo, vidas kuŝi kiel rubaĵon kaj ruinojn: kastelo kun altaj kaj vastegaj ĉambroj, en iu el kiuj iam maljuna malsana virino, kiu almozulante estis ĝisveninta antaŭ la pordo, de la mastrino pro kompato estis kuŝigita sur pajlo, kiun oni subŝutis al ŝi.

Almosen; Locarno; *piedo* Fuß; Alpen; *supra* ober(e); Italien; *mal-* (Vorsilbe, die dem Wortstamm den Sinn des Gegenteiles verleiht); Marquis; *aparteni* gehören; *kastelo* Schloß; St. Gotthard; *kuŝi* liegen; *rubaĵo* Schutt; *ruinoj* Trümmer; *alta* hoch; *vasta* geräumig; *iu* (irgend)ein; *juna* jung; *sana* gesund; *ĝis* bis, bis ... hin; *pordo* Tür; *mastro* Hausherr; *pro* wegen, um ... willen; *kompato* Mitleiden; *kuŝigi* (flach) legen; *pajlo* Stroh; *sub* unter; *ŝuti* schütten

La markizo, kiu, revenante de la ĉaso, okaze iris en la ĉambron, kie li kutimis demeti sian pafilon, malafable ordonis al la virino ekstari el la angulo, en kiu ŝi estis kuŝanta, kaj iri malantaŭ la fornon.

ĉaso Jagd; *okaze* zufällig, anläßlich; *kie* wo; *kutimi* gewohnt sein; *demeti* abstellen; *pafi* schießen; *afabla* freundlich, *ekstari* aufstehen; *angulo* Winkel; *forno* Ofen

La virino, levante sin, per la lamulbastono elglitis sur la glata planko kaj danĝere lezis al si la sakron; tiamaniere, ke ŝi ja ankoraŭ ekstaris kun nedirebla peno kaj laŭlarĝe, kiel estis komandita al ŝi, iris tra la ĉambro, tamen malantaŭ la forno, sub ĝemado kaj vesprirado, malsupren sinkis kaj mortis.

lama lahm; *bastono* Stock; *gliti* gleiten; *planko* Fußboden; *danĝera* gefährlich; *lezi* beschädigen; *sakro* Kreuz (im Rücken); *tiamaniere, ke* dergestalt daß; *stari* stehen; *laŭlarĝe* quer; *ĝemi* seufzen; *vespiri* ächzen; *morti* sterben

Plurajn jarojn poste, kiam la markizo, pro milito kaj miskresko, estis falinta en dubajn kapitalcirkonstancojn, aperis ĉe li Florenca kavaliro, kiu volis aĉeti de li, pro ĝia bela situo, la kastelon.

pluraj mehrere; *milito* Krieg; *mis-* Miß-; *kreski* wachsen; *fali* fallen; *duba* bedenklich; *kapitalo* Kapital; *cirkonstanco* Umstand; *aperi* erscheinen; *Florenca* florentinisch, aus Florenz; *kavaliro* Ritter; *situo* Lage

La markizo, al kiu la negoco multe gravis, ordonis al sia edzino loĝigi la fremdulon en la supre menciita ĉambro, kiu estis garnita tre bele kaj pompe.

negoco Handel; *gravi* wichtig sein; *edzo* Ehemann; *loĝi* wohnen; *mencii* erwähnen; *vaka* leerstehend; *garni* einrichten; *tre* sehr; *bela* schön; *pompa* prächtig

Sed kiom embarasitaj estis la geedzoj, kiam la kavaliro meze en la nokto, konfuzita kaj pala, malsupren venis al ili, certigante firme kaj forte, ke fantomumas en la ĉambro, ĉar io, nevidebla por la rigardo, en la ĉambra angulo estis ekstarinta, kun brueto, kvazaŭ ĝi kuŝus sur pajlo, irinta per aŭdeblaj paŝoj, malrapide kaj kaduke, laŭlarĝe tra la ĉambro kaj malsupren sinkinta malantaŭ la forno sub ĝemado kaj vespirado.

embarasita betreten; *mezo* Mitte; *konfuzi* verwirren; *pala* bleich; *certa* sicher; *firma* fest; *fantomo* Spuk; *brui* lärmen; *paŝo* Schritt; *rapida* schnell; *kaduka* gebrechlich

La markizo, ektimigita, li mem ne ĝuste sciis kial, kun afektata gajeco priridis la kavaliron kaj diris, ke li tuj volas ellitigi sin kaj, pro lia trankviligo, pasigi la nokton kun li en la ĉambro.

ĝusta richtig; *afekti* künsteln; *gaja* heiter; *tuj* sofort; *pasi* vorübergehen

Sed la kavaliro petis la komplezon permesi al li, ke li, sur apogoseĝo, tranoktu en lia dormoĉambro, kaj kiam la mateno venis, li jungigis, adiaŭis kaj forvojaĝis.

komplezo Gefälligkeit; *permesi* erlauben; *apogi* stützen; *seĝo* Stuhl; *mateno* Morgen; *jungi* anspannen; *adiaŭ* lebewohl

Tiu okazo, kiu kaŭzis eksterordinaran sensacion, fortimigis, en maniero ekstreme malagrabla al la markizo, plurajn aĉetontojn; tiamaniere, ke, ĉar inter sia propra domservistaro, strange kaj nekompreneble, la famo estiĝis, ke en la ĉambro, je la noktmeza horo, fantomumas, li, por sufoki ĝin per definitiva procedo, decidis mem esplori la aferon dum la plej proksima nokto.

kaŭzi verursachen; *ordinara* gewöhnlich; *sensacio* Aufsehen; *ekstrema* äußerst; *miri* sich wundern; *kompreni* verstehen; *famo* Gerücht; *sufoki* ersticken; *definitiva* entscheidend; *procedo* Verfahren; *esplori* untersuchen

Laŭ tio li igis, je la krepuskiĝo, starigi sian liton en la menciita ĉambro kaj atendis, ne dormante, la noktomezon.

krepusko Dämmerung; *mencii* erwähnen

Sed kiom emociata li estis, kiam efektive, je la ekbato de la fantomohoro, li rimarkis la nekompreneblan brueton; estis, kvazaŭ homo leviĝus de pajlo, kiu sub li kraketis, iris laŭlarĝe tra la ĉambro kaj malsupren sinkis malantaŭ la forno sub ĝemado kaj stertorado.

emocii erschüttern; *rimarki* wahrnehmen; *kraketi* knistern; *stertori* röcheln

La markizino, la sekvantan matenon, kiam li venis malsupren, demandis lin, kiel la esploro estas pasinta; kaj kiam li timeme kaj malcerte ĉirkaŭen rigardis kaj, riglinte la pordon, certigis, ke estas vere pri la fantomado, tiam ŝi ektimis kiel neniam en sia vivo kaj petis lin, antaŭ ol sciigi la aferon, ankoraŭ unufoje, en ŝia ĉeesto, submeti ĝin al malvarmsanga ekzameno.

demandi fragen; *ĉirkaŭ* um ... herum; *rigli* verriegeln; *antaŭ ol* bevor; *fojo* Mal; *ĉeesto* Beisein; *submeti* unterwerfen; *sango* Blut; *ekzameno* Prüfung

Sed efektive, ili aŭdis, kune kun fidela servisto, kiun ili estis kunprenintaj, en la sekvanta nokto, tiun saman nekompreneblan fantomecan brueton, kaj nur la urĝa deziro, liberigi sin, tiom kostus kiom volus, de la kastelo, kapabligis ilin, subpremi, en la ĉeesto de la servisto, la teruregon, kiu estis ekkaptinta ilin, kaj atribui al la okazo iun neinteresan kaj hazardan kaŭzon, kiu lasus malkovri sin.

fidela treu; *sama* selb; *kapabla* fähig; *teruro* Schrecken; *kapti* ergreifen; *atribui* zuschreiben, beilegen; *hazarda* zufällig; *kaŭzo* Ursache; *kovri* bedecken

En la vespero de la tria tago, kiam ambaŭ, por ĝisfunde esplori la aferon, kun troa korpulsado ree supreniris la ŝtuparon al la gastoĉambro, hazarde ĝisvenis antaŭ ties pordo la domhundo, kiun oni estis liberiginta de la ĉeno, tiamaniere, ke ambaŭ, sen klare esprimita interkonsento, eble pro la instinkta intenco, ĉehavi krom si mem ankoraŭ ion trian, vivan, prenis la hundon kun si en la ĉambron.

ĝis bis; *fundo* Grund; *tro* zu, zu sehr; *pulsi* pulsen, klopfen; *ŝtupo* Stufe; *ĉeno* Kette; *pozitiva* bestimmt; *konsenti* zustimmen; *intenco* Absicht

La geedzoj, du lumojn sur la tablo, la markizino ne senvestiginte sin, la markizo spadon kaj pistolojn, kiujn li estis preninta el la ŝranko, apud si, sidigis sin, ĉirkaŭ la dek-unua horo, ĉiu sur sia lito; kaj dum ili provas, tiom bone kiom ili povas, sin

distri per interparoloj, la hundo, kapo kaj gamboj kunkaŭriĝintaj, kuŝiĝas en la mezo de la ĉambro kaj ekdormas.

spado Degen; *pistolo* Pistole; *ŝranko* Schrank; *provi* versuchen; *distri* unterhalten, zerstreuen; *kapo* Kopf; *gambo* Bein; *kaŭri* kauern

Poste, je la momento de la noktomezo, la terura brueto ree aŭdiĝas; iu, kiun neniu homo povas vidi per okuloj, leviĝas, per lamulbastonoj, en la ĉambrangulo; oni aŭdas la pajlon, kiu susuras sub li; kaj ĉe la unua paŝo: tap! tap! la hundo vekiĝas, subite leviĝas, pintante la orelojn, de la planko, kaj murmuregante kaj bojante, ĝuste kvazaŭ homo venus paŝante rekte al ĝi, iras flanken malantaŭen kontraŭ la forno.

momento Augenblick; *susuri* rascheln; *paŝo* Schritt; *subite* plötzlich; *pinti* spitzen; *orelo* Ohr; *murmuri* knurren; *boji* bellen; *flanko* Seite

Ĉe tiu spektaklo la markizino, kun hirtiĝantaj haroj, sin ĵetegas el la ĉambro; kaj dum la markizo, ekpreninte la spadon, krias: »Kiu estas?« kaj, ĉar neniu respondas al li, same kiel furiozulo, en ĉiujn direktojn trabatas la aeron, ŝi igas jungi, decida, momente, ekveturi al la urbo.

spektaklo Anblick; *hirtiĝi* sich sträuben; *haro* Haar; *krii* rufen; *furiozi* wüten

Sed ankoraŭ antaŭ ol, post hasta ekpreno de kelkaj havaĵoj, ŝi estas el la pordego tinte veturinta, ŝi jam vidas la kastelon ĉiuflanke flamalume bruli.

kelkaj einige; *havaĵo* Habe; *tinti* rasseln; *veturi* fahren; *flamo* Flamme; *bruli* brennen

La markizo, tro ekscitita pro teruro, estis preninta kandelon, kaj, laca pri sia vivo, ekbruliginta la ĉie per ligno garnitan kastelon ĉe ciuj kvar anguloj.

eksciti reizen; *laca* müde; *ligno* Holz

Vane ŝi ensendis homojn, por savi la malfeliĉulon; li jam estis pereinta en la plej mizera maniero, kaj ankoraŭ nun kuŝas, amasigitaj de la kamparanoj, liaj blankaj ostoj en la angulo de la ĉambro, el kiu li estis ordoninta sin levi al la almozulino de Lokarno.

vane vergebens; *homo* Mensch; *perei* umkommen; *mizera* elendiglich; *amaso* Haufe; *blanka* weiß; *osto* Knochen

Einundzwanzigstes Kapitel / *Dudek-unua ĉapitro*

Nur Esperanto / *Nur Esperanto*

Es gibt immer noch viele Menschen; für die das Sprachenproblem nicht existiert. Sie leben in ihrer engeren Heimat, unberührt von fremden Touristen, fahren ihrerseits nicht ins fremdsprachliche Ausland, kennen auch keine Ausländer und, wenn sie etwas lesen, fragen sie kaum darnach, ob es etwas Originalsprachiges oder etwas Übersetztes ist. Es besteht aber wohl kein Zweifel, daß die Zahl dieser Menschen zurückgeht und immer mehr von ihnen in fremdsprachliche Kontakte hineingezogen werden. Sie kommen zwar immer noch irgendwie zurecht, aber keineswegs immer ohne Ärger und Mißverständnisse, ohne irgendwelche materielle Einbuße, von der geistigen gar nicht zu reden, ohne Zeitaufwand und Prestigeverlust; Zeitaufwand auch durch jahrelanges Sprachenlernen und Prestigeverlust wegen der häufig unbefriedigenden Ergebnisse dieses Bemühens um fremde Sprachen, das sie immer wieder in benachteiligte Situationen bringt.

Die erste Gruppe wird wohl geneigt sein, die Lösung des Problems schlurren zu lassen, es geht sie nichts an, für sie existiert es nicht. Und sie existieren für uns in diesem Zusammenhang auch nicht. Die andern aber, die, aus welchen Umständen auch immer, genötigt oder gewillt sind, fremdsprachliche Kontakte zu haben, werden sich ihre Gedanken darüber machen. Sie haben Englisch zu lernen angefangen, sie haben Französisch zu lernen angefangen, aber dann stellte es sich heraus, daß sie eigentlich Russisch, Spanisch oder Italienisch, Arabisch oder Türkisch, Griechisch, Chinesisch, Japanisch oder was sonst, eher benötigt hätten. Dann kommt ihnen eines Tages der Gedanke, wie gut es wäre, alle Menschen würden sich auf eine und dieselbe Sprache einigen, oder wenigstens auf mehrere, z.B. Deutsch, Englisch und Französisch, so wie sie selbst es getan haben. Eine dieser Sprachen wenigstens sollte jeder lernen, meinen sie. Na ja, da haben nun ein Türke sich für Deutsch und ein Italiener sich für Französisch entschieden. Wie werden sich nun dieser Türke und dieser Italiener verständigen? Auf diese Weise am besten wohl gar nicht . . .

Also müßte es doch wohl nur eine einzige für alle verbindliche zweite Sprache sein, das Englische natürlich, wie sie meinen.

Aber davon wollen nun merkwürdigerweise die Russen gar nichts wissen. Sie denken gar nicht daran, den USA und Großbritannien einen solchen weithinreichenden Einfluß einzuräumen, und die Chinesen weisen sogar darauf hin, daß sie ja so viele sind. Man sollte doch, das wäre nur recht und billig, ein die chinesischen Dialekte überbrückendes genormtes Chinesisch nehmen. Die Franzosen erheben ihrerseits Anspruch darauf, ihre Sprache als Weltsprache in Vorschlag zu bringen, und sie haben gute Gründe dafür anzuführen. Die Deutschen haben durch ihren bald nach dem Kriege einsetzenden wirtschaftlichen Aufschwung auch noch mitzureden. Das Deutsche steht bei einigen Völkern als Fremdsprache durchaus in gutem Ansehen. Mit anderen Worten, keine der Mächte dieser Erde wäre bereit, durch weltweite Anerkennung einer fremden Sprache dieser eine kulturelle, wirtschaftliche und politische Vorrangstellung einzuräumen, die sie selbst anstreben.
Also, meinte da ein Schlaukopf, dann sollte man doch einfach die Sprache eines kleinen Volkes nehmen. Es müßte eben eine neutrale Sprache sein, etwa Dänisch oder Portugiesisch. Wir verzichten einmal für einen Augenblick auf die Vorstellung, wie alle Chinesenkinder in ihren Schulen eifrig Dänisch lernen, so glücklich sind wir darüber, daß die Engländer bereit sind, sich mit Dänisch abzufinden. Aber leider sind die Franzosen für Portugiesisch. Die Russen aber wollen gar, daß es dann wenigstens eine slawische Sprache, Tschechisch oder Slowakisch, zum mindesten aber Estnisch oder Ungarisch sein müßte. Diese wenigen Beispiele zeigen, daß ein solcher Vorschlag utopisch ist. Es gibt unter den nationalen Sprachen, falls es sie überhaupt je gegeben hat, heute keine Neutralität mehr, bei den kleinen Völkern genau so wenig wie bei den Großmächten. Keine der nationalen Sprachen kommt dafür in Betracht, durch „consensus omnium" zur allgemein verbindlichen zweiten Sprache bestimmt zu werden, auch nicht das Englische, auch nicht in seiner vereinfachten Form des „Basic English", das ja nur der Schrittmacher für das eigentliche Englisch wäre und damit wie dieses selbst zum unerwünschten Politikum würde. Stellen Sie sich einmal im Geiste vor, wie es sich ausnehmen mag, wenn auf Bahnhöfen, in Postämtern und Banken, die Beschriftungen zweisprachig sind: auf *Esperanto,* das würden Sie entweder begrüßen oder sich damit abfinden; auf Englisch, das würde Sie vermutlich empören, Ihnen das

Gefühl geben, die Bundesrepublik sei zur angelsächsischen Kolonie geworden.
Bei diesen Überlegungen sind wir zwangsläufig auf die Notwendigkeit gestoßen, daß eine internationale Sprache neutral sein muß. Daß sie darüber hinaus auch „mundgerecht", das heißt angenehm im Gebrauch, sein muß und nicht zu schwer erlernbar sein darf, haben wir dabei noch ganz außer acht gelassen. Das Latein, als tote Sprache, würde zwar die Forderung nach Neutralität, nicht aber die nach leichter Erlernbarkeit erfüllen. Das „latino sine flexione" von Peano ist zwar weitaus leichter zu erlernen als das unbeschnittene Latein, seine Grammatik ist aufs äußerste reduziert, auch ist es für jeden, der bereits Latein gelernt hat (!), bestechend und fast „ad hoc" verständlich. Der Pferdefuß zeigt sich aber, sobald es erlernt und gebraucht werden soll. Schon sein „Geburtsvokabular" beläuft sich auf 14 000 Wörter, und es hat nicht annähernd die Flexibilität und sprachschöpferischen Möglichkeiten des *Esperanto.* Das Hauptbedenken gegen das „latino sine flexione" und die vielen anderen Sprachenprojekte, die immer wieder auftauchen, ist aber, daß ihrer keines bisher über die Theorie hinausgekommen ist und praktische Bedeutung erlangt, keines die Feuerprobe der Bewährung durchgemacht hat. Bald enthalten sie mehr, bald weniger Grammatik als *Esperanto,* ersetzen diese oder jene Einzelheit durch etwas anderes, haben bald mehr germanischen, mehr romanischen, mehr slavischen Charakter und sind im Grunde ohne Zamenhofs geniales Vorbild nicht zu denken.
Wie man es immer dreht und wendet, *Esperanto* ist nicht eine Lösung des Weltsprachenproblems unter anderen, sondern es ist die einzige wirklich akzeptable und durch die geschichtliche Entwicklung bestätigte Lösung. Ja, wer weiß? vielleicht ist es sogar die einzige Möglichkeit, uns davor zu bewahren, daß wir oder unsere Kinder eines Tages Russisch oder gar Chinesisch sprechen m ü s s e n. Häufig wird gegen *Esperanto* vorgebracht, es sei letzten Endes doch nur eine auf den indo-germanischen Sprachkreis (als ob das nicht schon viel wäre!) beschränkte Angelegenheit. Das mag bezüglich des Basisvokabulars richtig sein, schon bezüglich des nach § 15 der grundlegenden Grammatik in die Sprache neueingeführten internationalen Vokabulars dürfte es nicht mehr so ganz stimmen, dafür hat *Esperanto* aber etwas, wodurch es sich von allen flektierenden,

also auch von den indo-europäischen Sprachen, unterscheidet und den indo-chinesischen und Türk-Sprachen nahe rückt, nämlich die Unveränderlichkeit der Wortstämme im Satz. *Esperanto* hat, auch das ist eine nicht mehr zu übersehende Tatsache, auch unter den nicht indogermanischen Völkern seine bedeutende Anhängerschaft. *Esperanto* ist seiner Anlage und potentiellen Möglichkeiten nach nicht nur international, es ist universal. Keine lebende und keine tote Nationalsprache ist imstande, das zu leisten, was *Esperanto* leisten könnte und in bescheidenem Umfange heute schon leistet. Keines der bisherigen zahlreichen, schon fast nicht mehr zu überblickenden Sprachenprojekte hat ihm bisher den Rang ablaufen können. Sie waren alle totgeborene oder schnell wieder dahinsiechende Kinder. Erst recht wird kein künftiges Projekt imstande sein, den Vorsprung, den *Esperanto* durch seine über neunzigjährige Anwendung und Bewährung erreicht hat, einzuholen. *Esperanto* wird neben dem Dialekt unserer engeren Heimat und neben unserer Nationalsprache unser drittes, weltweites Verständigungsmittel werden, oder wir werden es überhaupt zu einem solchen nicht bringen.

Je eher wir, jeder einzelne unter uns, jede Gemeinde, in der wir leben, jede Nation, der wir angehören, uns entschließen, *Esperanto* zu akzeptieren, je eher wird das Ziel, daß jeder auf dieser Erde sich mit jedem anderen unmittelbar verständigen kann, erreicht werden. Ist denn das ein Zustand, daß bei allen möglichen internationalen Zusammenkünften, seien sie politischer, wirtschaftlicher oder wissenschaftlicher Art, mit umständlichem Aufwand an Dolmetschern und kostspieligen Simultan-Übersetzungseinrichtungen mit Kopfhörern nicht mehr unmittelbar der Redner, sondern sein Übersetzer gehört wird, und daß nach beendeter Sitzung im Saal und in den Gängen des Gebäudes die Teilnehmer in ihre sprachliche Isolierung wieder zurückfallen?

Sprechen Sie schon eine fremde Sprache? Lernen Sie sofort *Esperanto* dazu. Es wird Ihnen, bei Ihren bereits vorhandenen Sprachkenntnissen, sehr leicht fallen und Freude machen. Außerdem werden Sie als Esperantist auch der Möglichkeiten, sich des *Esperanto* schon heute zu bedienen, gewahr werden. Sind Sie gerade dabei, eine Sprache zu lernen? Unterbrechen Sie dieses Studium sofort und lernen Sie zunächst *Esperanto,* dann werden Sie nicht nur in einer einzigen fremdsprachlichen

Volksgruppe, sondern überall auf der Welt Freunde finden. Die *Esperanto*-Organisationen werden Ihnen dabei helfen. Außerdem, es könnte sein, daß man bereits morgen allerorts nach tüchtigen Esperantisten schreit, und es wäre gut, Sie wären darauf vorbereitet. In einem Bruchteil der Zeit, die Sie für eine Nationalsprache aufwenden müssen, sagen wir bescheidener Weise ein Fünftel, vielleicht ist es auch nur ein Zehntel, können Sie *Esperanto* lernen, um es dann aber bei einiger Ausdauer sicherer zu sprechen, als es bei jeder anderen Fremdsprache der Fall wäre. Warten Sie nicht ab! Werden Sie kein später Mitläufer oder Nachzügler! Seien Sie ein Pionier auf einem Gebiet, das schon heute nicht nur ideelle, sondern auch praktische Vorteile hat, lernen Sie *Esperanto!* Es gibt nur *eine* wirkliche, echte, demokratische, ja, wahrhaft geniale Lösung des Weltsprachenproblems. Ich nenne sie Ihnen noch einmal auf Deutsch und Esperanto zugleich: *Nur Esperanto!*

Unzählige Gruppen weltanschaulicher, politischer, religiöser Orientierung bis hin zu den Vegetariern, Alkohol- und Tabakgegnern, Tierschutzvereinen, Bürgerinitiativen, der Heilsarmee und dem Roten Kreuz sind bemüht, Schäden an unserer Gesellschaft, die ihnen bedrohlich scheinen, zu bekämpfen, und die Welt in ihrem Sinne zu verbessern. Auch wenn sie nicht ans Fanatische grenzende Entartungserscheinungen aufweisen, wie das vorkommt, so stoßen sie auch sonst häufig auf schier unüberwindliche Barrieren von Gleichgültigkeit, Unverständnis und Unvernunft. Dabei ist nicht zu leugnen, daß es mit unserer Gesellschaft ohne solche Bestrebungen weit schlechter noch bestellt wäre, als es ohnehin schon der Fall ist. Uns Menschen ist immer wieder aufgegeben, um die Erhaltung unserer kulturellen Existenz zu kämpfen. Freiheit und Demokratie sind nicht Errungenschaften, die, hat man sie einmal erreicht, dann für immer gesichert wären, sondern es gilt, sie immer wieder aufs neue gegen Bedrohungen abzusichern. Ein Mittel dazu, ein sehr eingreifendes, gewissermaßen die ganze Welt ergreifendes Mittel und für viele andere fortschrittliche und dringliche Bestrebungen vorauszusetzendes Mittel ist Esperanto. Käme diese Erkenntnis erst einmal richtig in Bewegung, spränge sie gewissermaßen um sich greifend von Bewußtsein zu Bewußtsein, sie würde eine geistige Revolution auslösen, die alles bisher Dagewesene in den Schatten stellen würde. Das psychische Klima dieser Erde würde eine ungeheure Intensivierung erfahren. Reizt es Sie nicht, das mitzuerleben? Einer der größten Denker der ersten Hälfte dieses Jahrhunderts, Pierre Teilhard de Chardin, hat uns eindringlich auf das Phänomen hingewiesen, daß die Evolution mit dem Auftreten des Menschen auf der biologischen Ebene, der Biosphäre, im wesentlichen aufgehört hat und sich zunehmend in die Sphäre des Geistes, die Noosphäre, verlagert. Die Esperantisierung der Menschheit, *Esperanto* als zweite Sprache für jedermann, wäre ein solcher weiterer, aus einer Sackgasse ins Freie führender Entwicklungsschritt. Und er ist gewiß in der heutigen Situation auch einer der vordringlichsten, der für viele andere, um ihrer Existenz willen zu leistende Aufgaben der Menschheit unabdingbare Voraussetzung ist. Es ist letztlich das Leben, dieses wunderbare, unerhörte, immer wieder neue und sich verjüngende Leben selbst, das uns Esperanto aufzwingen wird, und jeder einzelne mag sich fragen, ob er es vorzieht, abseits zu stehen und sich von der Entwicklung überrollen zu lassen oder lieber sich in den Strom hineinbegibt, um mitzuschwimmen und sich tragen zu lassen. Und noch eins, wenn wir glauben, daß es sich um dieses Leben lohne, das Mögliche an den menschlichen Einrichtungen zu verbessern, können wir dann überhaupt abseits stehen? Jeder von uns ist ja ein Glied seiner Gemeinde, in der er lebt, ein winziger Bestandteil der Bundesrepublik, ein noch winzigeres Stück Menschheit. Und diese Menschheit muß sich auf diesem Planeten miteinander abfinden. Überspitzt könnte man sagen: „*Esperanto* oder die Atombombe." Das nämlich ist die wirkliche Alternative und nicht „*Esperanto* oder Kopfhörer" oder „*Esperanto* oder Basic English". Wir alle haben einen Bezirk, einen Bezirk sehr privater Natur, in dem es uns ganz frei steht, mitzuhelfen, da wir souverän über ihn verfügen, und das sind wir selbst. Indem wir *Esperanto* lernen, verändern wir unser Bewußtsein, nehmen eine Veränderung vor, die zunächst nur uns selbst betrifft, dann aber, weil wir eben doch keine Robinsons sind, sondern in sozialen Bindungen leben, auch auf unsere Umwelt übergreift. Indem wir uns selbst verändern, verändern wir die Welt. Denn wir sind ja selbst ein Stück Welt. Ein Esperantist hat, schon bei dem gegenwärtigen Stand des Esperantismus, einen bedeutend weiteren Horizont als der des *Esperanto* Unkundige. Freilich verlangt uns *Esperanto* auch etwas ab, denn ein Esperantist ist ja wohl nur der, der diese Sprache

auch beherrscht, und nicht der, der sich damit begnügt, sie für nützlich zu halten.
Nur Esperanto war die Antwort auf die Frage, welche Sprache denn zur Lösung des Sprachenproblems, das auf der enger werdenden Erde immer lästiger wird, in Frage käme. Fangen wir aber einmal an, etwas eingehender über unsere, das heißt der Menschheit Situation auf dem Raumschiff Erde nachzudenken, über Krieg und Frieden, Freiheit und Demokratie, Terror und Unterdrückung, Bevölkerungsexplosion und Entwicklungshilfe, schwindende Wälder und sterbende Meere, wachsende Wüsten und Umweltverschmutzung, Raumflug und Bodenschätze, Wirtschaftsverflechtung und Energieverteilung, Hunger und Welternährung, dann zeigt sich, daß die Basis, von der aus überhaupt erst richtig und erfolgversprechend alle diese Probleme in Angriff genommen und gemeistert werden können, nur eine ist, nämlich *NUR ESPERANTO*.

Zweiundzwanzigstes Kapitel / *Dudek-dua ĉapitro*

Wie ich Esperantist wurde / *Kiel mi fariĝis Esperantisto*

Hier lege ich Ihnen nun einen *Esperanto*-Text vor, ohne zusätzliche Hilfen zu geben. Versuchen Sie sich einmal daran, und seien Sie nicht bekümmert, wenn Sie nicht alles herausbekommen. Es ist wirklich nicht sehr wichtig, daß Sie erfahren, wie ich Esperantist wurde. Wichtig ist vielmehr, daß Sie sich auch ohne Wörterbuch einem Esperanto-Text gegenüber als mutig erweisen.

La problemo de la lingvoj sin montris al mi la unuan fojon, kiam mi, sesjara knabeto, kun miaj gepatroj restadis en Parizo. Mi klare memoras, kiel afabla servistino de la hotelo, en kiu ni loĝis, supreniris kun mi ŝtuparon, tenante min per la mano. Dum ni ambaŭ grimpis malrapide de ŝtupo al ŝtupo, ŝi nombris „un, deux, trois . . ." ĝis dek, kaj denove „un, deux, trois . . ." ktp. De la tiama vojaĝo al Parizo mi hejmenportis la scion de la franclingvaj nombroj de unu ĝis dek. Estis malmulte. Tio okazis en 1912.
Kvar jarojn poste, en la lernejo, komenciĝis por mi la instruado de la Franca lingvo. Mi brilis pro miaj Francaj nombroj kaj estis fiera pri ili. Sed tiu ĝojiga stato pasis rapide. Lingvo konsistas ja ne nur el la nomoj de dek nombroj. Kvankam sufiĉe bona lernejano en ĉiuj aliaj fakoj, mi malsukcesis pli kaj pli en la Franca lingvo, kaj unu jaron poste, kiam oni lernigis al ni ankaŭ la Anglan lingvon, mi egale malsukcesis en la Angla lingvo. Nenia dubo pri tio: Mi ne estis talenta por lerni fremdajn lingvojn. (Estu dirite inter ni: Mi estis maldiligenta.)
Por kompensi tiun hontan lernejan malsukceson, mi kune kun mia amiko Herberto inventis . . . propran artefaritan sekretlingvon por nia persona interamika uzo. Ni elpensis laŭ-kapricajn strangajn silabojn por la de ni uzataj Germanaj vortoj, enskribis ilin en malgrandan kajeron kaj lernis ilin parkere. Tiu naive sengramatika terura Volapuko baldaŭ montriĝis maltaŭga kaj ni rezignis ĝin. Ni anstataŭigis ĝin per alia interkomprenilo, simple elparolante Germanajn vortojn de malantaŭe antaŭen. Ekzemple anstataŭ „Ich habe heute Käse auf meinem Butterbrot" (Mi hodiaŭ havas fromaĝon sur mia buterpano.), ni diris „Chi eba

eteu esäk fau meneim torbrettub". Ni eĉ akiris certan sperton pri tiu parolmaniero.

Jen en iu tago ni eksciis pri la tiel nomata „a-vo-lingvo". Tiu estas lingvo, kiu per simpla artefiko estiĝas el iu ajn lingvo, ŝanĝante ties fonetikan karakteron kaj farante ĝin nekomprenebla al personoj, kiuj al tiu artefiko ne estas kutimiĝintaj. Oni simple metadas la du literojn a kaj vo antaŭ ĉiu vokalo de la vortoj elparolotaj. Anstataŭ „Ich habe heute Käse auf meinem Butterbrot" la avolingvano do diras „Avich havabave haveutave Kaväsave avauf maveinavem Bavuttaverbravot", aŭ sammaniere esperante „Mavi havodaviavaŭ havavavas fravomavaĝavon savur maviava bavutaverpavanavo." – Herberto kaj mi estis solvintaj nian problemon: Ni parolis strangan lingvon, kiun neniu komprenis; ni parolis sufiĉe flue fremdsonantan, laŭŝajne fremdnacian lingvon.

En la tiama tempo en preskaŭ ĉiuj paperaĵ- kaj libroj-vendejoj estis haveblaj malgrandaj popular-sciencaj libretoj de la tiel nomata Miniatur-Biblioteko, kies unuopaj numeroj kostis po dek pfenigoj kaj temis pri la plej diversaj materioj. Mi estis kolektanta tiujn flavokolorajn libretojn. Unu el ili rilatis al la tri mondlingvoj Volapuko, Esperanto kaj Ido. Estis la unua fojo ke Esperanto kaj mi renkontiĝis. Mia tiam havis dek-tri aŭ dek-kvar jarojn. La libreto estis traktaĵeto, ĝi ne estis lernolibro. Kvankam mi interesiĝis, mi ne bone komprenis. Mi ankoraŭ ne estis sufiĉe matura. La libreto perdiĝis, kaj mi forgesis la tutan aferon. Sed la semgrajno ne perdiĝis, ĝi falis en fekundan teron por ĝermi nur multe pli poste; ĉar la grundo ankoraŭ ne estis sufiĉe bone kulturita.

Vi komprenu, tiu grundo estis mi! Kaj pri mi la instruistoj diris: „Bedaŭrinde, tiu knabo ne ŝajnas malinteligenta, sed kiel en la Franca tiel en la Angla li havas la noton kvin, ni ne povos promocii lin, li neniam sukcese trapasos la abiturientan ekzamenon." – La noto kvin estis la plej malbona. Intertempe mi jam estis fariĝinta dek-sesjara junulo kaj plenplene konsciiĝis pri la graveco de mia lerneja situacio. Mi ekkomprenis, ke mi devus streĉi miajn fortojn, devus multe kaj diligente labori, se mi ne volis malsukcesi, se mi volis atingi la lernejan celon. Kaj laŭ mia ekkompreno mi agis, mi multe klopodis, multe kaj diligente mi laboris. La noto kvin fariĝis kvar, la kvar fariĝis tri, la tri fariĝis du; la Franca lingvo sukcesplene fariĝis mia speciala fako por la abiturienta ekzameno, tiamaniere ke mi decidis studi lingvojn.

En la universitato mi lernis la latinan lingvon, mi studadis la novlatinajn lingvojn, legis tekstojn ne nur Francajn, sed ankaŭ

Italajn kaj Hispanajn, okupis min je la Provencaj idiomoj, la antikva kaj la moderna, koncize parolate kaj per unu vorto, mi fariĝis filologo, t. e. amiko de la vorto. Lingvolernado fariĝis por mi tute memkomprenebla, kvazaŭ natura okupo, kiel por aliaj mortuloj ekzemple manĝado aŭ dormado. Psikologoj en tiaj kazoj parolas pri trokompenso de sento de malplivaloro.

En 1932, kiel 26jara studento, mi partoprenis internacian instruistokongreson en Hamburgo. Estis vera babela lingvo-orgio; kaj kiam unu el la kongresanoj laŭte kaj imprese proponis, ke oni por eventuala venonta kongreso nepre lernu Esperanton, li rikoltis multan aplaŭdon. Silente mi promesis al mi mem, sekvi tiun proponon. Unu lingvo pli aŭ malpli, kion gravis tio al mi? Mi ja estis filologo. Mi jam rutiniĝis pri lingvolernado.

Tiam la atmosfero estis plena de Esperanto. Ĉie en la gazetkioskoj oni vidis certan porlaboristan ilustritan ĵurnalon, kies lasta paĝo montris bildojn kun Esperanta teksto. En la Hamburga gazeto „Fremdenblatt" mi trovis varbfolion titolita „Die Esperanto-Sprache auf einem Blatte" kun libro-indikoj de la eldonejo „Friedrich Ellersiek". Mi venigis al mi lernolibron kaj, tiel plenumante miam promeson, lernis en malmulte da tempo Esperanton, la lingvon por la tuta mondo. Mi eĉ baldaŭ faris adepton. Estis mia amiko Herberto, kun kiu min interligis vigla korespondado. Li ankaŭ lernis Esperanton, kaj ree la revo de mia infanaĝo efektiviĝis: Ni posedis veran lingvon, kiun, almenaŭ en nia ĉirkaŭaĵo, neniu komprenis: VERAN SEKRETLINGVON!

Dreiundzwanzigstes Kapitel / *Dudek-tria ĉapitro*

„To take arms against a sea of troubles" (Hamlet) / *„Sin armi kontraŭ la tuta maro da mizeroj" (Hamleto)*

Vermutlich haben Sie sich beim Lesen dieses Buches schon mehr als einmal gefragt, was denn das überhaupt für ein Buch sei, das ich Ihnen vorgelegt und Sie erstanden haben. Zunächst einmal ist es kein Lehrbuch, obgleich es sich manchmal den Anschein gibt, ein solches zu sein. Eine wissenschaftliche Abhandlung ist es aber auch nicht, obgleich ich anzunehmen wage, daß es so ganz unwissenschaftlich, sagen wir populärwissenschaftlich, wiederum auch nicht ist. Manchmal ist es recht trocken und nüchtern, manchmal emotionell engagiert, manchmal gibt es sich autobiographisch, dann wieder distanziert historisch, kurz gesagt, man kann nicht recht klug daraus werden. Ich kann Ihre Verwunderung verstehen, und solange Ihre Verwunderung nicht in Ärger oder Enttäuschung ausartet, ist ja alles gut. Im übrigen, Sie haben das Buch gekauft und sitzen nun damit da. Das beste ist wohl „to make the best of it". Was das nun sei, darüber will ich mich hier nicht auslassen. Es könnte zu Meinungsverschiedenheiten führen. Immerhin will ich doch einiges erklären. Vielleicht beruhigt es Sie und stimmt Sie milder.

Sagt es der Titel nicht eigentlich ganz genau? Es ist das Buch eines Verliebten. Was können Sie von einem Verliebten denn groß erwarten? Mal hebt er den Gegenstand seiner Liebe in den Himmel, mal schmollt er mit ihm und zieht sich grollend in sich zurück, und was sich aus seiner Sicht ganz folgerichtig und vernünftig ausnimmt, das erscheint den Außenstehenden launisch und verquer. Zucken Sie also nachsichtig mit den Schultern, aber lesen Sie weiter. Schließlich haben Sie das Buch bezahlt, aber lassen Sie sich um Gottes willen nicht von dem Verliebten anstecken! Es könnte schreckliche Folgen für Ihr ganzes weiteres Leben haben. Nicht nur werden Ihre Verwandten und Freunde Sie für ein bißchen plemplem halten, Sie selbst werden unmerklich gräßliche Veränderungen an sich erfahren. Ihre Freizeitbeschäftigungen werden sich durchgreifend verlagern, vieles, das Ihnen bisher ungeheuer wichtig erschien, wird merkwürdig an Bedeutung verlieren. Sie werden Ihre Reisepläne völlig umkrempeln, was wiederum zu den unglaublichsten Spannungen mit Ihren Angehörigen führen wird. Schließlich werden Sie noch anfangen, auf *Esperanto* zu träumen und dadurch Ihren Psychiater, den haben Sie nämlich inzwischen auch nötig, veranlassen, seine Stirne in Falten zu ziehen und bedenkliche Äußerungen zu tun. Möglicherweise wird Ihr Freund Sie verlassen, falls Sie eine verehrliche Leserin sind und einen haben, oder, falls Sie ein geschätzter Leser sind und eine Freundin haben, wird sie es tun, und was dergleichen Dinge mehr sind.

Wenn aber alle meine Warnungen nichts nützen und Sie, ähnlich wie der Zeitungsleser in Kapitel 19 den permanenten *Esperanto*-Kursus, meine unterschiedlichen Dauerberieselungen mit und über *Esperanto* satt haben und endlich einmal „ordentlich“ und „richtig“ und „von Grund auf“ und „wie es sich gehört“ *Esperanto* lernen wollen, dann bleibt mir wohl nichts anderes übrig, als Ihnen ein paar diesbezügliche Winke zu geben. Mit diesem Buch können Sie, und auch nur, wenn Sie es geschickt anfangen, nur eines erreichen, sich einen Begriff davon machen, was *Esperanto* eigentlich ist, und sich ein wenig, wohlgemerkt nur ein wenig, in die Sprache hineinfinden, sich hineinlesen. Dieses Buch, und das ist wohl bei aller Verliebtheit sein eigentlicher Sinn, soll Sie in die Lage versetzen, sich darüber klar zu werden, ob Sie sich auf *Esperanto* einlassen wollen oder nicht.

Wenn Sie es also wollen, benötigen Sie als erstes ein paar Adressen:

Schlagen Sie zunächst einmal im Telefonbuch Ihres Wohnsitzes unter *Esperanto* nach, vielleicht gibt es dort einen Esperanto-Verein. Das wäre das Günstigste. Zögern Sie nicht, sich an diese Leute zu wenden. Die werden Sie mit Hallo begrüßen. Sie sind die Schlimmsten nicht (Thomas Mann hat es gesagt). Vielleicht hat auch die Volkshochschule Ihres Wohnsitzes einen *Esperanto*-Kursus laufen. Das läßt sich ebenfalls durch ein Telefongespräch feststellen, macht außerdem diese Institution darauf aufmerksam, daß ein reges (denn Sie regen sich ja) und vielseitiges (ein anderer ruft ja vielleicht in gleichem Sinne an; gegebenenfalls könnten *Sie* dafür sorgen) und brennendes (das können Sie selbst bestätigen) Interesse für Esperanto vorliegt. Man wird sich also genötigt sehen, schleunigst

einen solchen Kursus einzurichten, falls es noch nicht geschehen ist.
Schreiben Sie auch ruhig einmal an den Deutschen *Esperanto*-Bund e.V. zu Händen von Herrn Richard Hirsch - er ist der Hauptschriftführer des Bundes - Lambertstraße 12, D-6430 Bad Hersfeld, Telefon (0 66 21) 1 49 95 und bitten Sie um gefällige Auskunft. Dieser Bund, in dem 43 Ortsgruppen zusammengeschlossen sind, zählt 1299 Mitglieder. Seine Zeitschrift, *Esperanto* Aktuell, erscheint sechsmal im Jahr.
Sind Sie noch Teenager oder beginnender Twen, dann wenden Sie sich an die Deutsche *Esperanto*-Jugend. Sie ist dem Deutschen *Esperanto*-Bund angeschlossen und zählt 320 Mitglieder, zu denen noch die Gruppenmitgliedschaft von 480 Schülern kommt. Die Adresse: *Germana Esperanto-Junularo*, Postfach 10 14 22, D-2000 Hamburg. Ihr Organ ist die Zweimonatszeitschrift *GEJ-GAZETO*.
Streben Sie gleich ins Weite und suchen Sie Kontakt mit Ausländern, dann ist die *UNIVERSALA ESPERANTO-ASOCIO,* Nieuwe Binnenweg 176, NL-3015 BJ Rotterdam, die richtige Adresse. Dort gibt es auch eine der größten *Esperanto*-Bibliotheken.

Kraftfahrer, kommst du dorthin, so besichtige sorgsam die Bücher!
Siehst du gern sie dir an, sieht man auch gerne dich dort.

Sind Sie klassenbewußter Arbeiter und wollen Sie weder mit dem Groß-, noch Mittel-, noch Kleinbürgertum, kurz, mit der gesamten Bourgeoisie nichts zu tun haben, so kann Ihnen auch geholfen werden. Schreiben Sie an *Freier Esperanto Bund für deutsche Sprachgebiete,* Renneroderstraße 22, D-6230 Frankfurt 80.
Die Arbeiter-Esperantisten haben auch einen Weltbund, die *Sennacieca Asocio Tutmonda,* 67, avenue Gambetta, F-75020 Paris; *sennacieca* verstehen Sie doch? (= ohne Nation; nationslos). Als ich Kind war, stand Bismarck hoch im Kurs und die Sozis schimpfte man „vaterlandslose Gesellen". Das war schlimmer als „Lump, Vagabund und Clochard" alles in einem.
Vielleicht aber sagt Ihnen eine der folgenden Adressen noch mehr zu:
Unuiĝo Franca por Esperanto, 4 bis, rue de la Cerisaie, F-75004 Paris.
Österreichischer Esperantisten-Verband, Fünfhausgasse 16–18, A-1150 Wien.

Schweizerischer Esperanto-Verein, Schorenstraße 32, CH-4900 Langenthal.

Esperanto-Kulturzentrum, Postiers 27, CH-2301 La Chaux-de-Fonds.

Verband Deutscher Esperanto-Lehrer, Pappelweg 22A, D-3150 Peine.

Vereinigung deutscher Eisenbahner-Esperantisten im Bundesbahn-Sozialwerk, Joachim Schrapp, Schmittingheide 17d, D-4400 Münster.

Christl. Intern. Esperanto-Liga, Deutsche Abteilung, Hella Lanka, Grünewaldstraße 2, D-2000 Hamburg 52.

Internationale Kath. Esperanto-Vereinigung, Dr. J. Kondor, Alte Schloßstraße 25, D-5540 Neuwied 21.

Esperanto-Verband im Kulturbund der DDR, Charlottenstraße 60, DDR-1080 Berlin.

Saarländischer Esperanto-Bund e. V., „Sarlanda Esperanto-Ligo r. a.“, Schulstraße 30, D-6601 Saarbrücken-Scheidt.

Im *Internacia Centro de la Neŭtrala Esperanto-Movado (ICNEM)* ist der Freundeskreis um Prof. Dr. Ivo Lapenna zusammengeschlossen, der besonders den weltbürgerlichen humanitären Esperantismus im Sinne Zamenhofs pflegt. Er gibt die Zweimonatsschrift *HORIZONTO* heraus. Die Adresse der Sekretärin: *Fraŭlino* Marianne Vermaas, Nieuwe Binnenweg 70, I, R; NL-3015 BJ Rotterdam.

Der *Eŭropa Klubo,* gegründet durch die Initiative von Prof. Dr. Helmar Frank, Paderborn, ist eine Gesellschaft für sprachgrenzübergreifende Verständigung, deren Mitglieder nicht unbedingt Esperantisten sind. Sie ist in erster Linie denjenigen Lesern zu empfehlen, die die politische Integrierung Europas bejahen und auf dem sprachlichen Sektor vorantreiben möchten. Die Adresse ist: Pb. 3, B-1040 Brussel 26. - Sie ist international, hat in der Bundesrepublik die Abteilungen Nordrhein-Westfalen, Schleswig-Holstein, Rheinland-Pfalz und Bayern, und gibt die Vierteljahresschrift *Eŭropa Dokumentaro* heraus.

Sind Sie aber Einzelgänger, Individualist, Einsiedlerkrebs, kontaktscheu mit Robinson-Aspirationen, vielleicht auch Snob oder hochmütiger Intellektueller und wollen Sie Esperanto autodidaktisch lernen, so brauchen Sie ein vernünftiges Lehrbuch, nicht so ein Wederfischnochfleischbuch wie das, das Ihnen hier vorliegt und das sich, um mit Schleiermacher zu reden, an die Gebildeten unter ihren Verächtern wendet, nicht zwar der Reli-

gion, sondern der *Esperanto*sprache, was beides vielleicht nicht einmal so gänzlich unterschiedlich ist, wie es sich ausnimmt. Ein Lehrbuch also brauchen Sie. Da wenden Sie sich an den „*Esperanto*-Buchdienst" beim *Esperanto-Centro e. V.,* Postfach 1450, Grunigerstraße 5, D-4790 Paderborn, Telefon (0 52 51) 2 76 12.
Direktor des Zentrums ist Hermann Behrmann. Er und seine Mitarbeiter freuen sich über Ihren Besuch und zeigen Ihnen gern, was an *Esperanto*-Literatur gegenwärtig aktuell ist. Das Sortiment ist reichhaltig. Das Zentrum, heute eine der größten *Esperanto*-Versandbuchhandlungen der Welt, gibt dreimal im Jahr ein *Speciala Cirkulero* heraus, das kostenlos jeder erhält, der durch Erwerb von *Esperanto*-Büchern in die Kundenliste des dortigen Bücherdienstes aufgenommen wurde. Ein automatischer Telefondienst ermöglicht Anrufe rund um die Uhr.
Da gibt es zum Beispiel ein von Hermann Behrmann selbst verfaßtes Lehrwerk zum Selbstunterricht: *Esperanto-programita.* Es besteht aus vier Heften mit 227 Seiten Text sowie wahlweise mit vier Langspielplatten oder einer Tonkassette C 60. Es führt in die praktische Anwendung des *Esperanto* ein, wie sie sich auf einem Jugendtreffen ergeben mag.
Ein bewährtes Lehrbuch ist auch *„Wir lernen Esperanto"* von Wilhelm und Hans Wingen mit einem „Schlüssel zum Lehrbuch Wir lernen Esperanto". Dieses 76 Seiten umfassende Büchlein ist eine schlichte solide Sache in zwölf Lehrstücken, geeignet für Volkshochschulkurse, Gruppenlehrgänge und zum Selbstunterricht. Natürlich enthält es die Zamenhofsche Tabelle und eine Übersicht über die Wortbildungssilben, aber auch eine Liste der Präpositionen, und es gibt Ihnen Ratschläge für die Fortbildung.
Ein einsprachiges, nur auf Esperanto abgefaßtes Lehrbuch, das dem Schüler dazu verhilft, möglichst bald auf Esperanto zu denken, ist der zehn Hefte umfassende Lehrgang *Esperanto laŭ metodo Friis,* Dansk *Esperanto*-Forlag-Aabyhøj, 1971, 400 Seiten. Der von Zeichnungen unterstützte Text ist so eingerichtet, daß er sich fortschreitend selbst erhellt.
Dasselbe gilt für das 1983 erschienene *Esperanto Aŭtodidakte / Internacia Lernolibro de la Internacia Lingvo,* 194 Seiten + XL Seiten *Ŝlosilo*, von Audrey Childs-Mee.
Ein modernes Lehrbuch ist auch das in der DDR erschienene „Taschenlehrbuch *Esperanto"* von Till Dahlenburg und Peter Liebig, abwechslungsreich in der Methodik und lustig illustriert,

226 Seiten, 2. Auflage Leipzig 1981. Dazu gibt es auch Begleitmaterial zum Selbstunterricht, 74 fotokopierte Seiten.
Was nun die Wörterbücher anbelangt, so finden Sie darüber ausführliche Angaben in der Bücherliste des Paderborner *Esperanto*-Zentrums. Hier seien nur folgende angeführt:
Von Hans Wingen liegen vor „Wörterbuch Deutsch-*Esperanto*" (1954) und „Wörter der Gegenwart Deutsch-*Esperanto*" (1962). Das Gegenstück dazu ist das „Wörterbuch *Esperanto*-Deutsch" von Butin und Sommer.
Ein Handwörterbuch „*Esperanto*-Deutsch" und „Deutsch-*Esperanto*" ist auch vom Österreichischen *Esperanto*-Institut herausgegeben.
Ein sehr handliches und übersichtlich angeordnetes Wörterbuch ist das in der DDR erschienene „Wörterbuch Deutsch-*Esperanto*" von Erich-Dieter Krause. VEB Verlag Enzyklopädie Leipzig 1983, 596 Seiten.
Eine wirklich bedeutende Leistung stellt das 1970, Paris, *Sennacieca Asocio Tutmonda,* erschienene *Plena Ilustrita Vortaro de Esperanto* dar. Es ist einsprachig, erklärt also die *Esperanto*-Wörter auf *Esperanto,* und ist daher für den Anfänger schwierig, zwingt aber zum Denken auf *Esperanto* und ist für denjenigen, der in der Sprache wirklich heimisch werden will, das beste Hilfsmittel. Es lohnt sich durchaus, sich als Anfänger etwas abzuquälen. Man wird durch schnelle Fortschritte belohnt. Damit Sie sich eine ungefähre Vorstellung davon machen können, wie es eingerichtet ist, schlagen wir z. B. einmal das Stichwort *gramofono* auf. Da erfahren Sie, daß es ein *aparato reproduktanta la sonojn per plataj diskoj* ist. Überdies werden Sie durch ein schwarzes Händchen auf die verwandten Begriffe *fonografo* (*malnova formo de gramofono, uzanta cilindrojn el vakso anstataŭ platajn diskojn)* und *magnetofono* (*aparato servanta por magnete registri sur bendon sonojn, parolon, muzikon kaj tiel plu, kaj por reprodukti ilin en laŭtparolilo aŭ telefono).* Sollte Ihnen nun z. B. in der Definition das Wort *sono* unverständlich sein, so daß Sie nicht dahinterkommen, was denn dieser durch platte Scheiben hervorbringende Apparat eigentlich erzeugt, ob er Eier legt oder Tilsiter Käse auswirft, dann müssen Sie eben auch *sono* nachschlagen. Dort lesen Sie *audebla aervibrado.* Und damit Ihnen dann letzte Zweifel über die Bedeutung des Wortes genommen werden, werden aus der *Esperanto*-Literatur noch fünf Beispiele zitiert, in denen

das Wort in sinnbezogenem Zusammenhang vorkommt. Also: 1. *sonoj de voĉo, de instrumento;* 2. *la sonoj venis de la maldekstra flanko;* 3. *la sonorilo havas mirindan sonon;* 4. *ĉiu kompetenta homo scias, ke la natura sono por la litero j estas ĝuste tiu sono, kiun ĝi havas en Esperanto;* 5. *poton taksu laŭ sono, sinjoron laŭ tono.* Inzwischen sind Sie dann auf so viele andere unbekannte Wörter gestoßen, denen Sie erst einmal nachgehen mußten, daß Sie unmöglich die Übersicht über alle Nachschlageverzweigungen bewahren konnten. Der Zusammenhang, um dessentwillen Sie das *Plena Ilustrita Vortaro* aufschlugen, ist Ihnen bereits nicht mehr gegenwärtig. In Ihrem *Esperanto*-Roman sind Sie keine Zeile weitergekommen. An das Wort *gramofono* denken Sie schon überhaupt nicht mehr. Außerdem wußten Sie ja ohnehin, daß es „Grammophon" bedeutet. Es war sehr leichtsinnig von Ihnen, es überhaupt nachzuschlagen. Aber *Esperanto* haben Sie auf diese Weise eine ganze Menge gelernt.

Ebenfalls einsprachig, aber geringer im Umfang, ist das *Plena Vortaro de Esperanto* von E. Grosjean-Maupin u. a. ,Paris, 7. Auflage 1964.

Nachdem ich Sie so mit Adressen, Lehrbüchern und Nachschlagemitteln versehen habe, verbleibt mir nur noch, Sie auf einige weitere, das Weltsprachenproblem und *Esperanto* betreffende Veröffentlichungen aufmerksam zu machen.

An erster Stelle wäre da zu nennen das *Fundamento de Esperanto,* große wissenschaftliche, kritische Ausgabe von Dr. A. Albault, *membro de la Akademio de Esperanto, Esperantaj Francaj Eldonoj,* Marmande 1963[9], Frankreich. Es enthält, kritisch kommentiert, die Fotokopie der ersten Ausgabe des „Fundaments" von 1905 mit *Antaŭparolo; Franc-, Angla-, German-, Rus- kaj Pollingva Gramatiko; Ekzercaro* und das fünfsprachige *Universala Vortaro.*

Ein von umfänglicher Sachkenntnis zeugendes und hervorragend angelegtes Büchlein mit dem bescheidenen Titel „L'Espéranto" schrieb Pierre Janton, professeur à l'Université de Clermond-Ferrand; Sammlung „Que sais-je" n° 1511, Presses Universitaires de France, Paris 1973. Es behandelt die Stellung des *Esperanto* innerhalb der „langues construites", seine Ursprünge, seinen Aufbau, seine Ausdrucksmöglichkeiten, seine Literatur und die durch *Esperanto* ausgelöste Bewegung. Es liegt seit 1978 auch als *„Einführung in die Esperantologie"* in einer Übersetzung von Günter Becker und Maria Becker-Meisberger

vor. Hildesheim, Georg Olms Verlag, 1978.
In der Buchreihe „Wege der Forschung" erschien 1976 bei der Wissenschaftlichen Buchgesellschaft in Darmstadt eine Sammlung von Beiträgen zur Interlinguistik: „Plansprachen", herausgegeben von R. Haupenthal.
Von dem langjährigen Generalsekretär und späteren Präsidenten des Esperanto-Weltbundes Prof. Dr. Ivo Lapenna stammen die *Elektitaj Paroladoj kaj Prelegoj,* Rotterdam 1966. Sie sind ein Supplement zu seiner früher erschienenen *Retoriko* und enthalten viele, auch weniger allgemein bekannte, Informationen über die *Esperanto*-Bewegung und ihren Stand bis zum Erscheinungsjahr des Buches.
Einen umfassenden Überblick über den Esperantismus gibt das von Ivo Lapenna redigierte, großenteils von ihm selbst verfaßte Werk *ESPERANTO EN PERSPEKTIVO (faktoj kaj analizoj pri la internacia lingvo)* (London und Rotterdam 1974, *Centro de esploro kaj dokumentado*). Um dieses und die anderen zuletzt genannten Bücher lesen zu können, müssen Sie allerdings *Esperanto* schon gelernt haben.
Nun, ich breche die Liste ab und verzichte darauf, Ihnen noch weitere Bücher vorzuführen. Wenn Sie allen meinen bisherigen Winken nachgegangen sind, sind Sie selbst nicht nur schon längst ein Vollesperantist, sondern Vorsitzender eines alle Säle Ihres Wohnsitzes sprengenden *Esperanto*-Vereins. Sehr bald werden Sie selbst die nötigen Verbindungen und Kontakte haben und wissen, wo Sie Ihre *Esperanto*-Bedürfnisse befriedigen können.
Als allererstes, und darum habe ich es mir bis zum Schluß dieses Kapitels aufgehoben, sollten Sie sich vom Deutschen Esperanto-Bund e. V. die kleine, nur 40 Seiten umfassende und billige Broschüre „Moderne Menschen sprechen" schicken lassen. Sie enthält auf knappstem Raum, in gedrängter Zusammenstellung eine Fülle von Informationen über *Esperanto,* die Sie benötigen, um mit allen denen fertig zu werden, die Sie am *Esperanto*-Lernen hindern wollen. Denn die Vorurteile gegen *Esperanto* sind oft unerschütterlich tief eingewurzelt. Sie reichen hinab in unsere seelische Unterwelt und sind oft rational kaum aufzulösen. Erst unlängst schrieb mir einer unserer Schriftsteller, dessen Name einen weithinreichenden Klang hat: „Mir ist die ‚künstliche Sprache' unheimlich . . ."
Dieser Ausdruck „unheimlich" ist bezeichnend. *Esperanto* wird

als bedrohlich empfunden. Aber wen oder was bedroht es eigentlich? Die Muttersprache doch nicht! Die ist weit mehr bedroht durch Überflutung mit internationalen Modewörtern, durch Bildungsrückgang und schlechtes Zeitungsdeutsch. Sollte diese Abwehr am Ende der Befürchtung entspringen, man müßte, bei besserer Einsicht, denn vom Moralischen geht Zwang aus, sich erneut der Mühe des Sprachenlernens unterziehen? Das wäre allerdings eine Bedrohung. Oder sollte sie der Befürchtung entspringen, daß man, wenn man trotz besserer Einsicht es unterläßt, sich *Esperanto* anzueignen, es riskiert, eines Tages in einer *Esperanto* sprechenden Welt als Nicht-Esperantist dazustehen? Auch das wäre eine Bedrohung.
Ganz gewiß aber ist, daß *Esperanto* für jeden, der sich damit beschäftigt, alle Bedrohlichkeit, alle Unheimlichkeit verliert, daß es vielmehr einen Bereich erschließt, in dem Klarheit, Logik, Zweckmäßigkeit, Schönheit und Verständigungsbereitschaft beheimatet sind.

Vierundzwanzigstes Kapitel / *Dudek-kvara ĉapitro*

Lili Marleen / *Lil-Marlin'*

En la jaro 1915 dudek-unujara filo de Hamburga haven-laboristo staradis postene antaŭ kazerno en Berlino. Li estis mobilizita kiel gardo-fuziliero kaj nun estis ekmarŝigota al la fronto jam la venontan tagon. Lia animstato estis multkompleksa kaj rilatis al la plej diversaj kor-sentoj. Jen, el la inspiro de la momento, tiu animstato koncentriĝis en li, estigante malgrandan poeziaĵon. Multe da eldirita kaj ankoraŭ pli multe da ne-eldirita eniris en tiujn versojn. Kuniĝis senpotenca ribelo kontraŭ la soldata kaj kazerna vivmaniero, amsopiro, strebado hejmen kaj timo antaŭ la morto: ĉio ĉi tio antaŭ la fono de tiu Berlina militatmosfero plena de odoroj, bruoj kaj lanternlumo. En iu ajn maniero ĉiu soldato iam jam spertis tion, kion la versoj eldiras. En ili li trovas esprimata sian propran sentadon kaj en la Lil-Marlino la adoratinon de sia propra koro.
Dum la dua mondmilito la „Lil-Marlin'" fariĝis, konscie aŭ ne konscie, esprimilo de la per la naziismo tiom kruele insultegata kaj sufokata humaneco. Kvankam Gobjelso (Germane: Goebbels), la ministro por propagando, kiu tre ĝuste estis ekkoninta la moligantan kaj antimilitan karakteron de la kanto, furiozis en Berlino, la militlacaj soldatoj insistis pri ĝi kaj kantis sian „Lil-Marlin'" spite la malpermeson des pli ofte.
Ĉi tiu poeziaĵo estas hodiaŭ, post jardekoj, komunaĵo, se eble ne de ĉiuj popoloj, tamen de ĉiuj soldatoj de nia planedo. En ĉiam pli da lingvoj ĝi estas kantata. Ĝi posedas, same kiel Esperanto, pasian forton por transsalti landlimojn kaj, kie ajn oni ĝin kantas, ĝi, same kiel ankaŭ Esperanto, interligas la homojn. La komponisto Norberto Ŝulco (Norbert Schultze), kiu komponis ĝin, kaj Lalino Anderso (Lale Andersen), kiu rekantadis ĝin, kaj fatalaj tempo-cirkonstancoj, kiuj kaŭzis la konsolbezonantan pretecon por akcepti ĝin, certe ĉiu havis egan parton en ĝia multŝatateco kaj disvastigateco, ... la vivantan Lil-Marlinon tamen konis nur unu, nome Ĵano Lajpo (Hans Leip), kiun oni pro liaj versoj, kiuj fariĝis kvazaŭ anonima popolkanto, nepre ne forgesu. La centmiloj, en kies koro la Lil-Marlino vivadas, apenaŭ konas lian nomon.
Kiam Ĵano Lajpo hodiaŭ en sia alte super la Ŝvaba Lago (Bodensee) situanta kampodomo rerigardas la trakuritan vojon de sia

„Lil-Marlin'" kaj rememoras ties mondampleksan disvastiĝon, tiam li scias, ke per ĝi venis en la mondon io en la estonton kondukanta, kies energi-fluoj ankoraŭ longe ne estos elĉerpitaj kaj kiu siavice originas el la kristana-humanisma tradicio de la okcidento.

Kiam mi nun prezentas ĉi tie esperantigon de la poeziaĵo, tiam mi faras tion pro la signifo, kiun ĝi havis por mi dum mallumaj jaroj kaj ankoraŭ nun havas en mia memoro, kaj esperante, ke ĝi akiru, tiel lingve internaciigita, novajn amikojn.

Profesoro Ĵano Lajpo kompleze permesis la publikigon de la traduko.

Lili Marleen	*Lil-Marlin'*
Vor der Kaserne,	*Ĉe la kazerno,*
vor dem großen Tor	*ĉe la granda pord'*
stand eine Laterne,	*staris ja lanterno,*
und steht sie noch davor,	*kaj staras ĝi laŭ ord',*
so wolln wir uns da wiedersehn,	*revidi volas tie ĉi*
bei der Laterne wolln wir stehn,	*kaj stari sublanterne ni*
wie einst, Lili Marleen.	*iame, Lil-Marlin'.*
Unsre beiden Schatten	*Niaj ombroj iĝis*
sahn wie einer aus;	*kune unuaĵ';*
daß wir so lieb uns hatten,	*ke ambaŭ enamiĝis,*
das sah man gleich daraus.	*tuj iĝis videblaĵ'.*
Und alle Leute solln es sehn,	*Kaj vidu nin la pasantar':*
wenn wir bei der Laterne stehn	*jen sub lantern' amanta par'*
wie einst, Lili Marleen.	*iame, Lil-Marlin'.*
Schon rief der Posten:	*Gardist' per gesto:*
Sie blasen Zapfenstreich;	*Eksonas dormsignal';*
es kann drei Tage kosten! –	*tri tagojn en aresto! –*
Kamerad, ich komm ja gleich. –	*Mi jam venas, kaporal'. –*
Da sagten wir auf Wiedersehn.	*Ni tiam diris ĝisrevid'.*
Wie gerne wollt ich mit dir gehn,	*Volonte irus mi en fid'*
mit dir, Lili Marleen!	*kun vi, ho Lil-Marlin'!*
Deine Schritte kennt sie,	*Vian paŝiradon*
deinen zieren Gang,	*sveltan konas ĝi,*
alle Abend brennt sie,	*donas noktlumadon,*

mich vergaß sie lang.
Und sollte mir ein Leids geschehn,
wer wird bei der Laterne stehn
mit dir, Lili Marleen?

pensas ne pri mi.
Kaj se atingus min fatal',
ĉu starus sub lantern' rival'
kun vi, ho Lil-Marlin'?

Aus dem stillen Raume,
aus der Erde Grund
hebt mich wie im Traume
dein verliebter Mund.
Wenn sich die späten Nebel drehn,
werd ich bei der Laterne stehn
wie einst, Lili Marleen.

El kvieta loko,
el la tera kuŝ'
levas min rev-voko
de l'enama buŝ'.
Dum turnas sin noktiĝnebul',
mi ree estos lanternul'
ĉiame, Lil-Marlin'.

(Hans Leip)

(ĴANO LAJPO)

Als im Jahre 1915 der junge, einundzwanzigjährige, als Gardefüsilier mobilisierte, Hamburger Schauermannssohn in Berlin stationiert war, vor der Kaserne Posten schob und am nächsten Tage zur Front in Marsch gesetzt werden sollte, da verdichtete sich in ihm die vielschichtig zusammengesetzte, in viele Bezüglichkeiten eingebettete Stimmung, in der er sich befand, zu einem kleinen, aus der Eingebung des Augenblicks herausgeborenen Liede. Viel Ausgesprochenes und mehr noch Unausgesprochenes aus der unsäglichen Verquickung von ohnmächtiger Auflehnung gegen das Soldaten- und Kasernendasein, von Liebesverlangen, von Sehnen nach der Heimat und von Todesbangen innerhalb der von Düften, Geräuschen und Laternenschein erfüllten Berliner Atmosphäre des Kriegsjahres 1915 ist in diese Verse eingegangen. Und was sie beinhalten, ist jedem Soldaten in ähnlicher Form vertraut. Unmittelbar findet er sich selbst in ihnen wieder und in der Lili Marleen die Angebetete seines Herzens.
Während des Zweiten Weltkrieges wurde die „Lili Marleen“, bewußt oder unbewußt, zu einem Ventil für die durch den Nazismus so grausam geschändete und erstickte Menschlichkeit. Mochte auch der Propagandaminister Goebbels, der den weichmachenden und antimilitärischen Charakter des Liedes sehr richtig erkannt hatte, in Berlin toben, die kriegsmüden Soldaten bestanden auf ihre „Lili Marleen“ und sangen sie trotz des Verbotes nur um so öfter.
Dieses Lied ist heute, nach mehr als einem halben Jahrhun-

dert, Gemeingut, wenn nicht vielleicht aller Völker, so doch aller Soldaten dieser Erde. In immer neue Sprachen wurde es übersetzt, in immer neuen Sprachen wird es gesungen. Ihm wohnt, genau wie der *Esperanto*-Sprache, eine unbändige Kraft inne, Grenzen zu sprengen, und, genau wie *Esperanto* auch, verbindet es die Menschen, wo immer es gesungen wird. Der Komponist Norbert Schultze, der es komponierte, und Lale Andersen, die es sang, und verhängnisvolle Zeitumstände, die die trostbedürftige Aufnahmebereitschaft für dieses Lied schufen, haben gewiß bedeutenden Anteil an seiner Popularisierung und Verbreitung gehabt, . . . die lebende Lili Marleen aber hat nur einer gekannt, nämlich Hans Leip, den man über seine gewissermaßen zum anonymen Volkslied gewordenen Verse nicht vergessen sollte. Die Hunderttausende, in deren Herzen die Lili Marleen lebt, kennen seinen Namen kaum.

Wenn Hans Leip heute in seinem hoch über dem Bodensee gelegenen Landhaus auf den Werdegang seines Liedes zurückblickt und sich dessen weltweite Verbreitung vergegenwärtigt, so weiß er, daß mit diesem Lied etwas Zukunftweisendes in die Welt gekommen ist, dessen Kraftströme noch lange nicht erschöpft sind und die ihrerseits aus der christlich-humanistischen Tradition des Abendlandes stammen.

Wenn ich nun hier eine *Esperanto*-Übersetzung des Liedes vorlege, geschieht es aus Dank für das, was mir dieses Lied in finsteren Jahren bedeutet hat und in der Erinnerung noch immer bedeutet, und es geschieht in der Hoffnung, es möge sich, so sprachlich internationalisiert, neue Freunde erwerben.

Prof. Hans Leip hat den Abdruck der Originalfassung gestattet und sich zu der *Esperanto*-Übersetzung zustimmend geäußert.

Anmerkung zur dritten Auflage:

Hans Leip starb inzwischen kurz vor Vollendung seines neunzigsten Lebensjahres (22. 9. 1893–6. 6. 1983). Seine Asche wurde auf seinem Fruthwiler Grundstück in einem Hügel in der Nähe seines Hauses beigesetzt. Er hinterließ ein nahezu unübersehbar vielseitiges literarisches und graphisches Werk.

Fünfundzwanzigstes Kapitel / *Dudek-kvina ĉapitro*

Kinderkrankheiten und Leitgedanke
Infanmalsanoj kaj interna ideo

Über die Geschichte des *Esperanto* liegt ein umfangreiches Material vor. Da gibt es einmal die Zeitschriften, die den Lebensweg des *Esperanto* fast von den ersten Anfängen an begleitet haben (so verfügt z. B. das 1974 begründete spanische *Esperanto*-Museum über fast 2000 Jahrgänge verschiedenster Esperanto-Zeitschriften), zum andern zeitgenössische Darstellungen, Lebenserinnerungen und auch bereits regelrechte historische Darstellungen in Buchform. Auch die Untersuchungen über das Leben Zamenhofs, das ja aufs engste mit dem Leben seiner Sprache verquickt ist, gehören hierher, ebenso seine Korrespondenz und die anderer führender Persönlichkeiten der das Esperanto betreffenden Organisationen.
Wirft man nun einen auch nur summarischen Blick auf die Geschichte des Esperantismus und namentlich auf dessen Anfänge, und dies ja mittlerweile schon aus beträchtlichem zeitlichen Abstand, so kann man nicht umhin, immer wieder auf zwei Phänomene zu stoßen. Das eine ist das Ringen um die Beschaffenheit der Sprache selbst, das andere ist das Ringen um das, was die Esperantisten als *interna ideo* bezeichnen und was von Außenstehenden oft mit argwöhnendem Mißtrauen angesehen wurde.
Beim Erlernen der Sprache, in die ein Kind hineingeboren wird, findet irgendeine Kritik nicht statt, weder an ihrem phonetischen System, noch an ihrer grammatischen Struktur, noch an ihrem Wortschatz. Das Menschenjunge nimmt sie als naturgegeben hin. So ist sie, so muß sie sein. Zwar kommt es bei Kindern zu sprachlichen Analogiebildungen, die häufig durch ihre Folgerichtigkeit verblüffen, aber gleichzeitig dadurch, daß sie ungewöhnlich sind, zwar drollig wirken, von den Erwachsenen aber abgelehnt werden und allenfalls in der Witzecke irgendeiner Zeitung landen. Kritik der eigenen Sprache gegenüber ist ein sehr spät auftretendes Verhalten. Am ehesten setzt es noch bei der Orthographie ein, bei der schwerverständliche Eigenheiten (man vergleiche etwa: rad- und Auto fahren) am augenfälligsten sind. Bei einer künstlichen Sprache aber, und das ist ein Schicksal, das dem *Esperanto* nicht wenig zu schaf-

fen machte, hält jeder sich für berechtigt, auch wenn er nicht über die geringste diesbezügliche Vorbildung oder praktische Erfahrungen verfügt, Änderungs- und Verbesserungsvorschläge zu machen und zu propagieren. Zamenhof hat mit unendlicher Geduld alles geprüft, was an ihn herangetragen wurde. Dabei stellte sich dann zumeist heraus, daß gerade das, woran der eine Anstoß nahm, einem andern besonders gut gefiel. Ging man den Dingen auf den Grund, so handelte es sich vielfach gar nicht um Fragen der Zweckmäßigkeit, sondern eher um rein geschmackliche Präferenzen oder Ablehnungen. Über nichtige Dinge, selbst etwa darüber, ob das griechische *kaj* nicht besser durch das lateinische *et* zu ersetzen sei, hat man sich gestritten und oft zerstritten. In dieser Verunsicherung erwartete man viel von staatlichen Institutionen oder sprachlichen Autoritäten, erwartete die Lösung unnötig aufgeworfener Probleme von wissenschaftlichen Kommissionen oder Gott wer weiß woher, und nicht zuletzt war Zamenhof selbst bereit, sich zu unterwerfen, auf *Esperanto* zu verzichten, sofern nur eine andere Lösung des Weltsprachenproblems gefunden würde. Sie konnte aber gar nicht gefunden werden, weil sie . . . in einem einzigen ungeheuren genialen Wurf bereits gefunden war, mochten auch Zamenhof selbst und seine ersten Jünger angesichts der Titanentat so etwas wie Beklemmung empfinden. Wenn nun in der Folgezeit, verärgert über das ewige Tauziehen und den anhaltenden Schwebezustand, manche sich wieder vom Esperantismus abwandten, die große Mehrheit der Esperantisten, das *Esperanto*-Volk, kümmerte sich überhaupt nicht oder kaum um die Bemühungen ihrer *Esperanto*-Regenten und die Auseinandersetzungen der *spertuloj*. Im Jahre 1908 kam es sogar zu einer regelrechten Spaltung der Bewegung, bei der sich die Anhänger des „Ido“ genannten Plansprachenobjektes, das ein stark verändertes *Esperanto* war, von den Esperantisten ablösten. Sie waren höchstens ein Fünftel der organisierten Esperantistenschaft und verloren, losgelöst von ihrer weit lebenskräftigeren „Muttersprache“, rasch jegliche Bedeutung. Alles das blieb natürlich nicht ohne negative Auswirkungen, und vielleicht ist manch überkommene Skepsis dem *Esperanto* gegenüber auf diese frühen Auseinandersetzungen zurückzuführen. Andererseits ist nicht zu leugnen, daß das *Esperanto* aus diesen Kinderkrankheiten gestärkt hervorgegangen ist und die Esperantisten in aller Welt

verstanden haben, daß das *FUNDAMENTO* der „rocher de bronze" ist, der die Einheitlichkeit ihrer Sprache garantiert.
Ja, wollte heute eine angesehene internationale Autorität, die UNO etwa, versuchen, am *Esperanto* Änderungen vorzunehmen oder *Esperanto* überhaupt um eines der UNO genehmeren Sprachenprojektes willen zurückzupfeifen, es dürfte ein ungleich schwierigeres, wenn nicht gar unmögliches Unterfangen sein, schwieriger jedenfalls, als *Esperanto* einfach durch wohlwollende Unterstützung zu fördern. Wer einmal *Esperanto* gelernt hat, ist damit Träger einer in ihm verlebendigten Sprache. Und diese Sprachenträger des *Esperanto* haben lediglich durch ihr Vorhandensein eine Tatsache geschaffen, mit der jeder, der an das Weltsprachenproblem herangeht, zu rechnen hat. Gelernt ist gelernt. Der Esperantist wendet seine Sprache an in seiner Korrespondenz mit seinen ausländischen Freunden, im mündlichen Verkehr mit ihnen, bei seiner Lektüre von Zeitschriften und Büchern, für die verschiedensten persönlichen und allgemeinen Zwecke in den mannigfaltigsten Organisationen. Versuche, vom grünen Tisch her in eine lebendige Sprache einzugreifen, sind meistens zum Scheitern verurteilt. Wer sagt denn etwa: „Ich habe eben mit ihm ferngesprochen", oder verlangt am Postschalter: „Geben Sie mir bitte zehn Postwertzeichen zu ..."? Im Ersten Weltkrieg gelang es tatsächlich, die deutsche Sprache von einigen Ausdrücken des „Erbfeindes" zu befreien, Perron, Adieu, Trottoir, Coupé u. a. verschwanden tatsächlich aus dem Gebrauch. Aber schon bei Wörtern wie Appetit, Ballon, Balkon, Bonbon, Rendezvous und vielen anderen schlug der Versuch fehl. Wenn er überhaupt in bescheidenem Umfang gelang, so doch nur, weil er von nationaler Begeisterung getragen wurde. Ich entsinne mich genau, wie schwer es namentlich älteren Leuten fiel, aller vaterländischen Gesinnung zum Trotz, auf lebenslange Gewohnheiten zu verzichten und etwa statt wie bisher „adieu!" plötzlich nur noch „auf Wiedersehen!" zu sagen.
Die Geschichte des Esperantismus zeigt es, wird *Esperanto* irgendwo unterdrückt oder kommt es aus nicht immer leicht durchschaubaren Gründen in irgendeinem Land zum Erlahmen der Bewegung, dann springt irgendwann von irgendwoher ein Funke wieder über und die Bemühungen um *Esperanto* gehen in lebhafteren Ansätzen als bisher und mit größerer Zuversicht wieder weiter. Nur Außenstehende und Nichtinformierte

können die dem *Esperanto* innewohnende Kraft verkennen und glauben, man könne es grundsätzlich verändern, könne es durch ein anderes Projekt ersetzen oder, auch solche frommen Wünsche mag es geben, wieder ausrotten. *Esperanto* ist sehr zäh. Es ist ein Faktor, mit dem jeder, gleichviel, wo er steht, zu rechnen hat und mit dem zu rechnen, er klug tun würde.

Etwas anderes ist es natürlich, wenn Linguisten, Herausgeber von Lehr- und Wörterbüchern u. a. in der vom „Fundament" gewiesenen Richtung allen Esperanto-Beflissenen Hilfen geben, sie z. B. auf das vorzugsweise zu benutzende Vokabular hinweisen oder auf die Eigenheiten der Nationalsprachen bezogene, zusätzliche Regeln aufstellen. Das tun sie nicht gegen *Esperanto,* sondern im Gegenteil im Dienst an seiner Einheitlichkeit, weltweiten Verständlichkeit und vielseitigen Verwendbarkeit. Außerdem entsprechen sie damit einem echten Bedürfnis aller derjenigen Esperantisten, die ihre Sprache pflegen wollen.

Gleichzeitig mit dem Ringen innerhalb der Esperantistenschaft um die endgültige Form und Einheitlichkeit des *Esperanto* gingen einher die Auseinandersetzungen um die *interna ideo.* Ohne sie ist *Esperanto,* auch wenn heute von diesem Begriff nur noch selten gesprochen wird, nicht zu denken. Ja, sie war eigentlich schon vorher da. Sie ist es, die *Esperanto* überhaupt hat entstehen lassen. Der kleine Junge in Bialystok hatte ja nicht die Absicht gehabt, das Einkaufen auf dem Markt oder das Verhandeln mit Handwerkern innerhalb der mehrsprachigen Einwohnerschaft seiner Vaterstadt zu erleichtern, sondern er wollte die unter den Sprachengruppen herrschenden gegenseitigen Verdächtigungen und Feindseligkeiten überwinden helfen, an denen seine Sensibilität ihn leiden ließ. In die gleiche Richtung wiesen ja auch seine frühen Zukunftsphantasien, die alle Menschen betrafen. Er war *homarano,* Anhänger der Menschheit, lange ehe er Esperantist war. Er schuf *Esperanto* nicht, um die internationale Touristik zu erleichtern, sondern er schuf es aus dem Wissen um das Leid und Elend, das aus der Sprachentrennung erwachsen kann. Daß es da, wo Menschen die gleiche Sprache sprechen, keine Mißverständnisse, Verdächtigungen, Verfolgungen, Pogrome, Krieg und Folter geben würde, hat er ja wohl, jedenfalls nicht mehr als Erwachsener, nicht geglaubt. Aber er war doch wohl zutiefst davon überzeugt, daß diese Menschheitsübel bei sprachlicher

Verständigungsmöglichkeit weniger leicht aufbrechen und leichter zu überwinden sein würden. An einer gemeinsamen Sprache für alle lag ihm unbedingt, nicht ganz so unbedingt an seinem *Esperanto.* Trotz der gewaltigen Mühen, die er dafür aufgewendet, und Opfer an Zeit und Geld, die er dafür gebracht hatte, war er bereit, es aufzugeben, falls nur die gemeinsame Sprache, wodurch oder durch wen auch immer, wie auch immer, verwirklicht würde. Und wenn er darum bemüht war, *Esperanto* sozusagen auf eigene Füße zu stellen, es von seiner Person abzulösen, so war er es zunächst, damit es sich, wie jede andere Sprache auch, freiheitlich entwickeln könne, später war er es aber auch, damit die Entwicklung des *Esperanto* nicht durch seine „privaten" Ideen, die sich eben am besten durch *homaranismo* bezeichnen lassen, belastet und gehemmt würde. Zwar war *Esperanto* für ihn ohne die *interna ideo* einer weltweiten Menschlichkeit, ohne Völkerverständigung und -verbrüderung, ohne eine demokratische Internationalität nicht denkbar. In dieser Idee eben bestand das, was er als die Neutralität seiner Sprache bezeichnete. Aber von Außenstehenden wurde das nicht immer so gesehen oder gar begrüßt. Internationalität klang damals in vielen Ohren verdächtig. Gerade war 1889 in Paris die Zweite Internationale gegründet worden. Wurde auch die frühe *Esperanto*-Bewegung von ausschließlich bürgerlichen Kräften getragen, ihre Internationalität schien einer Gesellschaft, die in überspitztem Nationalismus befangen war, dennoch verdächtig. (Die *Sennacieca Asocio Tutmonda* entstand erst 1921). Das mußte Zamenhof trotz aller Ehrungen, die ihm auch von höchsten Regierungsstellen zuteil wurden, wohl fühlen. Er wollte die Freiheit haben, seinen *homaranismo,* seinen Pazifismus und seine Vorstellungen von einer geläuterten, die konfessionellen Gegensätze überbrückenden Weltreligion äußern und verbreiten zu können.

Viel von dem, was der *interna ideo* des Esperanto entspricht, hat sich längst in anderen Formen Wege in die Zukunft gesucht. Die UNO mit ihrer allgemeinen Erklärung der Menschenrechte und mit der UNESCO und zahlreiche andere internationale Bestrebungen, seien sie bürgerlicher, seien sie proletarischer Natur, gehören heute dazu. Die *interna ideo* ist weitgehend Gemeingut geworden. Um sie brauchen sich die Esperantisten nicht mehr in Sonderheit zu bemühen. So spricht man denn auch unter Esperantisten nicht mehr allzu viel von ihr, und wenn, dann geschieht es eher als historische Reminiszenz, denn als bewegende und gleichsam unentbehrliche Voraussetzung des Esperanto. Es ist vielmehr so, daß die *interna ideo* vielfältig auch außerhalb des Esperanto nach Realisierung strebt. Abgesehen von dem unmittelbaren, praktischen Zwecken dienenden Gebrauch des *Esperanto,* bietet es sich heute an als die Sprache der Wahl, als ein, nein als das zweckmäßigste Hilfsmittel in allen erdenklichen Organisationen für die Aufgabe der Verwirklichung der *interna ideo.*

Mag man heute auch den praktischen Nutzen des *Esperanto* in den Vordergrund stellen, ja würde es auch in internationalen Verbrecherkreisen oder bei Generalstäblern zur Verständigung mit den Verbündeten benutzt, also sogar der Kriminalität und dem Kriege dienstbar gemacht, so ist es seiner tiefsten Natur nach doch verbindend und zielt letztlich auf umfassende menschliche Gemeinsamkeit ab. Es ist eine *homarana lingvo.* Als solche wird es hoffentlich dazu beitragen, die Grundlage zu schaffen, auf der Konflikte nicht mehr in der „Biosphäre“ ausgetragen werden müssen, sondern in der „Noosphäre“, und nur in dieser, ausgetragen werden können.

Sechsundzwanzigstes Kapitel / *Dudek-sesa ĉapitro*

Verschiedenes / *Diversaĵoj*

Wenn *Esperanto* eingeführt werden soll, muß es Esperantisten geben. Wenn es Esperantisten geben soll, muß *Esperanto* eingeführt werden. Einen Esperantisten schaffen kann jeder: sich selbst. In dieser Angelegenheit ist ein jeder das Zünglein an der Waage.

Wie Gott für den nicht existiert, der nicht an ihn glaubt, so existiert auch *Esperanto* nicht für den, der nichts von ihm wissen will. Wie Gott für den, der an ihn glaubt, wirksam wird, so wird auch *Esperanto* wirksam für den, der es lernt.

Wer *Esperanto* lernt, erwirbt zwar keine neue Staatsangehörigkeit, aber er erwirbt eine neue Volkszugehörigkeit. Wenn sein Volk auch in der Diaspora lebt, es lebt, und das gelobte Land ist ihm verheißen.

Es muß unter den Älteren aus der Zeit vor Hitler noch viele Esperantisten geben. Sie zählten damals in Deutschland nach Tausenden. Wo sind sie? Sie können doch nicht alle tot sein. Sind sie mutlos geworden? Sind sie enttäuscht? Sind sie abtrünnig geworden? Sie sollten sich wieder regen. Man wartet auf sie, braucht sie, und sei es auch nur um der Statistik willen.

Es gibt unter den Eisenbahnern einen höheren Prozentsatz Esperantisten als unter vielen anderen Berufen. Warum tragen sie zu ihrer Dienstkleidung, nicht nur gelegentlich bei Kongressen, sondern ständig eine Armbinde mit der Aufschrift „*Esperanto*" und dem grünen Stern? Einen billigeren Kundendienst kann die Bundesbahn gar nicht haben. Auch wenn zunächst nur selten ein Fahrgast diese *Esperanto*-Eisenbahner um Auskunft oder Hilfe anspricht, der grüne Stern würde zeigen, daß *Esperanto* lebt und angewendet wird. Das wäre wirksame Werbung und zugleich eine gute Möglichkeit, die „Marktlage" des *Esperanto* zu testen. Außerdem: Die *Esperanto*-Zeitungen in der ganzen Welt würden das Loblied auf die Bundesbahn und ihre braven Männer singen.

Es gibt unter den Esperantisten Autofahrer, die haben den grünen *Esperanto*-Stern an ihrem Wagen. Haben ihn aber wirklich alle? Besser als der Stern, der sozusagen nur internes Kennzeichen ist, da viele Menschen gar nicht wissen, was er bedeutet, wäre eine möglichst große und auffällige Aufschrift *ESPERANTO.*

Die *Esperanto*-Bücher finden ja auf besonderen Wegen zu ihren weithin verstreuten Lesern. Der Sortimentsbuchhandel kann da nur in Ausnahmefällen helfen. Trotzdem sollte jede Buchhandlung mindestens *ein Esperanto*-Buch im Schaufenster haben. Wie anders soll denn die große Menge der Leser erfahren, daß es so etwas wie *Esperanto*-Bücher und sogar eine beachtliche Literatur in dieser Sprache und zugleich auch über sie überhaupt gibt? Auch könnte die Nachfrage nach *Esperanto*-Büchern plötzlich sehr rege werden. Da wäre es gut, die Buchhändler hätten schon ihre *Esperanto*-Geschäftsverbindung. Von dem Bewußtsein und der damit verbundenen Befriedigung, durch eine solche Hilfestellung einen kleinen Beitrag für eine nützliche Sache zu leisten, schweige ich lieber. Sortimenter sind Geschäftsleute.

Die großen Warenhäuser sollten mindestens von den Damen, die in der Auskunft sitzen, falls eine solche eingerichtet ist, die Kenntnis des *Esperanto* verlangen und durch ein großes Schild auf diese Tatsache hinweisen. Auch hier böte sich eine gute Möglichkeit zur Erfassung der *Esperanto*-Marktlage, eine Möglichkeit, herauszufinden, wie oft eine solche Einrichtung benutzt wird und wie sich die Inanspruchnahme von Jahr zu Jahr ändert.

Wo immer jemand ist, der *Esperanto* kann, er sollte nicht zögern, falls er nur irgendeine Möglichkeit dazu sieht, durch den Hinweis *Ĉi tie oni parolas esperante* oder *Mi korespondas ankaŭ Esperante* darauf aufmerksam zu machen. Ich wäre nicht dafür, daß Esperantisten aus Begeisterung für ihre Sache aufdringlich würden und ihren Mitmenschen lästig fielen, aber auf ihre *Esperanto*-Kenntnisse und Dienstwilligkeit sollten sie hinweisen. Damit daß jemand in seinen vier Wänden ein eifriger Esperantist ist und einmal im Jahr einen Kongreß besucht, ist es nicht getan. *Multaj estas tute kontentaj,* schreibt Werner Bormann, *ĝui la agrablan atmosferon en la internaciaj rondoj de la esperantistaro.* Das sei ihnen nicht verwehrt, aber schön wäre es, wenn sie darüber hinaus wenigstens zeigten, daß es sie gibt.

Warum kommt kein Hotelier, kein Restaurateur, kein Inhaber eines Cafés, einer Bar, eines Erfrischungsraumes, einer Imbißstube auf den Gedanken, einmal mit seiner Belegschaft *Esperanto* zu lernen und seinen Betrieb etwa *Hotelo Esperanto* oder

Kafejo Zamenhof zu nennen. Damit dürfte er bei *Esperanto*-Touristen schnell populär und international bekannt werden. Im Ausland gibt es so etwas schon. (Und in Paderborn und in München - s. Seite 135).
Lehrkräfte aller Schulzweige kommen immer wieder in die Verlegenheit, plötzlich eine Vertretungsstunde geben zu müssen, noch dazu häufig in Klassen, in denen sie selbst sonst nicht unterrichten. Wir wär's, wenn sie solche Stunden benutzten, ihre Schüler für *Esperanto* zu interessieren? Dabei könnten sie es ganz sachte selbst lernen, denn „docendo discitur" wußte schon der jüngere Seneca, und „una lectione doctior" würde ja im Anfang vollauf genügen. Das kleine Zamenhofsche Gedicht *Ho mia kor'* wäre ein hübscher Gegenstand für eine solche Vertretungsstunde oder die Zamenhofschen Tabellen-Wörter oder ein Kapitelchen Wortbildungslehre oder eine Rechenstunde mit *Esperanto*-Zahlen. Kämen sie bei späterer Gelegenheit vertretungsweise wieder in dieselbe Klasse, so gäbe es eine weitere *Esperanto*-Spritze. Die Schüler sprächen zu Hause davon. Die Kollegen natürlich auch. Der Englisch-Lehrer vor allem wäre ungehalten. Möglicherweise gäbe es Ärger. Wie schön! Den längeren Atem hat *Esperanto.*
Das alles sind kleine, unbedeutende Schritte, aber schließlich, auch der größte Strom hat sich aus Tropfen gebildet.
Ein ganz großer, ja möglicherweise ein entscheidender Schritt aber wäre ein Film über Zamenhofs Leben, nicht ein kleiner trockener oder auch nicht trockener, gutgemeinter Kulturfilm, sondern eine große Darstellung des Lebens dieses ebenso bescheidenen und selbstlosen wie bedeutenden Mannes, geschaffen von einem der großen Regisseure unserer Zeit.
In einem solchen Film dürfte nichts synchronisiert sein. Da sprechen die Juden jiddisch, die Polen polnisch, die Russen russisch, die Deutschen deutsch, die Franzosen französisch, die Engländer englisch und die Esperantisten . . . *Esperanto.* Da müßten die Zuschauer an sich erleben, wie bedrückend es sein kann, wenn man eine Sprache nicht versteht, und in den Esperantoszenen sollten sie dann bei anderen sehen, wie erleichternd es ist, wenn die Sprachenschranken fallen, und hören, wie angenehm ein gut gesprochenes *Esperanto* klingt. (Je näher dem Italienischen, desto besser: a, e und o als offene, i und u als geschlossene Vokale, nicht zu lang, nicht zu kurz; Zungenspitzen-r; nichtaspirierte Tenues.)

Mich wundert, daß dieser interessante und hochdramatische Stoff, der so reich ist an Möglichkeiten filmischer Gestaltung, bisher noch keinen Bearbeiter gefunden hat. Man denke an den Gegensatz zwischen den bedrückenden osteuropäischen Verhältnissen in der polnisch-russischen Bezirkshauptstadt Bialystok und dem Glanz der Belle Époque im europäischen Westen, in Paris, Boulogne-sur-Mer, Genève, Cambridge, Dresden, Barcelona, Antwerpen und Bern. Dazu kämen noch Abstecher nach Krakau und in die USA nach Washington. Im einzelnen wären weiter zu nennen: Zamenhofs Kindheit, der sensible und intelligente Knabe, sein Elternhaus, seine Eltern, seine Geschwister, seine jüdische Umwelt und Erziehung, die ethnische Verschiedenheit der Einwohner Bialystoks, Polen, Russen, Deutsche, Juden, ihre Zwistigkeiten, die Pogrome, die keimende Idee der Weltsprache, die Übersiedelung nach Warschau zum Besuch des Gymnasiums, die einsame Arbeit an der Kunstsprache, das erste entwickelte Projekt, die „lingwe uniwersala“, die Feier zu ihrer Einweihung, die Begeisterung der Mitschüler, die Ansprachen, das Absingen der Brüderschaftshymne, die Auseinandersetzung mit dem Vater, vorläufige Resignation, dann die Studentenjahre in Moskau, die Einsamkeit, die Heimkehr ins Elternhaus, die verbrannten Manuskripte, unverdrossene Wiederaufnahme der Arbeit, die Heirat mit Klara Silbernik, in Nürnberg macht Volapük von sich reden, der hilfreiche Schwiegervater, endliche Drucklegung und erste Veröffentlichung des *Esperanto,* erste Anhänger, daneben Unverständnis, Spott und selbst Feindseligkeiten, Tod der Mutter, Tolstois Eintreten für *Esperanto,* die russische Zensur, Zamenhof als Augenarzt in Warschau, der erste *Esperanto*-Weltkongreß in Boulogne-sur-Mer, das Pfingstwunder, Zamenhofs Ansprache, Begeisterung, immer wieder aber auch Skepsis, offener oder kaum verhohlener Spott, im Hintergrund die russische Revolution von 1905, im Westen Glanz und nationalistisches Friedenspathos, jedes Jahr ein neuer internationaler Kongreß, *Esperanto* gewinnt immer mehr an Boden, Aufstieg, staatliche Repräsentanten, Würdenträger, Absingen der *Esperanto*-Hymne, die „Ido“-Spaltung, Treuebekenntnis zum *Fundamento,* 1914 Zamenhof auf der Reise zum 10. Kongreß nach Paris, Ausbruch des Ersten Weltkrieges, Mobilisation, Zamenhof muß die Reise abbrechen, Völkermorden, Zamenhofs letzte Lebensjahre, Augenarzt der Armen, unermüdliche Schreibtischarbeit für *Esperanto,* Verbrüderungsgedanken und Vorstellungen von einer Weltreligion, Krankheit und Tod noch vor Ende des Krieges 1917, stilles Begräbnis, keine Regierungsvertreter, keine große Feierlichkeit, nur ein paar Freunde und Angehörige . . .

Als Schluß dann, gewissermaßen als Apotheose, das Wiederaufleben des *Esperanto,* der 12. und erste internationale Kongreß der Nachkriegszeit 1920 in Den Haag, die erste internationale Anerkennung des Esperanto durch den Völkerbund 1924 als „offene Sprache" für das Telegraphenwesen, 1962 die Aufnahme der *Universala Esperanto-Asocio* unter die Organisationen, die mit der UNESCO zusammenarbeiten (wodurch *UEA* seitdem eine der des Roten Kreuzes analoge Stellung einnimmt), *Esperanto* in Anwendung bei einem internationalen Jugendtreffen, eine Klasse chinesischer Schüler, die *Esperanto* lernen, und anderes.

Dazu ein paar Literaturangaben:

E. Privat, *Vivo de Zamenhof* (1920).
M. Ziolkowska, *Le Docteur Esperanto* (Marmande o. J.) (1959).
I. Lapenna *(Redaktoro), Memorlibro: D-ro L. L. Zamenhof (Londono 1960).*
M. Boulton, *Zamenhof, aŭtoro de Esperanto* (La Laguna 1963).
A. Holzhaus, *Doktoro kaj lingvo Esperanto* (Helsinki 1969).
ludovikito, senlegenda biografio de l. l. zamenhof (kioto 1982).

Siebenundzwanzigstes Kapitel / *Dudek-sepa ĉapitro*

Aus zwei Briefen an einen Europäer / *El du leteroj al Eŭropano*

I.

. . . Nun, ich schreibe Ihnen diesen Brief nicht, um Ihnen angenehme Dinge zu sagen, die Ihnen gewiß oft genug schon von anderer Seite gesagt worden sind, noch um Ihnen etwas über meine ganz unwichtige Person zu erzählen. Etwas anderes bewegt mich dazu: Europäer sein kann man imgrunde doch nur, wenn man ein europäisches Bewußtsein hat. Das Bewußtsein aber hängt ganz unmittelbar mit dem Phänomen der Sprache zusammen. Man muß sich einmal in aller Deutlichkeit ein europäisches Jugendtreffen vorstellen - auf die Jugend kommt es doch wohl ganz besonders an - und sich dabei die Frage nach der sprachlichen Verständigung vergegenwärtigen. Wie sollen der junge Finne und der junge Portugiese miteinander sprechen? Lateinisch? Französisch? Englisch? Deutsch? oder immer nur mit Hilfe von Dolmetschern? Es versteht sich von selbst, daß keine dieser Lösungen befriedigend, jede nur ein Notbehelf ist.
Meine Bekanntschaft mit Ihnen ist ja jung, gerade 14 Tage alt. Soweit ich bis jetzt unterrichtet bin, und ich bin es nur sehr wenig, sprechen Sie dieses europäische Sprachenproblem nicht an, und doch kann ich mir nicht vorstellen, daß Sie es nicht auch schon durchdacht haben sollten.
Sehen Sie, ich bin Anhänger der Internationalen Sprache und habe es auf Kongressen erlebt, wie sich Menschen verschiedenster und selbst entlegenster Herkunft unterschiedlicher Sprachen zwanglos und unmittelbar miteinander verständigen, dabei oft nicht einmal wissen, welcher Nation ihr Gesprächspartner angehört. Daß *Esperanto* als Weltsprache konzipiert ist, macht es nicht untauglich, im europäischen Bereich zu dienen. Ich halte es für überaus wichtig, daß man im Hinblick auf die für Mai 1978 geplanten Wahlen zum Europäischen Parlament ein sorgfältig vorbereitetes Programm zur Sprachenfrage vorlegen kann. *Esperanto* würde eines Tages ganz von selbst zur Verhandlungssprache werden, wenn man sich entschließen könnte, zunächst *alle* europäischen

Sprachen, die verbreiteten wie die zahlenmäßig unbedeutenden, als Mittel der mündlichen und schriftlichen Äußerung (aktiver Sprachgebrauch) zuzulassen. Anschließend müßte dann die Übersetzung ins *Esperanto* und zwar *nur* ins *Esperanto* erfolgen. Das erfordert, daß sich alle damit Befaßten die *INTERNATIONALE SPRACHE* wenigstens bis zur Fähigkeit der *rezeptiven* Verwendung aneignen. Für jemanden, der schon mindestens eine fremde Sprache gelernt hat, ist das, wenn auch vielleicht nicht ad hoc, so doch in wenigen Stunden möglich. Jeder *darf* also sprechen, wie ihm der Schnabel gewachsen ist, muß aber dafür die internationale Sprache wenigstens lesen und verstehen können. Dolmetscher wurden bisher auch benötigt, nach diesem Vorschlag sind es eben nur andere, nämlich *Esperanto*-Dolmetscher, die jeweils verantwortlich im Auftrag für diejenige Sprachgemeinschaft arbciten, aus deren Sprache sie übersetzen. Der Vorteil bei diesem Verfahren liegt in der Aufhebung jeglicher sprachlicher Diskriminierung und, durch das Übergewicht, das der Internationalen Sprache hierbei mit der Zeit zunehmend zufällt, in der Anbahnung einer gemein-europäischen Verwaltungssprache. Das wäre im wesentlichen schon alles. Würde außerdem noch jeder Staat mindestens an einer Universität einen Lehrstuhl für *Esperanto* einrichten (bis jetzt gibt es meines Wissens nur einen solchen in La Laguna, Tenerife, Spanien), so wären damit die Weichen richtig gestellt. *(Esperanto*-Lektorate an Universitäten gibt es eine ganze Reihe, in Deutschland: in Hamburg und Saarbrücken.)

Ich habe Ihr vorbildliches Engagement erlebt, und ich kenne den mühevollen Einsatz der Esperantisten, um den Wust von Vorurteilen und Trägheit zu überwinden, der der Einführung der Internationalen Sprache entgegensteht. Beide Bewegungen, die Europabewegung und, was Prof. Dr. Frank vom Europaklub in Paderborn die „sprachgrenzübergreifende europäische Verständigung“ nennt, sind geradezu berufen, einander gegenseitig zu tragen und zu fördern.

Da ich aber nicht die geringste Ahnung habe, ob ich nicht mit meinen Zeilen bei Ihnen offene Türen einrenne und Sie selbst schon bestens informiert sind oder aber, das wäre das andere Extrem, ich in Ihren Augen als Utopist dastehe, lasse ich es bei diesen Andeutungen bewenden und begrüße Sie in der Gewißheit, Ihnen wenigstens in der Humanitas der Zielsetzung verbunden zu sein.

II.

Sie haben mir nicht nur geantwortet, Sie haben mir sehr freundlich geantwortet. Haben Sie Dank dafür!
Die Sprachenfrage ist, nicht zuletzt auch für Ihre eigenen Bestrebungen, zu wichtig, als daß ich nun, da ich weiß, wie Sie zu ihr stehen, es fertig brächte, sie auf sich beruhen zu lassen. Eigentlich bin ich ja nun überhaupt erst in der Lage, Ihnen richtig schreiben zu können über das, was mir Herzenssache ist und Ihnen nicht gleichgültig sein kann.
Erlauben Sie mir, auf die einzelnen Punkte Ihres Briefes ausführlich und so genau, wie ich es vermag, einzugehen!
Jedes Kind, meinen Sie, sollte drei Sprachen lernen (einschließlich der Muttersprache? oder drei Fremdsprachen?) und das zumindest. Da erwarten Sie etwas, wofür die durchschnittliche Begabung der Schüler einfach nicht ausreicht. Man muß – ich bin Gymnasiallehrer a. D. – es erlebt haben, wie kümmerlich im Grunde noch nach 9 oder 10 Jahren bei wöchentlich mehrstündigem Unterricht die Kenntnisse selbst in der sogenannten ersten Fremdsprache sind, sei diese nun Englisch oder Französisch. Dabei bringt es doch nur ein verhältnismäßig kleiner Teil aller Schüler überhaupt bis zum Abitur. Nirgendwo steht wohl der unerhörte Aufwand an Kraft, Zeit und schließlich auch an Geld weniger in einem vernünftigen Verhältnis als gerade beim Sprachenlernen. Ja, jeder möge drei Sprachen sprechen, nämlich die Sprache seiner engeren Heimat, seine Mundart (die lebt abgeschwächt selbst in großstädtischen Familien noch weiter), seine Nationalsprache (die, das wird so leicht übersehen, das Gros der Volksschüler auch noch erst mühsam erwerben muß) und schließlich die Internationale Sprache als Verständigungsmittel mit jedermann. Nun, Sie meinen es anders, wenn Sie sagen: „Wer drei Sprachen spricht, ist nirgends verloren." Verloren ist man heute auch mit einer Sprache nirgends. Es gibt immer irgendeine Instanz, die einen auffischt, und der griechische oder türkische Gastarbeiter wurschtelt sich auch ohne Sprachkenntnisse durch. Lassen Sie uns einmal annehmen, es wäre geschafft: Da sitzen nun ein künftiger dreisprachiger Europäer, ein Grieche, der Italienisch und Türkisch gelernt hat, und ein ebensolcher, diesmal ein Spanier, der Deutsch und Französisch gelernt hat, einander im Eisenbahnabteil gegenüber. Sie können . . . einander freundlich anlächeln! Aber selbst, wenn sie beide englische Sprachkennt-

nisse hätten, wäre das wirklich eine passable Lösung? Aber darum ist es Ihnen und mir ja letzten Endes gar nicht zu tun. Was es zu schaffen gilt, ist ein europäisches Bewußtsein, und dazu bedarf es einer, ich bediene mich Ihres Ausdrucks, „europatragenden" Sprache. Und diesen Stier, der die freilich nicht mehr sehr jugendliche, aber immer noch scharmante Dame tragen soll, gilt es, bei den Hörnern zu packen!
Sie zählen mehrere Möglichkeiten auf, von denen Sie selbst die meisten wieder ausscheiden, um schließlich im Französischen die Lösung zu sehen. Hierbei ist es vielleicht richtig, sich zu fragen, was diese „Verkehrssprache jenseits der einzelnen Sprachen" leisten soll. Soll sie Diplomatensprache, Verhandlungssprache im Europa-Parlament, oder soll sie Allgemeingut aller Europäer werden? Wir streben doch wohl das letztere an. Kann man aber der Sprache selbst einer befreundeten Nation freiwillig einen so weitreichenden kulturellen Einfluß einräumen? Die europäische Verkehrssprache müßte doch als übernationale Sprache für alle und überall eingesetzt werden, wo es zweckmäßig wäre: Hinweise in Bahnhofshallen, Postämtern, Reisebüros, Hotels, Museen u. a. Würde man sich in der Bundesrepublik nicht wie in einer französischen Kolonie vorkommen, wenn da stünde: Eingang/Entrée, Ausgang/Sortie, Wartesaal/Salle d'attente usw. Wie hübsch aber, wenn man von Deutschland her gewohnt ist, zu lesen: Eingang/Enirejo, Ausgang/Elirejo, Wartesaal/Atendejo und kommt dann nach Paris und liest dort Entrée/Enirejo, Sortie/Elirejo und salle d'attente (oder salle des pas perdus)/Atendejo! Nur *Esperanto* besitzt die erforderliche Neutralität, die es jedem erlaubt, es als seine *eigene* Sprache anzusehen. Vor allen Dingen aber ist Französisch viel zu schwer erlernbar um auf breiter (demokratischer) Basis für internationale Zwecke eingesetzt werden zu können. Und selbst sprachbegabte Menschen werden auch noch nach jahrelangem Studium, wenn es sich nicht nur um „small talk", sondern um schwerwiegende politische, wirtschaftliche, wissenschaftliche oder sonstige Erörterungen handelt, von einem leisen Gefühl der Unterlegenheit, der Benachteiligung, nicht ganz frei sein, wenn sie sich mit französischen „Muttersprachlern" auseinandersetzen sollen. Auch sollte man beim Französischen nicht übersehen, daß wir es da mit zwei Sprachen zu tun haben, nämlich der gesprochenen und der geschriebenen, die viel unterschiedlicher sind, als es uns die Sug-

gestion, daß es eine und dieselbe sei, erkennen läßt. Daß die französische Sprache besonders klar sei, ist ein überkommenes Vorurteil von nur relativer Gültigkeit. Der im Verlaufe der romanischen Sprachentwicklung verlorengegangene Akkusativ ist ein schwerer Nachteil dieser Sprache. Ich gebe Ihnen hier ein paar Beispiele*), die sämtlich zweideutig sind:

M. de Talleyrand le reçut en prince.
Je vous aime comme un frère.
Il insulta le président plus violemment encore que l'orateur précédent.
Je n'ai pas d'autre appui que vous.
... comme si le temps, ainsi que le vin, rendait les poésies meilleures.
Je trouvais ce fruit délicieux au cours de mes longues promenades.
J'estime l'Essai sur l'Homme, de Pope, le premier des poèmes philosophiques.
Fidèle ou non, il l'aimait.
François-Joseph télégraphia à l'archiduc Rodolphe qu'il le recevrait seul.
Il aimait son fils, ce vainqueur.
Je t'aimais inconstant, qu'aurais-je fait fidèle.
On ne savait pas alors quel poète étouffait en lui le savant.
Il avait dans la terre une somme enfouie.

Sie weisen darauf hin, daß Französisch eine lebende Sprache ist, und wollen damit sagen, wenn ich Sie richtig verstehe, daß *Esperanto* es nicht sei. Das ist ein verbreiteter Irrtum, aber eben ein Irrtum. Zunächst: Die Zahl der Repräsentanten einer Sprache ist kein Kriterium für die Lebendigkeit. Es gibt Eingeborenensprachen, die kaum von ein paar Hundert Stammesangehörigen gesprochen werden. Dennoch, die Zahl der sich der Internationalen Sprache bedienenden Menschen, wiewohl es schier unmöglich ist, sie einigermaßen exakt zu bestimmen, dürfte die Millionengrenze überschritten haben. Sie können sich als Außenstehender kaum eine Vorstellung davon machen, wie ungeheuer lebendig *Esperanto* ist. Es gibt heute bereits Familien, in denen Kinder (und Kindeskinder!) seit

---

*) G. Waringhien, *Lingvo kaj vivo,* La Laguna 1959, S. 135 f.

frühester Kindheit mit *Esperanto* aufwachsen oder aufgewachsen sind, es nicht weniger natürlich sprechen als Kinder eben ihre Muttersprache zu sprechen pflegen. Ich habe allein in den letzten drei Monaten Briefe gewechselt mit einem Finnen, einem Engländer, einem Dänen, einer Holländerin, einer Belgierin (gebürtige Polin), einem Italiener und (das geht nun bereits über das Europäische hinaus) mit zwei Japanern, immer nur auf Esperanto, obwohl ich mich auch anderer Sprachen hätte bedienen können. Das war keine unverbindliche Unterhaltungskorrespondenz, sondern es waren ausführliche Briefe aus konkreten Anlässen über zumeist literarische Gegenstände. Das ist doch gelebtes Leben! Es gibt eine beachtliche *Esperanto*-Literatur, Weltliteratur in Übersetzungen, originale Belletristik, Wissenschaftliches (viel Linguistik), eine nicht mehr zu übersehende Fülle von *Esperanto*-Zeitschriften und selbstverständlich auch Schallplatten. Das *Esperanto*-Volk ist ungeheuer lebendig, nur: es lebt in der Diaspora, und manchmal im Ghetto. Eigentlich ist es merkwürdig, daß Sie, der Sie die europäische Integration anstreben, noch nicht auf dieses Phänomen gestoßen sind, daß zwar weithin verstreut, aber doch mitten unter uns, langsam ein Völkchen entsteht, das ein echt europäisches Bewußtsein und Zusammengehörigkeitsgefühl entwickelt.

Nun habe ich nur noch auf einen Punkt zu antworten, den Sie ansprechen, nämlich, es habe bezüglich des *Esperanto* „der mangelnde Erfolg bis jetzt den Eindruck verstärkt, daß es irgendwie nicht vorwärts geht." Zunächst: Seit 1905 gab es, mit den kriegsbedingten Unterbrechungen, sechzig imponierende *Esperanto*-Weltkongresse, 1924 wurde *Esperanto* auf Empfehlung des Völkerbundes von der „Union Télégraphique Internationale" als offene Sprache im Telegraphenverkehr zugelassen, 1954 wurde der *Esperanto*-Weltbund in den Status einer mit der UNESCO zusammenarbeitenden Organisation berufen und 1962 dem Roten Kreuz gleichgestellt und dadurch vor allen anderen privaten internationalen Organisationen ausgezeichnet. Sind das keine Erfolge? Was erwarten Sie? Sie sagen „man möge endlich einmal die Programme in den Volksschulen derart umändern, daß jedes Kind mindestens drei Sprachen lernen könne". Ich sage, man möge endlich einmal den Sprachunterricht in nur einer Sprache um zwei Jahre kürzen und die Kinder dafür zwei Jahre lang Esperanto lernen lassen. Dann hätten sie wenigstens eine Sprache, die sie wirklich beherrschten. Was hilft's? Wissen Sie den Weg, die Behörden dahin zu bringen? Man kann zwar mit einiger Rührigkeit von heute auf morgen eine Bürgerinitiative gegen ein zu errichtendes Atomkraftwerk auf die Beine bringen, aber man kann nicht von heut auf morgen Esperantisten schaffen. Dazu braucht man Lehr- und Wörterbücher. Um diese zu schaffen, braucht man wiederum Esperantisten, und zwar solche mit Fachkenntnissen, Geduld und Idealismus. Dann braucht man risikomutige Verleger, und dann wieder Kursusleiter, interessierte Volkshochschulen, und schließlich noch Mittel zur Werbung von Interessenten. Und ist es dann soweit, und da sitzen 25 Lernwillige, dann sind es am Ende des Kursus nur noch fünf, die machen noch eine Zeitlang in irgendeiner Form weiter, bis drei von ihnen auch erlahmen und von nun an dem Esperanto böse sind, weil es ihre Erwartungen enttäuscht hat und noch immer nicht alle Welt Esperanto spricht, nur zwei schließlich, vielleicht, die bleiben dabei um . . . Briefmarken oder Ansichtskarten zu sammeln. Aus! Und die Bewegung ist praktisch um keinen Schritt weiter. Im Grunde ist es ein Wunder, daß das bald neunzigjährige Esperanto nicht allein noch existiert, sondern, allem Anschein zum Trotz, zwar langsame, aber stetige und beachtliche Fortschritte macht. Man darf auch nicht übersehen, was alles diese Bewegung durchgemacht hat: Der Zusammenbruch des Volapük, der die Idee einer internationalen Hilfssprache auf lange Zeit in den Augen der Öffentlichkeit diskreditierte, in den ersten zwei bis drei Jahrzehnten die unablässigen internen Auseinandersetzungen mit den Reformisten, die politischen Verfolgungen unter dem Zarenregime, unter Hitler, unter Stalin, die Verhöhnungen durch die ewig Gestrigen, und schließlich, rational überhaupt nicht zu begreifen, die gegenwärtige Tabuisierung des Esperanto in Deutschland. *Esperanto* steht heute konkurrenzlos und gefestigt da und erfreut sich in aller Welt einer wachsenden Anhängerschaft. Ich weiß nicht, ob es richtig ist, da von mangelndem Erfolg zu sprechen, nur weil er vorauseilenden Erwartungen nicht entspricht. Wenn es, wie Sie meinen, mit *Esperanto* nicht recht vorwärts geht, so liegt das, überspitzt gesagt, nur daran, weil S i e nicht mitmachen. Denn, wenn die aktiven und vorausschauenden Europäer nicht einmal dabei sind, ja, wer in aller Welt soll es denn dann tun? Die pensionierten Volksschullehrerinnen? Versuchen Sie doch einmal, eine Bewegung ins Leben zu rufen, die alle Europäer dazu bringen soll, Französisch zu lernen! Ob die wohl rascher zum Ziel kommt? Vielleicht sogar ja, aber dann nur, weil die französische Regierung diese Bewegung mit recht hübschen Geldsummen stützen würde. *Esperanto* aber lebt nur aus privatem Einsatz, allem Spott und allen Verfolgungen zum Trotz. Es muß schon etwas daran sein.

Europäische Integration und Esperantismus hätten zusammen nicht doppelte, sondern mindestens vierfache Stoßkraft. Die erstere ohne *Esperanto* bliebe eine elitäre Angelegenheit ohne echte Resonanz, ohne Fundament, der Esperantismus ohne die erstere ist zu weit gespannt, zu idealistisch in der Vorstellung. Beides zusammen aber rückt einen durch die Zeitumstände dringend erforderlichen Schritt in greifbare Nähe: ein einheitliches Europa, eine gemeinsame Sprache. Ich glaube, das könnte die stumpfen Gemüter erhitzen und zu einer die Grenzen Europas (ich meine die inneren) überspringenden Volksbewegung werden.

„Die Idee wird zur materiellen Gewalt, wenn sie die Massen ergreift.“ Damit zogen in den zwanziger und frühen dreißiger Jahren die Kommunisten auf die Straße. Ohne ein geeintes Europa, ohne Überwindung dieser unzeitgemäßen, rückständigen europäischen Kleinstaaterei könnte es in einer vielleicht nicht einmal so fernen Zeit dahin kommen, daß wir, weil wir *Esperanto* verschmähten, russisch oder gar chinesisch akzeptieren müssen. Ohne eine gemeinsame Sprache gibt es kein europäisches Bewußtsein, jedenfalls nicht bei den europäischen Völkern. Daß ihre Regierungen es vielleicht haben, genügt nicht.

Achtundzwanzigstes Kapitel / *Dudek-oka ĉapitro*

Warum das Englische nicht Welthilfssprache sein kann
Kial la Angla ne povas esti helpa Mondlingvo

Vortrag, gehalten am 7. November 1980 im Rahmen des 5. Werkstattgespräches über „Interlinguistik in Bildung und Wissenschaft (Tagung über Sprachkybernetik und Kybernetische Pädagogik)“ im Forschungs- und Entwicklungszentrum für objektivierte Lehr- und Lernverfahren, Paderborn.

Meine sehr verehrten Damen, meine sehr geehrten Herren, ich kann meine heutigen Ausführungen wohl kaum besser einleiten, als daß ich Ihnen erzähle, wie mir der Gedanke zu meinem Thema kam. Da las ich vor einigen Wochen in der Daily Mail vom 19. August die Leserzuschrift einer Mrs. Austin. Die Überschrift Euro-babble, also etwa Europa-Gebabbel oder Europäisches Gewäsch, erregte sofort meine Aufmerksamkeit. Nun bin ich eigentlich für mein Thema, warum das Englische nicht Welthilfssprache sein kann, gar nicht zuständig, denn ich bin weder Engländer noch Anglist, aber vielleicht gerade darum ein geeigneter Modellfall. Ich habe nämlich auf der Schule neun Jahre lang Englisch gelernt und mich während meines langen Lebens durch alle einigermaßen wichtigen Werke der englischen Literatur von Chaucer über Shakespeare, Milton, Swift, Dickens bis hin zu G. B. Shaw und James Joyce und darüber hinaus hindurchgelesen, ohne etwa den Robinson Crusoe, Uncle Tom's Cabin, die Fanny Hill, The landpriest of Wakefield und The last days of Pompeji und vieles andere mehr auszulassen. Während meines Studiums, das den romanischen Sprachen und der Kunstgeschichte galt, habe ich auch einige englische Vorlesungen gehört und bin mehrere Male in England gewesen. Als durchschnittlicher Europäer habe ich mich also, ohne daß dazu für mich berufliche oder sonstige Notwendigkeit vorgelegen hätte, ausgiebig mit dem Englischen befaßt und mich seiner bedient. Nie aber habe ich mich, von gelegentlichen Briefen abgesehen, auf Englisch in Aufsätzen oder sonstwie schriftlich geäußert. Dazu wäre ich kaum imstande gewesen. Und wenn ich heute als Vierundsiebzigjähriger die Bilanz

ziehe, so weiß ich, daß ich, trotz eines ungeheuren Aufwandes an Zeit und Arbeitskraft, im Englischen immer noch ein Stümper bin.
Kehren wir nun zu dem eingangs erwähnten Leserbrief zurück! In dieser Erwiderung auf einen acht Tage vorher erschienenen Artikel, den ich aber nicht gelesen habe, heißt es: „Esperanto is flourishing, but as a solution to the language problem in the European Parliament, it is blindly disregarded – in spite of a survey carried out by one of the Commissions of the Parliament about four years ago which showed that the adoption of a working language would result in a reduction of 60 per cent in expenses." Das heißt also etwa, daß Esperanto in Blüte stehe, daß es gedeihe, daß es aber als Lösung des Sprachenproblems im Europa-Parlament in verblendeter Weise geringgeschätzt wird – trotz einer Erhebung, die vor vier Jahren von einem Parlamentsausschuß durchgeführt wurde, und die ergab, daß die Beschränkung auf eine einzige Arbeitssprache die Ausgaben um 60% senken würde. Es geht dann weiter: »The European Economic Community is a misnomer in that economy seems to be the last consideration;..." Europäische Wirtschaftsgemeinschaft sei also eine falsche Bezeichnung, insofern Wirtschaftlichkeit hierbei die letzte Rolle spiele. So weit, so gut! Aber dann geht es weiter, und ich bitte Sie, versuchen Sie, sich darüber klar zu werden, was hier ausgesagt wird: „... and a community it is NOT, with member countries apparently at loggerheads on many general issues, and the language problem creating delays at all levels." Ich gestehe, daß mir der Sinn dieses Satzes erst nach längerem Konsultieren von Wörterbüchern und längerem Überlegen aufgegangen ist. Ich nehme an – ich sage, ich nehme an – denn ich bin mir dessen nicht einmal völlig sicher, daß hier folgendes ausgesagt wird: „Das ist doch keine Gemeinschaft, in der die Mitgliedstaaten sich offensichtlich über viele allgemeine Erlasse in den Haaren liegen und dabei das Sprachenproblem auf allen Ebenen Verzögerungen bewirkt." Was liegt hier vor? Da ist einmal das Wort issue, hier eindeutig als Substantiv erkennbar, das aber auch Verb sein kann, jedenfalls eine Vielfalt von Deutungen zuläßt, zum andern das schon an sich nicht gerade häufige Wort loggerhead, das Dummkopf bedeuten kann, aber auch eine Art großer Eisenlöffel zum Erhitzen von Pech, einen Eisenklotz zum Festmachen von Schiffstauen

und je eine besondere Art großköpfiger Schildkröten oder Vögel. Keine dieser Bedeutungen aber weist auch nur im geringsten darauf hin, daß „to be at loggerheads" soviel bedeutet wie „disagreeing or disputing". Von solchen idiomatischen Wendungen nun wimmelt es in der englischen Sprache, und ein Leben reicht nicht aus, um ihrer Herr zu werden, und nie kann man ganz sicher sein, ob sich hinter einem ungewohnten Ausdruck nicht etwas völlig anderes verbirgt, als er zunächst auszusagen scheint.

Was dann noch in dem Leserbrief steht, interessiert in unserem Zusammenhang nicht weiter. Es mag hier aber dennoch mitgeteilt werden: „For example Euro-MPs must wait at least six weeks before translated texts of debates are available, and whatever happened to the Euro Passport? Has the EEC become a community of European bureaucrats protecting their own positions to the detriment of member countries?"

Nun, das ist hübsch gesagt und mag als Einstimmung genügen. Mit ihr ist eigentlich die Titelfrage bereits negativ beantwortet. Gehen wir aber der Sache noch etwas näher auf den Grund.

Wir müssen uns zunächst dabei darüber klar werden, was denn eine die Sprachgrenzen überbrückende allgemeine Zweit- und Hilfssprache leisten soll. Oft hört man die Äußerung, man käme mit Englisch überall durch. Abgesehen davon, daß das keineswegs stimmt und die Realität gewaltig verkennt, will man mit einer allgemein zu empfehlenden Zweitsprache doch wohl mehr erreichen, als daß man damit nur durchkommt. Das Englisch, dessen man sich bei allen möglichen internationalen Begegnungen bedient, ist eigentlich ein recht trauriger Bastard, ein kläglicher Behelf, dem Ohr des gebürtigen Engländers und Amerikaners ein Greuel und für subtileren Gedankenaustausch unzulänglich. Man möchte doch überall da, wo die eigene Sprache nicht mehr hinreicht, sich nicht nur notdürftig, sondern maximal verständigen können. Es nützt auch dem Engländer die überlegene Beherrschung der eigenen Sprache nicht viel, wenn die Englischkenntnisse seines Gegenübers zu gering sind, um ihn verstehen zu können. Wer von den Abertausenden, die viel Zeit und Mühe für das Erwerben englischer Sprachkenntnisse aufgewandt haben, wäre denn imstande, sich in freier Rede oder druckfähiger schriftlicher Darstellung auf Englisch auch nur einigermaßen

fehlerfrei und idiomatisch richtig zu äußern? Das sind doch ganz seltene Ausnahmen. Das Englische ist nicht nur eine der schwierigsten Sprachen überhaupt – die relativ einfache Formenlehre verschleiert diesen Tatbestand oft in den Augen der Unkundigen –, sondern sie ist auch sonst weit weniger als Welthilfssprache geeignet als etwa das Französische, Spanische oder Italienische. Ohne die gewaltige politische und wirtschaftliche Macht zweier Imperien mit Weltherrschaftsansprüchen hätte das Englische auf Grund seiner sprachlichen Eigenschaften niemals die Verbreitung gefunden, die es heute besitzt. Aber diese Bewegung hat schon angefangen rückläufig zu werden, und immer weitere Sprachen treten mit dem Anspruch gleichberechtigter Anerkennung auf, Sprachen, auf die die Europäer noch vor wenigen Jahrzehnten hochmütig herabzusehen sich für berechtigt hielten: das Russische, das Arabische, das Chinesische. Diese Völker denken gar nicht daran, dem Englischen den Einfluß zuzugestehen, den wir in der Bundesrepublik ihm bereitwillig einräumen. Ich frage mich allen Ernstes, ob es nicht schon höchste Zeit ist, daß wir diesen überhandnehmenden Einfluß des Angelsachsentums auf unsere Sprache und unser politisches Denken nicht eher eindämmen sollten, statt ihn zu fördern.
Man ist leicht geneigt, das, woran man sich gewöhnt hat, zu bejahen, es ergeben als gottgegeben hinzunehmen. Wir haben auf der Schule Englisch gelernt, unsere Kinder lernen auf der Schule Englisch, und mit deren Kindern wird es so weiter gehen. Dabei übersehen wir gern, mit welch raffinierten Methoden moderner Didaktik, hochqualifizierten Lehrbüchern und Einrichtungen im Sprachlabor wir die Schüler über die unerhörte Quälerei eines nur schwer rationalisierbaren Lehrstoffes hinwegtäuschen. Sprache und Schrift klaffen im Englischen weit auseinander. Eigentlich lernen wir gleichzeitig zwei Sprachen, eine geschriebene, eine gesprochene, und nur die fortgesetzte Koordinierung beider gibt uns das Gefühl, daß es eine und dieselbe Sprache sei. Vergegenwärtigen wir uns einmal die ersten fünf Zahlen: one, two, three, four, five. Wir haben uns längst so an diese Zahlen gewöhnt, daß wir gar kein Empfinden mehr für die Ungeheuerlichkeit haben, die in der Zuordnung dieser Wörter zu ihrem Schriftbild besteht. Nicht nur *ihre* Schreibweise, sondern die schriftliche Darstellung zahlloser anderer englischer Wörter auch entspricht eher

den Ideogrammen der chinesischen Schrift als einer vernünftigen Anwendung des uns von den Phöniziern über die Griechen und Römer überkommenen Alphabets. Es ist durchaus denkbar, ich will nicht sagen wahrscheinlich, daß sich die 260 Millionen Menschen, für die das Englische Muttersprache ist, bei fortschreitender Entfremdung, eines Tages, ganz wie es im weiten chinesischen Raum der Fall ist, nur noch über das Schriftbild verständigen können. Diese Tatsache des Auseinanderklaffens des geschriebenen und gesprochenen Wortes im Englischen ist so bekannt, daß es sich erübrigt, weiter darauf einzugehen. Es mag genügen, sie noch einmal herausgestellt zu haben.

Weit weniger bekannt, und in der Vorstellung von Nichtphilologen kaum anzutreffen, ist aber eine andere Eigenschaft des Englischen. Es gibt im Englischen ein gewisses Leitprinzip, das die Struktur der ganzen Sprache durchzieht und sie bestimmt, nicht in der Form eines expliziten Gesetzes oder Regelwerkes, wohl aber spürbar in seinen Auswirkungen, wo immer man sich mit dem Englischen befaßt. Ich will es einmal drastisch das Prinzip der Beschwörung nennen, ein Prinzip der Anspielungen, des Heranziehens von Begleitumständen, von Gedächtnisinhalten, von einschlägigen Sachkenntnissen, von vielerlei Imponderabilien. Ohne sie muß der Empfänger der Mitteilung hilflos vor ihr versagen. Ich will nicht sagen, daß dieses Prinzip in anderen Sprachen nicht auch eine Rolle spielt. Im Englischen aber ist es aufdringlich und selbst unerläßlich infolge der dieser Sprache eigenen, ganz besonderen Sparsamkeit der sprachlichen Mittel. Zwischen beiden besteht eine enge Korrelation. Einige Beispiele sollen das erläutern. Die meisten von ihnen verdanke ich einem wohl bisher ungedruckten Aufsatz, der mir in hektographischer Vervielfältigung vorliegt, von Claude Piron, ehemaligem Übersetzer bei der UNO und bei der Weltgesundheitsorganisation.

Zunächst etwas anscheinend sehr simples: 1. Here is my bicycle. 2. Bicycle trip. 3. The boy wants to bicycle. – Dreimal tritt hier dasselbe Wort auf, aber in jedesmal unterschiedlicher Funktion. Dabei weist es selbst auch nicht die geringste Veränderung auf. In „here is my bicycle“ ist es Substantiv. In „bicycle trip“ erfüllt es, gleichviel zu welcher Wortklasse wir es rechnen, die Funktion eines Adjektivs, und in „the boy wants to bicycle“ ist es Verb. Sie verstehen jetzt, was gemeint ist, wenn ich eben von der Sparsamkeit der grammatischen Mittel sprach. Hierher gehört auch, wenn wir von den starken Verben absehen, die Armut der verbalen Flexionsendungen. Es sind ja nur die drei: s, ed und ing. Nun ist es freilich so, daß auch in den drei Beispielen mit bicycle sich Indikatoren für die jeweilige Funktion des Wortes finden, anders blieben sie ja unverständlich. Es sind diese in „here is my bicycle“ das Possessivpronomen my, in „bicycle trip“ die Stellung vor einem Substantiv – man wäre versucht zu sagen, vor einem *anderen* Substantiv – und in „the boy wants to bicycle“ die Präposition. So, ich möchte sagen, „kompliziert einfach“ liegen die Dinge nun keineswegs immer, und es gibt Fälle, die dem Analytiker erhebliche Schwierigkeiten bereiten. Da gibt es z. B. die Ausdrücke „malaria treatment“ und „malaria therapy“. Drei Wörter, „malaria, treatment und therapy“, die wir geneigt sind als Substantive hinzunehmen. Die Analogie aber mit „bicycle trip“ zeigt, daß malaria hier infolge seiner Stellung adjektivische Funktion ausübt. Weitere Indikatoren aber fehlen, und leicht könnte es uns passieren, beide Wortpaare als synonym anzusehen. Ohne „Beschwörung“ nämlich sind sie überhaupt nicht richtig zu deuten. Wenn es dem Sprecher nicht gelingt, wenn es vielleicht überhaupt nicht möglich ist, im Gesprächspartner die richtigen Assoziationen zu wecken, bleibt er unverstanden. Der Empfänger der Mitteilung muß einfach wissen, daß im ersteren Falle die Behandlung *des* Sumpffiebers gemeint ist und im zweiten Falle die Behandlung *durch* Sumpffieber, nämlich das Heilverfahren durch Impfmalaria. Das ist ein Beispiel dafür, wie das Englische statt genauer präpositionaler Ausdrucksweise Juxtaposition vorzieht, und zwar auf Kosten der Klarheit.

Aber auch der zweite Bestandteil solcher Wortpaare kann Anlaß zu Mißdeutungen geben. Vergleichen wir bitte „performance level“ und „blood level“. Wenn wir auch das erstere mit „Erfolgshöhe“ oder „Durchführungsniveau“ einigermaßen richtig deuten, so ist dennoch das zweite keineswegs, etwa im Reagenzglas, das Niveau oder die Höhe des Blutes, sondern die Menge eines im Blutkreislauf befindlichen Stoffes. „Japanese encephalitis vaccine“: Das ist doch soviel wie „japanisch / Gehirnhautentzündung / Impfstoff“. Ist das nun ein japanischer Impfstoff gegen Gehirnhautentzündung oder ein Impf-

stoff gegen eine japanische Gehirnhautentzündung? Diese Nebeneinanderstellung dreier Wörter, deren grammatische Bezogenheit zueinander undurchsichtig bleibt, ist nur deutbar, wenn sich im Empfänger das Wissen beschwören läßt, daß es tatsächlich eine „japanische Enzephalitis“ gibt.
Ist ein „German prisoner of war camp“ ein Kriegsgefangenenlager der Alliierten für Deutsche oder ein deutsches Kriegsgefangenenlager für Alliierte? Nichts an dem englischen Ausdruck läßt diesen immerhin beträchtlichen Unterschied erkennen. Erst die Beschwörung außerhalb der Aussage liegender Indikatoren, wenn sie überhaupt Erfolg hat, bringt die richtige Deutung.
Im Verlaufe der englischen Sprachentwicklung ist der Akkusativ auf der Strecke geblieben. Dieser Verlust einer besonderen Objektsbezeichnung, so angenehm er vielleicht auf den ersten Blick scheinen mag, ist ein schwerwiegender Nachteil des Englischen. Er beeinträchtigt nicht nur erheblich die Freiheit der Wortstellung im Englischen und macht sie starr, sondern verursacht auch unerquickliche Unklarheiten. Das ist ein umfangreiches Kapitel für sich und könnte gut Thema eines besonderen Vortrages sein. Ich begnüge mich hier damit, für beides je ein Beispiel anzuführen. Zur Wortstellung: „the goat eats the cabbage“, nicht aber „the cabbage eats the goat“. Die Wortstellung ist so einseitig wie die Gefräßigkeit. Zum Punkte Unklarheit: „by reducing gases“. Nichts deutet darauf hin, ob „gases“ abhängt von der Präposition „by“ oder ob es Akkusativobjekt zu „reducing“ ist, ob hier also gemeint ist „vermittels reduzierender Gase“ oder „dadurch, daß man Gase reduziert“. Keineswegs ist es nun so, daß der Kontext immer vor Mißverständnissen bewahrt, vielmehr kann *eine* falsche Deutung, die als solche nicht erkannt wird, in dem Bestreben, einen sinnvollen Zusammenhang herzustellen, weitere Mißdeutungen nach sich ziehen.
Fälle, wie die hier aufgezeigten, sind sozusagen das tägliche Brot bei der Übersetzertätigkeit und keineswegs ungewöhnliche Sonderfälle. Wer aus dem Englischen übersetzen muß, wird ständig mit ihnen konfrontiert.
In Heinrich Bölls Erzählung von der verlorenen Ehre der Katharina Blum findet sich der Ausdruck „One minute piece of art“, den ich interpretiere als „Ein-Minuten-Kunstwerk“. Ein hochgebildeter französischer Philologe beanstandete

diese Deutung und wollte darin „ein winziges Kunstwerk" sehen. Der Kontext ließe beide Deutungen zu. Für meine Auffassung spricht das Zahlwort „one" anstelle des unbestimmten Artikels. Dem französischen Kollegen war der Begriff des „happening" als Kunstereignis unbekannt, dessen Beschwörung hier zum Verständnis erforderlich ist.

Im Vergleich zu anderen Sprachen ist die Grammatik des Englischen nur äußerst schwer rationalisierbar. Immer wieder entzieht sie sich den Versuchen der Grammatiker, sie in angenehm handzuhabende Regeln zu fassen.

So läßt sich William Diver 1963 in einem Aufsatz über das Zeitensystem des englischen Verbums (Word, vol. 19, p. 141) folgendermaßen vernehmen: „To the question ‚What are the meanings of the English verb forms?' such American descriptivists as Francis, Hill, Hockett, Joos, and Twaddell have, in recent years, given answers that are to a considerable extent mutually contradictory, and representatives of other theoretical points of view, such as Anna Granville Hatcher and Otto Jespersen have contributed still further disagreement."

Und die Anglistin Gabriele Stein sagt in ihren Studien zur Funktion des Passivs (Tübingen 1979): „In spite of all this increased interest in and research on the passive we are still far from a general agreement as to what the function of the passive is, ... In the present study I shall suggest a new analysis and interpretation of the passive voice in English which I claim is more adequate and consistent than analyses suggested in previous studies. In discussing other approaches I shall point out that the theoretical frameworks adopted are either insufficient or inconsistent or inadequate."

Und nun stellen wir uns bitte einmal vor, wie vor dem Ständigen Schiedshof in Den Haag bei einem Rechtsstreit um die Auslegung einer zweifelhaften Stelle in einem englisch abgefaßten Dokument, etwa einem Wirtschaftsabkommen oder einem diplomatischen Vertrag, die eben zitierten Grammatiker, die sich über die Bedeutung der englischen Verbformen oder über die Funktion des Passivs nicht einigen können, als Gutachter herangezogen werden.

Ohne daß ich schon jetzt auf die Frage, ob das Englische als allgemein verbindliche Welthilfssprache geeignet ist, mit dem klaren Nein, das aus meinen Ausführungen erwachsen wird, antworten möchte, lassen sich die bisherigen Einsichten doch

wohl dahin zusammenfassen, daß das Englische infolge der nicht abreißenden Menge seiner idiomatischen Wendungen, seiner der Aussprache nicht mehr angepaßten Rechtschreibung, seiner extremen sparsamen grammatischen Mittel, wozu insbesondere der Verlust des Akkusativs gehört, eine der am schwersten zu erlernenden und mit strukturbedingten Unklarheiten behafteten Sprachen ist.
Was aber mehr noch als die bisher vorgetragenen Argumente den Gedanken, das Englische allgemein für internationale Zwecke als verbindliche Zweitsprache durchzusetzen, utopisch macht, ist die englische Aussprache. Hier ist eine Schranke, die selbst für besonders sprachbegabte und mit feinem Gehör versehene Menschen nicht leicht zu überwinden ist. Die Aussprache entlarvt den Ausländer, und mit dieser Entlarvung unterliegt er einer, wenn auch zumeist taktvoll verhüllten, Diskriminierung. Man bewundert vielleicht seine großartigen Sprachkenntnisse, sein hervorragendes Ausdrucksvermögen und ... belächelt ihn trotzdem. Es gibt Sprachen, die sind mit sieben oder acht Vokalen bestens bedient, wie etwa das Spanische oder Italienische, es gibt solche, die haben nur fünf, wie etwa das moderne Griechische, oder gar nur drei, wie das Quechua, das in Peru gesprochen wird. Das Englische verfügt über ein zwanziggliedriges Vokalsystem. Es setzt sich zusammen aus 12 Monophthongen und 8 Diphthongen. Was hat das nun für Folgen? Ohne hier auf das besondere Phänomen der Allophone einzugehen, läßt sich allgemein sagen, daß ein Aussprachesystem für den Ausländer um so mehr Schwierigkeiten bietet, je umfangreicher dessen Vokalismus ist. Er muß nämlich lernen, Nuancen zu unterscheiden und nachzuahmen, die für ihn von Haus aus keine sind. Während ein Europäer keine Schwierigkeiten haben wird, die drei Vokale der Quechua-Sprache hinreichend richtig auszusprechen, dürfte es einem Quechua-Indianer unendliche Mühe bereiten, das englische Vokalsystem zu meistern. Für uns Deutsche gilt, daß die entsprechenden Vokale offener sind als die in „biete, bitte, gut, Mutter und Gott", daß ein gewisser e-Laut zwischen „geht und hätte" liegt, der abgeschwächte e-Laut ungerundet ist, daß der offene o-Laut, den wir in „Gott" haben, im Englischen ohne Rundung auftritt und weiter vorn im Munde zu sprechen ist und daß es einen Vokal gibt, der vorne gesprochen zwischen „hätte und hatte" liegt.

Im Wortzusammenhang hören sich die Vokale etwa, ich sage „etwa“, weil ich kein Engländer bin, folgendermaßen an:
bean, bin Ben, ban bun, barn, Bonn, born, burn, boon, ban(ana)
oder:
bead, bid, bed, bad, bud, bard, bod, board, bird, good, mood
oder:
keep, kip, cap, cup, carp, cop, coop, cap(acity).
Dazu kommen dann noch folgende acht Diphthonge:
say, no, fly, how, boy, fear, care, poor.
Es ist kein Wunder, daß sich nicht einmal im angelsächsischen Sprachraum eine einheitliche Aussprache verwirklichen läßt und sich in den USA, in Kanada, in Australien und selbst im benachbarten Irland erhebliche Abweichungen feststellen lassen. Das englische Aussprachesystem ist für eine allgemein einzuführende Zweitsprache im internationalen Verkehr absolut ungeeignet. Seine Einübung ist auf breiter demokratischer Basis den Bevölkerungen auch nur der europäischen Nationen nicht zuzumuten.
Ich sprach schon über die Fülle der idiomatischen Wendungen im Englischen und habe das eigentlich Zunächstliegende, nämlich die Fülle seines Vokabulars außer acht gelassen. Kein menschliches Gehirn, selbst nicht das hochgebildeter Engländer, kann es fassen. Seine Bewältigung ist eine lebenslange Aufgabe. Seine hybride Zusammensetzung, hervorgerufen durch die Verschmelzung angelsächsischer, also germanischer, und normannischer, also romanischer Bestandteile, zeigt sich in der Menge synonymer, oder, schwieriger noch, teilweise synonymer Ausdrücke. Zu ihnen gesellen sich die vielen unmittelbar den alten Sprachen entlehnten gelehrten Ausdrücke und weitere zahllose, die aus fast allen Sprachen der Welt stammen. Die Assimilationsfähigkeit des Englischen ist schier unbegrenzt. Um Englisch zu lernen, genügt es z. B. nicht, zu wissen, daß das deutsche „schnell“ auf Englisch „quick“ heißt. Das Wort findet sich neuerdings auf einigen Wagen der Bundesbahn in „quickpick“, so eine Art „snackbar“ auf Rädern. Man muß vielmehr dazu lernen, daß man auch „speedy, fast, swift, rapid, prompt, brisk, sudden oder hasty“ und vielleicht noch anderes sagen kann, daß aber außerdem jedes dieser Wörter seinen eigenen, den der anderen nur teilweise überschneidenden Anwendungsbereich hat.

So können Gedanken sowohl „deep“ als auch „profound“ sein, aber Wasser nur „deep“. Die englische Sprache ist ein Sumpf, und genau wie bei einem solchen fühlt man um so weniger Grund unter den Füßen, je tiefer man hinein gerät.
Daß der übermächtige Einfluß des Englischen uns nötigt, uns eingehend mit ihm zu befassen, liegt auf der Hand, und daran wird sich in den nächsten Jahren nicht sehr viel ändern. Wir sollten uns aber sehr hüten, der Utopie zu verfallen, das Englische könnte im Weltmaßstabe oder auch nur in den Europäischen Gemeinschaften die unbedingt erforderliche und gesuchte übernationale Sprache abgeben. Und aus dieser Einsicht heraus sollten wir vor allem nicht dem Englischen noch mehr Einfluß einräumen, als es ohnehin schon hat. Wir merken schon gar nicht mehr, wie sehr unser Denken von der angelsächsischen Welt beeinflußt wird. Aus der Tatsache, daß man bei uns vornehmlich Englisch und erst mit Abstand Französisch, Spanisch, Italienisch oder Russisch lernt, ergibt sich, daß wir auch Nachrichten vornehmlich aus der angelsächsischen Welt aufnehmen, entweder direkte oder aus anderen Ursprüngen, aber durch angelsächsische Sicht gefilterte. Das gilt auch für wissenschaftliche und belletristische Literatur, die bei uns auf dem Markt erscheint. Auch sie stammt vornehmlich wieder aus dem angelsächsischen Bereich. Wir unterliegen hier einer heimlichen Unterwanderung, die um so verhängnisvoller ist, als wir uns so sehr an sie gewöhnt haben.
Welchen Raum nehmen denn in der Vorstellungswelt oft selbst der gebildeten Deutschen etwa die arabische, südamerikanische, russische, chinesische oder japanische Kultur und Literatur ein? Von kleineren Ländern, etwa Finnland, Island, Ungarn und vielen anderen wollen wir sowieso absehen. Sie alle sind doch zumeist weiße Flecke auf der Landkarte unserer Vorstellungswelt.
Könnten wir es denn überhaupt zulassen, den Engländern und Amerikanern, selbst wenn ihre Sprache dazu geeignet wäre, den Vorteil einer so weit gehenden sprachlichen Begünstigung einzuräumen, deren Auswirkungen in Politik und Wirtschaft nicht abzusehen sind? Könnten wir es denn zulassen, daß unsere Kinder durch lange Jahre hindurch sich um das Englische mehr noch als bisher bemühen müßten, während den Kindern in Großbritannien und den USA die entsprechende Zeit für lohnendere Tätigkeiten zur Verfügung stünde? Aber

diese Fragen stellen sich im Grunde gar nicht, da im Weltmaßstabe weder die sowjetischen, noch die arabischen, noch die asiatischen Staaten mitziehen würden, im Rahmen der Europäischen Gemeinschaften aber der Widerstand Frankreichs, Spaniens und Italiens die Sache illusorisch machen würde. Zwei Umstände veranlassen mich zu dieser Kritik an der englischen Sprache, die zugleich ihre Struktur und ihren Einfluß betrifft. Der eine ist, daß viele Bundesrepublikaner von sich aus, ohne eingehender informiert zu sein und in Verkennung der Tatsachen, Möglichkeiten und Gefahren, das Englische bereits gegenwärtig als die Welthilfssprache ansehen. Der andere ist, daß ich ein Sprachmodell vor Augen habe, das für eine internationale Verkehrssprache ungleich geeigneter ist als das Englische und ihm, dessen bin ich sicher, früher oder später den Rang ablaufen wird. Aber das ist nicht nur ein sehr weites Feld, sondern gehört auch nicht mehr in den Rahmen dieses Vortrages.

Neunundzwanzigstes Kapitel / *Dudek-naŭa ĉapitro*

Acht Jahre danach / *Ok jarojn poste*

Als vor acht Jahren dieses Buch in die erste Auflage ging, war es in der Bundesrepublik sehr still geworden um die Esperanto-Bewegung. Die staatliche Förderung, die bei uns dem Englischen zuteil wurde, dessen ausgedehnter und umfangreicher Unterricht in den Schulen, die vielversprechende Propaganda für das Basic English, das ausgiebig von sich reden machte und einen leichten Einstieg in die Sprache zu gewährleisten schien, die Überschwemmung der deutschen Sprache mit englischem und amerikanischem Wortgut, die Position des Englischen im internationalen Flugverkehr und in den Hotel-Empfängen, das alles schien den kommenden Sieg des Englischen im Weltmaßstab anzukündigen.
Was wir aber mittlerweile erleben, ist eine große Ernüchterung auf der ganzen Linie. Die ungeheuren Investitionen an Geldmitteln für den Ausbau des Englisch-Unterrichts von der Grundschule bis in die Volkshochschulen und Universitäten, die jahrelange Plage der Lehrer und Schüler im Unterrichten und Lernen des Englischen, die selbst nach acht bis zehn Jahren, trotz des Einsatzes kostspieliger Sprachlaboratorien und ständig verfeinerter Methoden, nicht zu einer echten Zweisprachigkeit ausreicht, die Erkenntnis, daß das Basic English allenfalls nur eine methodische Erleichterung des Anfangsunterrichtes sein kann, die zunehmende Infiltration von zweifelhaften anglo-amerikanischen Modetrends, lassen allmählich erkennen, nicht nur, daß wir Gefahr laufen, kulturell in das angelsächsische Schlepptau genommen zu werden, sondern daß dieser Weg nur in eine Sackgasse führt, aus der es kein Herauskommen zu geben scheint. Die Russen, die Franzosen, die Chinesen, die Araber, die Japaner, die Spanisch sprechenden Völker und andere denken gar nicht daran, vor dem Englischen denselben Kotau zu machen, der in der Bundesrepublik zum guten Ton zu gehören scheint. Sie haben längst in den Vereinten Nationen, in deren Organisation für Erziehung, Wissenschaft und Kultur, in den Europäischen Gemeinschaften und wo immer es ihnen sonst dienlich ist, ihre Ansprüche auf Berücksichtigung ihrer Sprachen angemeldet und in erheblichem Maße auch durchgesetzt. Das Englische,

darüber kann es keinen Zweifel mehr geben, befindet sich heute in einer rückläufigen Bewegung.
Acht Jahre sind etwa ein Zwölftel der Lebenszeit des 1887 geborenen *Esperanto*. Da darf man wohl so eine Art Bilanzfrage stellen. Zweifellos ist der Esperantismus in der Bundesrepublik seit einigen Jahren wieder in Bewegung geraten. Wo Informationen möglich waren, ist das Interesse wach geworden, namentlich unter jungen Menschen. Das geistige Klima für *Esperanto* ist bei uns heute günstiger als in den Jahren vorher. Die Voreingenommenheit gegen *Esperanto* ist nicht mehr so kraß wie früher, nicht mehr emotionell so fest verankert. Die Tabuierung des Themas ist ins Wanken geraten. Man darf darüber sprechen, ohne als Utopist, Spintisierer, Banause oder Narr angeprangert zu werden. So konnte z. B. im März 1983 nach wiederholter Zurückstellung des Manuskripts in der Beilage „Aus Politik und Zeitgeschichte“ der Bonner Zeitschrift DAS PARLAMENT ein Artikel über die europäische Sprachpolitik erscheinen, in dem in vorsichtiger Form auf *Esperanto* als Lösungsmöglichkeit des Sprachproblems hingewiesen wurde. Ob das Ihnen vorliegende Büchlein zu dieser Entwicklung in bescheidenem Maße dazu beigetragen hat, mag dahingestellt bleiben. Es ist gewißlich kein Buch mit raschem und großem Absatz geworden, daß es aber nach acht Jahren noch eine dritte Auflage erlebt, zeugt von anhaltendem Interesse.
Was den Leser dieses Buches vor allen Dingen interessieren dürfte, ist wohl eine Antwort auf die Frage nach dem gegenwärtigen Stand der *Esperanto*-Bewegung. Für den Verfasser, der seit Jahren deren Entwicklung aufmerksam verfolgt, gibt es darüber keinen Zweifel, daß der Esperantismus nach einer durch den Nationalsozialismus, den Krieg und die Nachkriegszeit bedingten Stagnierung erneut im Vordringen ist, ja, daß seine Chancen gewaltig gestiegen sind.
In den vielen *Esperanto*-Zeitschriften liegt darüber, wie in einem ungeordneten Archiv, eine schier unübersehbare Fülle von Material vor. Aus ihm ließe sich ein umfangreiches Buch zusammenstellen, und die Wissenschaft wird sich gewiß auch eines Tages dieser Aufgabe annehmen. Hier nun soll Ihnen etwas anderes geboten werden. Stellen Sie sich vor, Sie hielten dieses imaginäre Buch, das vermutlich durch die systhematische Anhäufung nackter Tatsachen im ganzen mühselig zu

lesen wäre, in Händen und blätterten darin. Irgendwo lesen Sie sich fest, an einer anderen Stelle wieder, und bald wissen Sie, was Sie von dem ganzen Buch zu halten haben. Einige solcher Stellen in möglichst breiter geographischer Streuung und über unterschiedliche Gegenstände werden Ihnen nun vorgelegt. Danach mögen Sie sich die Frage nach dem gegenwärtigen Stand der Esperanto-Bewegung selbst beantworten.

Afrika

Bis 1977 war Ruanda so etwas wie ein weißer Fleck auf der *Esperanto*-Landkarte. Dank der intensiven propagandistischen Tätigkeit des belgischen Esperantisten Edward Symoens, seiner Kontaktaufnahme mit dortigen Persönlichkeiten und einer Reihe von Vorlesungen kam es Anfang 1983 zu aufhorchendem Interesse für die Internationale Sprache, aus dem dann so etwas wie der Anfang einer selbständigen *Esperanto*-Bewegung in Ruanda entstand. Gegenwärtig lernen nun mindestens 50 Personen durch Gruppen- oder Selbstunterricht die Sprache und haben ihre regelmäßigen Zusammenkünfte. – Wo immer sonst es bisher zu einer *Esperanto*-Bewegung gekommen ist, hat es ähnlich klein angefangen, zumeist infolge des unermüdlichen Einsatzes einzelner.
Kaum einer anderen Gegend wäre eine durchgreifende Esperantisierung so sehr zu wünschen wie dem schwarzen Afrika. Es möchte die Sprachen der ehemaligen Kolonialherren abschütteln, und ist doch selbst sprachlich so zerrissen, daß es ohne sie nicht auskommen kann.
Auch im Lande Benin, dessen Gründung auf das 12. Jahrhundert zurückgeht und dessen kunstvolle Bronze- und Elfenbeinarbeiten die Bewunderung der Sachverständigen erregen, gab es noch bis 1982 kaum einen Esperantisten. Wie sollen in einem ausgeplünderten Lande, in dem die Geldmittel kaum für die notwendigsten Bedürfnisse ausreichen, die Menschen Zeit und Interesse für außerberufliche Tätigkeit aufbringen? Auch in Benin war es ein Belgier, Germain Pirlot, der den Stein ins Rollen brachte. Durch ihn wurden die ersten begeisterten Anhänger gewonnen. Was einer von ihnen, Tchipke Privas, mitteilt, ist geradezu rührend zu lesen: „In Aplahoué und Toviklin, wo ich selbst wöchentlich unterrichte, gehen die Dinge schnell voran, und auch in Dogbo dank unseres Freundes Zocli. Gruppen bestehen nun in Aplahoué (15 Mitglie-

der), Toviklin (17) und Dogbo (10). In der wichtigen Stadt Lokossa wird gerade ein Klub gegründet. Mit aller Kraft bemühe ich mich, daß auch in Abomey, Parakou, Porto-Novo-Nalihingou und Cotonou Klubs entstehen. Ich habe schon mit Freunden Kontakt aufgenommen, die die Klubs leiten werden und nun zielstrebig in den Kursen lernen. Überall im Lande gibt es auch Menschen, die durch Korrespondenz lernen." Der Brief schließt mit der dringenden Bitte um Lehr- und Wörterbücher. Es fehlt an Kreide, an Papier, eigentlich an allem.

In der westafrikanischen Republik der Elfenbeinküste, in der Französisch die Amtssprache ist, fing es so an, daß ein junger Bürger dieses Landes bei seinem Studienaufenthalt in Europa kurz vor seiner Rückkehr in die Heimat mit *Esperanto* in Berührung kam. Wieder daheim begann er, *Esperanto* durch Korrespondenz zu lernen, und verstand es, auch unter seinen Bekannten Interesse für die Sprache zu wecken. Er kam mit einem anderen dortigen Esperantisten in Berührung, und alle zusammen richteten Kurse ein, zunächst private, dann, seit 1983, an der Universität.

Diese drei Berichte haben gemeinsam, daß es sich um bescheidene Anfänge handelt, daß diese von begeisterungsfähigen Menschen getragen werden und daß sie aus jüngster Zeit stammen. Ob *Esperanto* damit im schwarzen Afrika festen Fuß gefaßt hat, bleibt abzuwarten.

Etwas besser steht es mit Zaire. Da gibt es in Lukala ein eigenes *Esperanto*-Institut mit 25 Mitgliedern. Sie sind dem *Esperanto*-Weltbund angeschlossen, der in Zaire durch vier Deligierte vertreten wird. Verschiedenerorts laufen Kurse, im ganzen aber kaum mehr als ein halbes Dutzend. Sie haben etwa 10 bis 15 Teilnehmer. Es fehlt an Geld, Lehrmitteln und *Esperanto*-Literatur.

Frankreich

Auf Seite 178 haben wir schon von dem großen *PLENA ILUSTRITA VORTARO DE ESPERANTO* gelesen. Es ist bis heute führend geblieben. Sein leitender Redakteur, Professor Gaston Waringhien, hatte außerdem in früheren Jahren in Zusammenarbeit mit dem inzwischen verstorbenen Ungarn Kálmán Kalocsay eine Grammatik verfaßt. Die ist nun, von ihm allein überarbeitet, 1980 in vierter Auflage unter dem

Titel *PLENA ANALIZA GRAMATIKO DE ESPERANTO* bei der *UNIVERSALA ESPERANTO-ASOCIO* erschienen. Sie ist eine 600 Seiten umfassende große beschreibende Materialsammlung der Internationalen Sprache, für den Esperantologen und Interlinguisten so gut wie unentbehrlich, für den Nichtphilologen aber eher verwirrend als klärend, jedenfalls nicht ohne kritische Vorsicht verwendbar.

International

In Straßburg wurde am 27. Oktober 1982 eine *INTERPARLAMENTA ESPERANTO GRUPO (IPEG)* gegründet. Ihr Ziel ist es, die mit *Esperanto* sympathisierenden Mitglieder des Europa-Parlaments, zwischenstaatlicher parlamentarischer Instanzen und Abgeordnete nationaler Parlamente zusammenzuschließen. Zur Gründungsversammlung kamen nur 13 Parlamentarier aus Belgien, Britannien, der Bundesrepublik, Frankreich und Irland. Einige andere drückten ihr Bedauern aus, verhindert zu sein und schickten Glückwünsche. Den Anstoß zu der Gründung hatten die Engländer Brian Barker und Grahame Leon-Smith gegeben, die auch die Hauptorganisatoren der 151 (!) Mitglieder umfassenden *Esperanto*-Gruppe britischer Parlamentarier sind. Dieser Gruppe gehört auch der Europa-Parlamentarier Brian M. Key an.

Iran

Im Iran erschien 1975 in der 2. Nummer der Vierteljahresschrift DÁNESH-KADEH, die die Kultur-Fakultät der Universität Teheran herausgibt, eine 52seitige Studie über *Esperanto* aus der Feder von Dr. Saheb-Zamani, eines Dozenten der Teheraner Universität. Und in dieser Studie liegt der Ursprung eines explosionsartigen *Esperanto*-Ausbruches im Iran. Professor Saheb-Zamani ist zutiefst davon überzeugt, daß nur *Esperanto* und nicht die das iranische Geistesleben überschattende arabische Sprache der iranischen Kultur die Möglichkeit einer neuen humanitären Renaissance und eines eigenständigen kulturellen Dabeiseins auf der internationalen Bühne gewährleistet, und er hört nicht auf, seinen Landsleuten das immer und immer wieder zu sagen. Er sieht im *Esperanto* ein großartiges Kommunikationsphänomen von hervorragender Bedeutung gerade für die iranische Selbstverwirklichung und Selbstbehauptung im Kreise der Nationen. Prof. Saheb-Zamani hält überall im Lande Vorträge und Vorlesungen, fast immer vor einer sich drängenden Zuhörerschaft. 1976 gibt die Universität Teheran eine 36seitige Studie von Professor Saheb-Zamani heraus mit dem Titel „Kultur und Sprachrevolution". Im gleichen Jahr erscheint auch sein Lehrbuch *„La dua lingvo – Esperanto-persa lernolibro"*. Es umfaßt 219 Seiten und erreichte 1983 die siebente Auflage mit einer Rekordhöhe von 40500 Exemplaren. Kurse werden eingerichtet. Es fehlt an Lehrern. Trotzdem bringt Professor Saheb-Zamani es fertig, 1976 etwa 2500 Studenten zu unterrichten. Universitäten und das Erziehungsministerium werden aufmerksam. Es klingt wie ein Märchen aus tausend und einer Nacht. Die Massenmedien, Tageszeitungen, Zeitschriften, Rundfunk, nehmen sich der Sache an. Die Universität Teheran beauftragt eigens zwei Beamtinnen, schriftliche Anfragen über *Esperanto* zu beantworten. Die Buchveröffentlichungen gehen weiter. Es erscheint eine Sammlung von Professor Saheb-Zamanis Artikel über *Esperanto* von 550 Seiten Umfang. Für Professor Saheb-Zamani ist es eine große Hilfe, daß er bei seiner Propagandatätigkeit im Gespräch mit Redakteuren und Journalisten und insbesondere mit islamischen Geistlichen die prächtige *Esperanto*-Übersetzung des Korans durch den Orientalisten Dr. Italo Chiussi vorweisen kann.

Die Auswirkungen von Professor Saheb-Zamanis Tätigkeit gehen so weit, daß z. B. der Rundfunk eine Sendereihe „Mit *Esperanto* durch die Welt" ausstrahlt oder eine Beamtin der iranischen Unescokommission an der Teheraner Universität über das Thema „Die Rolle der Sprache in der internationalen Verständigung" ihren Magistergrad erwirbt. Eine andere arbeitet über das Thema „*Esperanto* und internationale kulturelle Beziehungen". Für 36 Offiziere der iranischen Luftwaffe wird dienstlich ein siebenmonatiger (Sept. 80–März 81) *Esperanto*-Kursus eingerichtet. Die Wochenzeitung ĜAVANAN (Jugend) bringt in jeder Nummer ihrer 500000 Exemplare starken Auflage eine ganzseitige Rubrik *„Vivu Esperanto"*. In einer anderen ganzseitigen Rubrik *„Hodiaŭa Scienco"* bringt sie Übersetzungen aus *Esperanto*-Zeitschriften, z. B. aus *HOMO KAJ KOSMO, MONATO, EL POPOLA ĈINIO* u. a. Eine Zwischenbilanz von 1978 berichtet für die vorausge-

gangenen zwei Jahre von 35 *Esperanto*-Kursen mit 3315 Teilnehmern. Für 1980 werden 66 Kurse mit 3125 *Esperanto*-Lernenden an drei Universitäten, 7 Moscheen und 53 Gymnasien gemeldet.
In zwei der an den Gymnasien eingeführten Lehrbücher für Soziologie wurden 1979 von Professor Saheb-Zamani verfaßte informierende Kapitel über *Esperanto* aufgenommen, ein siebenseitiges für die neunte und ein 18seitiges (das ist ein Achtel des ganzen Buches) für die elfte Klasse. Auf diese Weise wurden fast anderthalb Millionen Schüler über *Esperanto* aufgeklärt. Die Folge davon war, daß beim Erziehungsministerium Briefe und Gesuche mit insgesamt 84000 Unterschriften einliefen, Intensivkurse zur Ausbildung von *Esperanto*-Lehrern einzurichten. Dabei ist bemerkenswert, daß sich unter den Bittstellern vornehmlich auch Lehrer für Fremdsprachen befanden, angesteckt von der Begeisterung der Schüler und der allgemeinen Tendenz im Iran nach Befreiung vom sprachbedingten Kulturimperialismus. Daraufhin bot das Erziehungsministerium in einem Rundschreiben vom 22. April 1980 zweiundzwanzigtägige Intensivkurse für Lehrer von Fremdsprachen und der Sozialwissenschaft an. Die Kurse leiteten Professor Saheb-Zamani, seine Frau und Frau Saghafian, eine Iranerin, die kurz vorher von einem einjährigen Studienaufenthalt in europäischen und amerikanischen *Esperanto*-Zentren (Rotterdam, Grésillon, Paderborn u. a.) zurückgekehrt war. Das Ministerium hatte sich auf 300 Teilnehmer eingestellt, es mußte aber für weitere 200 Platz geschaffen werden. Die Kurse liefen vom 7. Juni bis zum 3. Juli 1980 und wurden noch am letzten Tage auf Bitten der Studenten um eine weitere Woche verlängert. Es gab an sechs Wochentagen je 3,5 intensive Kursusstunden und zwei weitere Stunden Übungsarbeiten.
Und das alles vollzog und vollzieht sich weiterhin in einem Lande, das, bedingt durch Revolution und Krieg, ausgesprochen schwere Zeiten durchmacht.

Japan

In Japan faßte der Esperantismus schon sehr früh und nachhaltig Fuß. Bereits 1906 gab es dort 600 Esperantisten. Über die wechselhafte Geschichte der Bewegung in Japan ließe sich, was das umfangreiche Material anbelangt, ein entsprechend

umfangreiches Buch schreiben. Die japanischen Esperantisten haben ihre Organisationen, ihre Zeitschriften, ihre Verlage, Bücherdienste, Institute und Kongresse. Aber über nichts davon soll hier berichtet werden. Sondern...
Sie wissen, daß Dr. Zamenhof neben Lazarus auch den Vornamen Ludwig hatte. Nun gibt es einen Japaner, dessen bürgerlicher Familienname Itô, dessen Vorname Kanzi ist. In dieser Reihenfolge pflegen sich die Japaner zu nennen, also Itô Kanzi. Lange bevor die Esperantisten diesen bürgerlichen Namen erfuhren, war ihnen das Pseudonym dieses Mannes geläufig: *ludovikito,* das ist Ludwig Itô. Er, der jetzt etwa 63 Jahre alt ist, kam auf merkwürdige Weise zum *Esperanto.* Er las die Märchen des blinden *Esperanto*-Dichters *Eroŝenko* in einer japanischen Übersetzung, und sie gefielen ihm so, daß er sie im Original lesen wollte. Das war 1959. Er lernte also *Esperanto,* und das ist ihm nach eigener Aussage keineswegs leicht gefallen. *Esperanto* ist für Japaner zwar leichter als Englisch, aber doch schwerer erlernbar als für Menschen des indogermanischen Sprachkreises. Das nächste war, daß er anfing, sich für den Schöpfer dieser wunderbaren Sprache zu interessieren, und sich daran machte – es war um 1964 –, in japanischer Sprache eine romanhafte Biographie über Zamenhof zu schreiben, die mittlerweile in acht luxuriös ausgestatteten Bänden von insgesamt 5259 Seiten vorliegt und ... kaum Käufer findet. Das war der erste Streich dieses gewiß nicht reichen, aber doch wohl gut bezahlten Lektors an einem Verlag, der zahnärztliche Bücher herausgibt.
Dann erschien – inzwischen war das Jahr 1973 herangerückt – von ihm herausgegeben, das erste „Heft" des *„iam kompletigota plena verkaro de l. l. zamenhof"*. „Heft" ist eine sehr bescheidene Bezeichnung für einen solide in rotes Leinen gebundenen Band von 160 Seiten mit Goldprägung und Schutzumschlag. Der *Esperanto*titel heißt auf Deutsch „irgendwann zu vervollständigende Ausgabe der Werke von L. L. Zamenhof". Der spezielle Titel dieses ersten Bandes ist *„unuaj libroj por esperantistoj"*. Darunter ist auf dem Titelblatt nur die Verlagsangabe *„eldonejo ludovikito 1973"* zu lesen. Nach diesem Muster ging es weiter:
kajero 2: ni laboru kaj esperu! (1974)
kajero 3: antaŭen al la laboro! (1974)
kajero 4: tamen la afero progresas! (1975)

kajero 5: hebreo el la geto (1976)
kajero 6: kun gradaj paŝoj eksterlanden! (1979)
kajero 7: klopodas organizi, sed vane! (1980)
kajero 8: por kaj kontraŭ reformoj! (1980)
kajero 9: mortinta, sed senmorta! (1981)
Dazu kommen zwei Ergänzungsbände:
1 bis: la inkunabloj de esperanto (1979)
7 bis: la neforgeseblaj kongresoj (1984)
Das war der zweite Streich! Als der erste Band 1974 erschien, gab es wohl kaum einen Esperantisten, der zu hoffen wagte, daß dieses umfangreiche Unternehmen eines Einzelgängers unter Einsatz äußerster wissenschaftlicher Akribie und, das liegt auf der Hand, finanzieller Opfer, jemals Wirklichkeit werden würde. „*ludovikito*" selbst aber sieht die Sache noch nicht als abgeschlossen an. Vorsichtig formuliert er „*espereble iam aperos*" = hoffentlich werden einst erscheinen:
volumo 10: postrikolto de ludovikaĵoj,
volumo 8 bis: kiel esperanto venkis?
volumo 9 bis: konfliktoj inter esperantistoj
Und nun kommt der dritte Streich! Die angeführten Bände beziehen sich ja auf das originale Werk Zamenhofs. Doch schon liegt vor der erste Band des zweiten Teiles, der die Übersetzungen enthalten soll und für den vier Bände vorgesehen sind:
dua parto volumo 1: de patronia al ŝekspir (1984)
Kräftig zeichnet sich der vierte Streich ab! Ein dritter Teil mit zusätzlichen Veröffentlichungen, von denen bereits zwei Bände erschienen sind:
1. *senlegenda biografio de l. l. zamenhof* (1982)
2. *korespondaĵo ludovikologia* (o. J. / 1983)
Wollen Sie es sich ein paar hundert Mark kosten lassen? Mit diesem Werk in Ihrem Bücherschrank können Sie Ihren nichtesperantistischen Freunden gegenüber ganz groß angeben.

Kybernetik und Internationale Sprache

Kybernetik wendet auf den Bereich der Information, dazu gehören etwa Psychologie, Linguistik, Pädagogik und andere Geisteswissenschaften mathematisch-technologische Denkweisen an. Sie ist, wenn man so will, eine Art Pendant zur neuzeitlichen, auf Galilei zurückgehenden Naturwissenschaft.

Die Kybernetik geht auch „ohne heilige Scheu" an das Phänomen Sprache heran. Sprache ist rationalen Eingriffen aussetzbar. Sie ist planbar wie Gärten, regulierbar wie Wasserwege, formbar wie Spaliere. Seit der Mitte unseres Jahrhunderts entwickelt die Kybernetik für die Kommunikation zwischen Mensch und Rechner algorithmische Plansprachen. Sie ist plansprachenfreundlich ganz allgemein, im besonderen aber auch gegenüber dem bisher optimalen Modell unter den Plansprachen, der *Internacia Lingvo.* So ist es denn kein Wunder, daß diese seit 1974 in verschiedener Richtung durch das Institut für Kybernetik Berlin und Paderborn unterstützt wird.

Die „Grundlagenstudien aus Kybernetik und Geisteswissenschaft / Humankybernetik", die das Institut für Kybernetik redaktionell betreut, veranstaltete damals eine Meinungsumfrage über den Wert von Plansprachen für die wissenschaftliche Kommunikation. Die Ergebnisse waren überwiegend positiv. So brachte denn diese älteste deutschsprachige kybernetische Fachzeitschrift ab Band 16/1975 eine Beilage *„Homo kaj Informo"*. Sie enthielt ausschließlich Zusammenfassungen wissenschaftlicher Originalarbeiten aus den verschiedensten Sprachen in der *Internacia Lingvo,* für die bald das von Prof. Helmar Frank eingeführte Kürzel *ILo* üblich wurde. Der Modus der Veröffentlichungen wurde 1982 geändert. Die Beilage wurde fallen gelassen und dafür Originaltexte nach Wahl der Autoren in Deutsch, Englisch, Französisch oder *ILo* mit Zusammenfassungen in mindestens einer der drei anderen Sprachen gebracht.

Das Institut für Kybernetik machte die Kurzfassungen in *ILo* aus *„Homo kaj Informo"* zur Grundlage eines neuartigen Systems der automatischen Dokumentation. Dieses *p*lansprachliche *Re*chner-*Di*alog-*S*ystem (Predis) nutzt die Rechnerfreundlichkeit der *ILo* aus. Mit seiner Hilfe entstand das »EG-Wörterbuch mathematischer Begriffe" mit *ILo* als Definitionssprache (Hilger und Yashovardhan, Leuchtturm-Verlag, Alsbach 1980).

Es gibt eine von Prof. Dr. George R. Boulanger gegründete und bis zu seinem Tode, 1982, von ihm geleitete Association Internationale de Cybernétique. Diese ließ 1980 bei ihrem 9. internationalen Kongreß in Namur, Belgien, veranlaßt durch mehrjährige Bemühungen von Prof. Frank und dem Institut

für Kybernetik, erstmals neben Französisch und Englisch als dritte Arbeitssprache *ILo* zu. Fast jeder vierte Referent machte davon Gebrauch. Die internationalsprachlichen Vorträge dieses Kongresses zusammen mit der deutschen Kurzfassung erschienen 1982 unter dem Titel *Lingvokibernetiko* / Sprachkybernetik im Gunter Narr Verlag, Tübingen. Die Ausgabe besorgten H. Frank, Yashovardhan und B. Frank-Böhringer. Auf den Seiten 3 bis 8 des Vorwortes wird die Geschichte dieses epochalen Eindringens der *ILo* in die Kybernetik genau dargestellt. Zum erstenmal war damit die *Internacia Lingvo,* unabhängig von der *Esperanto-Movado,* in einer internationalen wissenschaftlichen Gesellschaft als gleichrangig anerkannt.
Seit 1975 betreute das Institut für Kybernetik auch den sogenannten „Sprachorientierungsunterricht". Die *Internacia Lingvo* ist wegen ihrer rationalen Einfachheit und ausnahmefreien Regelmäßigkeit das propädeutische Sprachmodell par excellence, um auf den Unterricht in anderen Fremdsprachen vorzubereiten und um gewissermaßen nebenbei logisches Denken zu fördern. Statt eines in das dritte oder vierte Schuljahr vorgezogenen Frühunterrichts im Englischen oder Französischen, werden die Kinder in die *Internacia Lingvo* eingeführt. An ihr lernen sie, was Sprache überhaupt ist. Der dafür benötigte Zeitaufwand wird bei anschließendem Unterricht in einer anderen Fremdsprache rasch ausgeglichen. Darüber liegen seit 1977 wissenschaftliche Forschungsberichte in den Grundlagenstudien aus Kybernetik und Geisteswissenschaft / Humankybernetik vor. Es ist anzunehmen, daß durch den Sprachorientierungsunterricht auch das Erlernen anderer Fächer, die logisches Denken erfordern, begünstigt wird.
Als juristischer Träger des Sprachorientierungsunterrichtes wurde am 15. November 1974 in Paderborn der Europaklub als Gesellschaft für Sprachgrenzübergreifende europäische Verständigung gegründet. Ihr Gründungspräsident war Hermann Behrmann, der das Institutsprojekt „Sprachorientierungsunterricht" vom Februar 1975 bis zum Juli 1978 leitete. Auf ihn wurde schon bei Erwähnung des Paderborner *Esperanto*-Zentrums hingewiesen. Als Prof. Frank, damals Direktor des Instituts für Kybernetik, 1977 die Nachfolge Hermann Behrmanns als Präsident des Europaklubs antrat, akzeptierte diese Gesellschaft eine Art Doppelstrategie zur Durchsetzung

einer neutralen Sprache:
1. Zur Distanzierung von der *Esperanto-Movado* und wegen der emotionellen Belastung, die dem Namen *Esperanto* zumindest in der Bundesrepublik anhaftete, nahm man diese Sprache unter dem Namen *ILo* „provisorisch, solange nicht eine andere neutrale Zweitsprache der Europäischen Gemeinschaft vereinbart ist" in Gebrauch. Sie wurde internationale Verkehrssprache der Mitglieder.
2. Die Gesellschaft setzte sich das Ziel, der *ILo* die Anerkennung durch Wissenschaft, Pädagogik und Politik zu verschaffen und dafür in breiterer Öffentlichkeit Sympathie-Werbung zu betreiben. So wurde z. B. 1977 der von Brigitte Frank-Böhringer redigierte Europakalender geschaffen. Er bot „jeden Tag ein Wort" in den Sprachen der Europäischen Gemeinschaften und den neutralen Sprachen Latein und *ILo* an. Seit der Zweijahresausgabe 1984–85 heißt er „Europa-Almanach" und wird von der Vereinigung der ehemaligen Praktikanten der Europäischen Gemeinschaften (Rue de la Loi 200, B-1049 Brüssel) und von dem Arbeitskreis für liberale europäische Sprachpolitik (Sylter Weg 11, D-4790 Paderborn) herausgegeben.

Der vielleicht größte Erfolg der Strategie des Europaklubs war wohl, als am 19. Mai 1983 die Regierung der Republik San Marino beschloß, eine Internationale Akademie der Wissenschaften zu begründen und die *ILo* als eine der Arbeitssprachen der Akademie offiziell einzuführen. Bei den „Sanmarinesischen Universitätswochen", die erstmalig Ende Dezember 1983 / Anfang Januar 1984 stattfanden, zeigte sich, daß die beteiligten Wissenschaftler die *Internacia Lingvo* eindeutig bevorzugten. Die Schriftenreihe der Akademie wird gegenwärtig (1984) eröffnet mit „*Propedeŭtiko al la Klerigscienco Prospektiva*". Sie ist zweisprachig, zweispaltig, bringt den Text in *ILo* und daneben in der Nationalsprache des Autors.

MONATO

Seit 1980 erscheint die Zeitschrift *MONATO*. Sie bezeichnet sich als *„internacia magazino sendependa por politiko, ekonomio kaj kulturo“* und ist insofern etwas Neues, als sie zwar in der Internationalen Sprache erscheint, aber weder eine Zeitschrift der *Esperanto*-Bewegung noch eine fachlich oder weltanschaulich orientierte Esperantisten-Zeitschrift ist. Sie strebt, wie viele andere Illustrierte auch, Unterrichtung und Unterhaltung an. Ihr Chefredakteur ist Deutscher, der Redakteur für Belletristik ein Schotte, gedruckt wird sie in Brasilien, der Verlag befindet sich in Belgien. Sie verfügt über 200 ständige Mitarbeiter und Korrespondenten in 40 Ländern. Ihre Artikel sind ausschließlich original auf *Esperanto* verfaßt.

Niederlande

In den Niederlanden finden seit 1970 alljährlich im Juni die Niederländischen Festspiele statt und in deren Rahmen das „Poetry International Festival“. Zu ihm werden Dichter von internationalem Rang aus den verschiedensten Ländern eingeladen, erhalten die Gelegenheit, aus ihren Werken zu lesen oder aus ihnen in Übersetzungen lesen zu lassen. In der Regel wird ein Dichter besonders herausgestellt, dadurch daß einige seiner Gedichte in einer Art Übersetzungswettbewerb von den anwesenden Poeten in deren unterschiedlichste Sprachen übertragen werden. So geschah es 1981 Erich Arendt (DDR), 1982 Vasco Popa (Jugoslawien), 1983 Remco Campert (Niederlande). Abweichend davon wurden 1984 die anwesenden Dichter aufgefordert, sich an einem klassischen Stück, an dem fünften Gesang aus Dantes Inferno zu versuchen.
Es ist erstaunlich, daß sich zu diesen Festspielen ein zahlreiches und unermüdliches Publikum einfindet, das sich eine Woche lang in dem großen Rotterdamer Theater von 20 bis 23 Uhr und länger in ihm häufig unbekannten Sprachen Gedichte anhört. In unserem Zusammenhange nun ist bemerkenswert, daß sich seit 1981 auch *Esperanto* in der Reihe der Übersetzungssprachen befindet. Das bedeutet, daß die Veranstalter es damit als Sprache der Dichtkunst, als Kultursprache, anerkannt haben. Daß *Esperanto* so etwas leisten kann, ist für Esperantisten nichts Neues. Neu aber ist, daß diese Tatsache seit 1981 Jahr für Jahr einer großen und interessierten Öffentlichkeit vorgeführt wird.

Rundfunk

Die ersten *Esperanto*-Sendungen im Rundfunk wurden bereits in den zwanziger Jahren ausgestrahlt. Die damals hoffnungsvolle Entwicklung wurde durch den Zweiten Weltkrieg, durch den Naziterror in den besetzten Gebieten und durch die schwere Nachkriegszeit fast gänzlich zum Erliegen gebracht. Nur nach und nach nahmen einzelne Sender ihre *Esperanto*-Tätigkeit wieder auf, und neue kamen dazu. So senden nun schon seit langen Jahren Bern, Peking, Rio de Janeiro, Rom, Sorocaba, Vatikan, Warschau, Wien und Zagreb. Zwei von diesen Sendern senden täglich, nämlich Warschau und Peking, und betreiben auf diese Weise unaufdringliche Sympathiewerbung für ihr Land. Warschau hat 1982 die tägliche, dreimal halbstündige Sendezeit auf fünfmal und 1984 sogar auf sechsmal erhöht, und Peking die tägliche, dreimal halbstündige Sendezeit auf viermal. Beide Sender müssen gute Erfahrungen gemacht haben. Sie sind unter Esperantisten sehr beliebt und haben viele regelmäßige Hörer, der Pekinger Sender namentlich im Iran. Die Bundesrepublik läßt sich diese, etwa im Vergleich zu den Goethe-Instituten, verhältnismäßig einfache Möglichkeit, die deutsche Stimme unter *Esperanto*-Freunden überall in der Welt zu Gehör zu bringen, immer noch entgehen.

Rumänien

Zur Zeit der dritten Ausgabe dieses Buches wird an der Universität Timişoara (Temeswar) unter der Leitung von Professor Dr. Ignat Florian Bociort an einem großen zweiteiligen Wörterbuch (Rumänisch–*Esperanto* und *Esperanto*–Rumänisch) gearbeitet.

Schweiz

Selbstverständlich hat auch die Schweiz ihre eigene *Esperanto*-Bewegung und ihre *Svisa Esperanto-Societo* mit der dazugehörigen *Svisa Esperanto-Revuo,* deren Redakteur, Dr. Arthur Baur, sich namentlich auch um die *Esperanto*-Sendungen des Schweizer Rundfunks verdient gemacht hat. Aber sie hat noch etwas anderes, das in dieser Form in ganz *Esperantujo* einmalig ist. Sie hat ein *Kultura Centro Esperantista* in der 1100 m hoch gelegenen Stadt LA CHAUX-DE-FONDS im Schweizer Jura.

Diese auf das Jahr 1968 zurückgehende Gründung dreier Männer, Claude Gacond, Dr. August Braun und René-William Perrenoud, hat zum Ziel, eine *Esperanto*-Hochschule zu schaffen. Am 26. Juli 1974 konnte durch die Opferwilligkeit vieler Esperantisten und dem Entgegenkommen der Stadtverwaltung in der Straße Postiers 27 ein erstes Haus bezogen werden. Die Wege der finanziellen Verwirklichung des Projektes waren keineswegs ohne Dornen. 1976 wurde die Sparbank *Gastejo* Edmond Privat gegründet. Mit ihrer Hilfe konnte dann zwei Jahre später das oben erwähnte Haus käuflich erworben werden und gleich dazu ein zweites benachbartes. 1982 kam ein drittes und schon Anfang 1983 die vier letzten zur Verfügung stehenden Häuser dazu. Immer nebenher ging und geht weiter die Instandsetzung und Modernisierung dieser sieben Häuser, deren jedes fünf Wohnungen aufweist, die es in Gästezimmer, Unterrichts- und Verwaltungsräume umzuwandeln galt.
Dieses *Esperanto*-Kulturzentrum steht nun ganzjährig den Esperantisten, soweit die Unterkünfte reichen, zur Verfügung. Und wenn sie nicht reichen, gibt es ja auch noch Hotels in der Stadt. In der Regel sind die Tage so eingeteilt, daß vormittags die Sprachkurse für Anfänger und Fortgeschrittene liegen, die Nachmittage aber eigenen Studien oder der Erholung, Spaziergängen und Ausflügen in die Umgebung vorbehalten bleiben. Die Unterrichtsmethodik ist fortschrittlich, der Unterricht einsprachig und auf das Alter der Teilnehmer eingestellt. Außerdem werden Seminare und Vorlesungen angeboten. Alles in allem ein idealer Ferienaufenthalt für Esperantisten, bei dem sie das finden, was sonst noch so selten ist, nämlich eine Tag für Tag ausschließlich *Esperanto* sprechende Umgebung und für die Idee einer internationalen Sprache aufgeschlossene Menschen aus aller Herren Länder! Bei alledem wird aber das Ziel, eine echte Hochschule zu schaffen, die auch Forschungsstätte sein soll, nicht aus den Augen verloren. Dazu gehört aber ein entsprechendes Archiv, und das befindet sich in der Stadtbibliothek von La Chaux-de-Fonds. In ihr gibt es eine interlinguistische Abteilung *Centro de Dokumentado kaj Esploro pri la Lingvo Internacia,* die heute vermutlich eine der umfangreichsten *Esperanto*-Bibliotheken überhaupt ist.
Das *Kultura Centro Esperantista* umfaßt heute die drei Abtei-

lungen *Gastejo* Edmond Privat, *Internacia Feria Altlernejo* und *Komisiono Esperanto Lernejen.* Seine Adresse ist CH-2301 La Chaux-de-Fonds, poŝtfako 771, Postiers 27; Telefon 039267407. Seine Mitteilungsblätter sind *Monata Cirkulero,* L'essor de l'espéranto, L'espéranto à l'école, *Esperanto*-Forum und Lo sviluppo dell'esperanto.

Ungarn

Über *Esperanto* in Ungarn habe ich ausführlicher gesprochen in meinem Buch Europäische Hochsprache, S. 133–138. Hier will ich nur erwähnen, daß 1983 der *Esperanto*-Weltkongreß mit einer Rekordteilnehmerzahl von über 5000 in Budapest stattfand. Ungekürzt zitiert sei hier aber eine Nachricht über ein anderes Budapester Ereignis, die das Mindener Tageblatt am 3. Februar 1983 brachte:

„Vor wenigen Wochen konnte man in Budapest einen eindrucksvollen Beweis von der Tauglichkeit und Lebendigkeit der Internationalen Sprache *(Esperanto)* erleben. Die ungarische Gesellschaft für Computer-Wissenschaft veranstaltete mit Unterstützung der UNESCO ein internationales computerwissenschaftliches Symposion. Der Einladung zu dieser Veranstaltung, die unter der Bezeichnung *Interkomputo '82* lief, waren rund 200 Wissenschaftler aus 17 Ländern gefolgt. 102 Vorlesungen wurden gehalten. Sie liegen bereits gedruckt vor in einer nach Sachgebieten geordneten sechsbändigen Schriftenreihe von zusammen mehr als 1000 Seiten. Für diese Schriftenreihe, für die Vorlesungen selbst und für die daran anschließenden Aussprachen wurde ausschließlich die Internationale Sprache verwandt. Ihre Beherrschung ist für Studenten der Kybernetik bereits heute ein kaum vermeidbares Erfordernis. Die Internationale Sprache war auch die am meisten gesprochene Sprache bei den kulturellen und unterhaltenden Rahmenveranstaltungen.

Zwölf Teilnehmer kamen aus Nordrhein-Westfalen. Es waren János Csizmedia aus Düsseldorf, Dr. Rudolf Fischer von der Universität Münster, Prof. Dr. Helmar Frank von der Universität Paderborn, Prof. Ulrich George von der Universität Bochum, Ingenieur Lothar Hoffmann aus Dortmund, Dr. Alfred Hoppe von der Universität Bonn, Prof. Dr. Siegfried Lehrl von der Universität Paderborn, Günter Lobin vom Paderborner Forschungs- und Entwicklungszentrum für objektivierte Lehr- und Lernverfahren, Rozsa Nienhaus vom Rechenzentrum der Universität Münster, Wolf-Dieter Rappenecker von der Universität Bochum, Prof. Dr. Werner Strombach von der Universität Dortmund und Prof. Lothar Weser-Krell von der Universität Paderborn."

Was den außenstehenden Beobachter wohl am meisten bei dieser Konferenz beeindruckte, ist die Tatsache, daß sie nicht eigentlich ein *Esperanto*-Kongreß war, sondern eine Veranstaltung von Fachgelehrten, die sich der Internationalen Sprache aus Gründen der Zweckmäßigkeit für ihre Wissenschaft bedienen. Wenn gewisse Anzeichen nicht trügen, bahnt sich für die Meteorologen etwas ähnliches an. Bei ihnen geht die Initiative von Rumänien aus.

Union der sozialistischen Sowjetrepubliken

In der UdSSR, wo einst, noch vor dem Ersten Weltkrieg, viele aktive Esperantisten wirkten und nach der Oktoberrevolution der Esperantismus sich staatlicher Unterstützung erfreute, hatte Stalin für dessen gründliche Liquidierung gesorgt. Die Anhänger dieser Sprache von „Zionisten und Kosmopoliten", auch wenn sie nur Briefmarkensammler waren, galten, sofern sie mit Ausländern korrespondierten, als Staatsfeinde und wurden in die Konzentrationslager verschleppt, in denen die meisten von ihnen elendiglich zugrunde gingen. Noch lange nach Stalin schwiegen die verschüchterten Esperantisten, die die Terrorjahre überlebt hatten. Erst 1954 regten sie sich hier und da. Kaum wußte man in der UdSSR, daß es in den westlichen Ländern überhaupt noch so etwas wie eine *Esperanto*-Bewegung gab. Die Kontakte waren zu gering. Erst 1978 kam es zur Gründung einer Vereinigung sowjetischer Esperantisten, die es aber selbst bis 1983 noch nicht zu einer eigenen Zeitschrift gebracht hatte. Mittlerweile gibt es zwar ein in russischer Sprache abgefaßtes Informationsblättchen. Im Ausland ist es aber nicht zu beziehen. Erst in allerjüngster Zeit gibt es überraschende Nachrichten. So erfährt man, daß es in der UdSSR jetzt 160 *Esperanto*gruppen in 92 Städten gibt.

Das *Esperanto*-russische Wörterbuch von E. A. Bokarev ist in 100000 Exemplaren neu aufgelegt worden. 1982 erschien außerdem in Minsk, in 38000 Exemplaren, ein Buch von V. M. Nikitevič „Sprachplaudereien". In ihm wird der Funk-

tion der Sprache überhaupt und den Anfängen der Schrift nachgegangen und auf sieben Seiten von insgesamt 80 die Frage geklärt, was *Esperanto* ist, und das in einer Weise, die deutlich die Sympathie des Verfassers durchblicken läßt. Da heißt es, *Esperanto* erwerbe immer größere Popularität, besonders bei der Jugend, und breite sich immer weiter aus. Daneben erschien im gleichen Jahr in Moskau die Neuauflage eines Buches von E. A. Vartanjan „Reise ins Wort" in 483000 Exemplaren. Sie haben richtig gelesen: vierhundertdreiundachtzigtausend! In ihm sind 15 der 222 Seiten der Idee einer internationalen Sprache und ihrer Verwirklichung gewidmet, und eine Probelektion führt ins *Esperanto* ein.
Wir stehen hier vor dem überraschenden Phänomen einer ausgedehnten Information über *Esperanto* in einem Lande, in dem so leicht nichts ohne staatliche Duldung im Druck erscheinen darf.

Volksrepublik China
Der Schanghaier Verlag für fremdsprachlichen Unterricht gab 1982 eine von Wei Yuanshu und Xu Wenqi verfaßte *Gramatiko de Esperanto* heraus. Die Auflage von 30000 Exemplaren war fast im Handumdrehen vergriffen.
In den Vereinigten Staaten von Nordamerika erschien in der auch international bedeutenden Zeitung International Harald Tribune im März 1983 ein ganzseitiger Bericht des Pekinger Berichterstatters Michael Parks, der mit der chinesischen *Esperanto*-Liga Kontakt aufgenommen und deren General-Sekretär Zhang-Oicheng über den gegenwärtigen Stand der *Esperanto*-Bewegung in China befragt hat. Demnach gibt es *Esperanto*-Organisationen in 32 chinesischen Provinzen und Städten. Es erscheinen 30 *Esperanto*-Zeitschriften. Für zwei neu eingerichtete *Esperanto*-Fernkurse durch Korrespondenz haben sich 33000 Lernwillige gemeldet, außerdem wird *Esperanto* an dreizehn chinesischen Universitäten unterrichtet. Zhang-Oicheng, dessen Aussagen als wohlabgewogen und keineswegs als propagandistisch charakterisiert werden, meinte, daß, um sich zu verständigen, die Menschen heute viele fremde Sprachen lernen müssen, daß aber im Idealfall *Esperanto* genügen könnte und daß diese Idee die Aufmerksamkeit vieler Menschen, namentlich der jungen, auf sich lenke.

Im Hinblick auf den 71. Weltkongreß, der 1986 in China stattfinden soll, hat eine Schanghaier Firma erstmalig die Herstellung von Reiseschreibmaschinen mit *Esperanto*-Tastatur aufgenommen.
Eine erste chinesische *Esperanto*-Jugendorganisation wurde im Mai 1984 in Sanming in der Provinz Fudschjan gegründet. Mehr als 450 junge Leute lernen dort *Esperanto*.
Wenn wir Kinder, es war noch vor dem Ersten Weltkrieg, im Hamburger Hafenviertel einmal einem Chinesen begegneten, dann liefen wir ihm straßenweit nach und konnten uns nicht satt sehen an dem Wundertier. Und noch vor zehn Jahren wäre es mir unglaubwürdig erschienen, daß ich noch einmal in so vorgerücktem Alter in rege anteilnehmende geistige Beziehung zu China treten würde. Seit 1980 aber beziehe ich die Monatsschrift *EL POPOLA ĈINIO,* die in Beijing herausgegeben wird, so sagen die Chinesen heute für Peking, und lese, zwar nicht Chinesisch, aber doch das, was Chinesen unmittelbar auf *Esperanto* für Esperantisten in aller Welt geschrieben haben. Diese Zeitschrift, die seit über 25 Jahren mit staatlicher Unterstützung erscheint, ist im Laufe ihrer Geschichte ständig besser geworden, merklich in den letzten Jahren nach der Liquidierung des Nachfolgeregimes von Maŭ Zedong. Sie informiert ganz allgemein über China mit dem spürbaren, aber durchaus unaufdringlichem Bestreben, im besten Sinne Sympathiewerbung für China zu betreiben. Die mit 16 farbigen Bild- und 52 Textseiten und vielen schwarz-weißen Illustrationen bestens ausgestattete Zeitschrift wird den vielseitigsten Interessen gerecht. Sie bringt Aufsätze, Artikel, Ausschnitte und Nachrichten über das Wirtschaftsleben, die industrielle Entwicklung, die chinesische Medizin, landschaftliche Schönheiten, Denkwürdiges aus der Geschichte, archäologische Funde, bildende Kunst und Architektur, Musik und Theater, Gesundheitspflege und seit Anfang 1984 sogar einen chinesischen Sprachkursus. Auch der Esperantismus und noch anderes werden bedacht. Sie ist frei von Werbungsseiten und für einen Spottpreis, der wohl kaum das Porto deckt, abonnierbar, ein Stück echten esperantistischen Lebens, das schon für sich allein das Erlernen des *Esperanto* rechtfertigen würde. Neben ihr erscheint seit Dezember 1983 auch eine farbige Bilderzeitschrift *Ĉinio en bildoj*.

Dreißigstes Kapitel / *Trideka ĉapitro*

Der fünfte Gesang / *La kvina kanto*

Von Dantes Göttlicher Komödie gibt es auf Italienisch und *Esperanto* eine prächtige und vollständige Ausgabe von Giovanni Peterlongo (1856–1941) mit Illustrationen von Sandro Botticelli (1445–1510). Sie ist in fünffüßigen Jamben geschrieben, verzichtet aber auf Reime. Erst 1963 erschien sie in Mailand als Sonderband der Reihe Orient-Okzident, gemeinsam herausgegeben vom Italienischen *Esperanto*-Institut und dem *Esperanto*-Weltbund (710 Seiten, 21 × 28 cm).
Vom ersten Teile, Hölle *(Infero),* liegt eine *Esperanto*-Übersetzung von dem Ungarn Kálmán Kalocsay (1891–1976) vor. Sie ist gereimt und ebenfalls in fünffüßigen Jamben geschrieben. Erstausgabe Budapest 1933, Fotonachdruck La Chaux-de-Fonds/Mailand 1979 (280 Seiten, 15 × 22,4 cm).
Im vorigen Kapitel wurde im Abschnitt Niederlande über das International Poetry Festival berichtet, bei dem im Juni 1984 der fünfte Gesang des ersten Teiles der Göttlichen Komödie als Übersetzungsaufgabe gestellt wurde. Auch der Verfasser dieses Buches hat sich der gestellten Aufgabe unterzogen und legt hier als Abschluß und als Beweis für die Möglichkeiten des *Esperanto* auch auf dem Gebiete der Dichtkunst seine Übersetzung vor.

FRANCISKINO EL RIMINIO

Descendis tiel mi de l' rond' unua
En duan, kiu rondas malpli vaste,
Pli plenas tamen pro doloro plua.

Minoa grinca voĉo sonas draste.
Ĉe l' pord' li staras kulpojn kontrolante
Kaj laŭ la kazo juĝas senprokraste.

Kaj kiam nun anim' sin prezentante
Alproksimiĝas, kulpa sin konfesas,
Pekuleksperto tiu oficante

Al ĉies loko ĉiun foradresas.
Pervoste tiom ofte li signalas,
Kiomajn gradojn li la kulpon pesas.

Multegaj ĉiam antaŭ li vasalas
Laŭvice por ricevi la verdikton,
Eksplikas, aŭdas kaj jam ek-Tantalas.

„Ho vi, venante en dolordistrikton,“
Minoo diras, kiam li min vidas,
Lasante ĉi-momente juĝodikton.

„Atentu, kiun vi enire fidas!
La enireja vasto vin ne trompu!“
Kaj mia majstro: „Kial vi insidas?

Ne lian fatan iron interrompu!
Destino lia tiel lin favoras.
Kaj vi, vi nun aroge ne plu pompu!“

Doloroplenaj krioj eksonoras,
Ekaŭdebliĝas. Ni ja dume venis
Ĝis tie, kie ĉio peze ploras.

En tiu lok' la lumo mute svenis.
La spaco muĝis kiel mar' tempesta
Sub ventoj, kiuj mem sin malkatenis.

La kirloŝtormo, ĉiam sensiesta,
Kruele tiras kun si la animojn,
Montriĝas krude laŭ vetur' molesta.

Kaj atingante la ekstremajn limojn,
Ekblekas la animoj kaj lamentas,
Uzante kontraŭ Dio fiesprimojn.

Komprenis mi, ke la infer' turmentas
Ĉi tie la pekulojn pro karnemo.
Ne saĝe, nur volupte tiuj sentas.

Kaj kiel la sturnara interpremo
Dum vintra temp' portatas de flugilo,
Ja same la spiritojn de fiemo

La spiro portas en la punekzilo.
Esper' neniam plu konsolos tiujn,
Nek pri malplia pen', nek pri trankvilo.

Kaj kiel gruoj kantas veojn iujn,
Flugante enaere laŭ linio,
Mi vidis tie veni ombrojn, kiujn

Portadis la spirita procesio.
Mi diris: „Majstro, kiajn ulojn punas
De la aer' la nigra emisio?" –

„Pri la unua scii oportunas,"
Li tiam al mi diris. „Ŝi estrino
De multaj gentoj estis. Malfortunas.

De la volupto estis ŝi sklavino
Kaj faris lascivecon ŝia leĝo,
Por ke ne nomu oni ŝin putino:

Zemiramin', vidvino de la reĝo.
La landojn, kiujn regas nun sultano,
Posedis tiam ŝi sur trona seĝo.

Mortigis dua sin pro ammalsano,
Rompinte kun la morta edz' Sikeo.
Post ŝi Kleopatrina akompano.

Jen Helenin'! Jen de Aĥil' trofeo!
Pro ŝi ja multaj mavaj jaroj pasis.
Kaj lin je l' fin' atingis la pereo."

Parison kaj Tristanon li kanvasis,
Kaj ombrojn pli ol mil li fingre signis.
La am' el nia mondo ilin ĉasis.

Aŭdinte ĉion, mia kor' indignis.
Pro tiuj damoj kaj la kavaliroj
Tuŝite, pri kompat' mi ne rezignis.

Mi do: „Poet', ne ĉesas la deziroj.
Al mi permesu vorton kun la paro
De ir' malpeza pro la ventospiroj."

Kaj li al mi: „Vi scios per deklaro,
Se vi pro am' ilia ilin petas
Alproksimiĝi, pri ilia faro.

La vento ilin jam al ni puŝetas."
La voĉon levis mi: „Animoj tristaj,
Respondu nun al kio mi enketas."

Kolombojn, kiuj pro dezir' persistaj
Alflugas cele ĝis la dolĉa nesto,
Similis tiuj du pri am' insistaj.

Kaj venis de Didin' kaj de l' tempesto
Al ni la du tra la aer' malica
Pro la fortec' de mia peta gesto.

„Estaĵo, ho! afabla kaj novica,
Nun ĝisveninte tra l' aero mava
Al kiuj krimis pro la sang' kaprica.

Se la kosmestro estus por ni sava,
Ni petus lin pri via bona paco,
Ĉar tuŝis vin mizero nia fava.

Aŭskultos aŭ parolos ni kun graco,
Se vi nur, kio al vi plaĉas, diras,
Dum, kiel ĵus, ne ventas en la spaco.

Pri kara la patruj' mi panegiras.
Ĉe mara bordo, kie Pado fluas
Kaj ĝiaj akvoj marinternen iras.

Facile am' kun milda kor' kongruas.
Ĝi kaptis lin pro mia korpo bela.
La korp' murdita, la ofendo pluas.

Kaj am' al amataĵo tro kruela
Ekkaptis min pro tiu vir' tiome,
Ke restas mi eĉ nun al li fidela.

Ĉi tie ŝvebas kune ni fantome.
Kajnej' atendas, kiu nin mortigis."
Raporto mia jen ilianome.

Mi aŭdis, kio ilin indignigis,
Mallevis la vizaĝon. La poeto
Demandis, kio do min enpensigis.

„Ho ve!" fariĝis mia respondeto,
„Kiome dolĉaj penso kaj deziro
Kondukis ilin al dolorimpeto!"

Mi turnis min al ili per la diro:
„Provokas, Franciskino, la kompaton
Kaj larmojn, ke fariĝis vi martiro.

Sed diru, tempe de suspira stato,
Per kio do Amor' al vi koncedis,
Ke konsciiĝu vi pri l'amrilato?"

Kaj ŝi: „Memori, kion vi posedis
En tempo de feliĉ', dum vi mizeras:
Neniam vin dolor' pli granda tedis. 123

Sed ĉar ekkoni multe vi esperas
Radikojn de la am' nin kuniganta,
Parolos mi, dum larmojn li oferas. 126

Pri Lancelota amo eleganta
Ni iun tagon legis pro plezuro.
Nek estis li, nek mi pri mav' pensanta. 129

Plurfoje jam la ama aventuro
Konfuzis nin, ruĝigis la vizaĝon,
Ĝis je la fin' superis la naturo. 132

Ni legis en la libro la mesaĝon,
Ke Lanceloto kisis pro rideto.
Ekhavis tiu ĉi do la kuraĝon 135

Kaj kisis min surbuŝe kun tremeto.
Parigaj estis libro kaj aŭtoro,
Kaj la legado ĉesis je l' horeto.“ 138

Dum la spirit' unua kun doloro
Parolis, mi eksentis korpremecon,
Ke, dum de l' dua fluis arda ploro, 141

Mi falis, kaj mi perids konsciecon.

Anmerkung:
Die Namen wurden esperantisiert, um den Zusammenstoß zweier verschiedener phonetischer Systeme zu vermeiden. Hier der Ausweis der in der Originalfassung verwendeten Namensformen: *Franciskino el Riminio* / Francesca da Rimini; *Minoo* / Minòs; *Zemiramino* / Semiramis; *Sikeo* / Sicheo; *Kleopatrino* / Cleopatràs; *Helenino* / Elena; *Aĥilo* / Achille; *Pariso* / Paris; *Tristano* / Tristano; *Didino* / Dido; *Pado* / Po; *Kajnejo* / Caina (Ort in der Hölle für Verwandtenmörder); *Amoro* / Amor; *Lanceloto* / Lancialotto; *Parigo* / Galeotto (dieser Eigenname bedeutet Galeerensträfling, Kuppler).

Von Richard Schulz erschienen in unserem Verlag:

Kosmogenetische Aggregate von Franziskus im Schnoor. Zwölf Tuschezeichnungen. 1972 (vergriffen)

'ne ältere Dame aus Preetz – 333 Limericks. 1977 (vergriffen)

Heinrich Böll: *La perdita honoro de iu Katarino Blum' aŭ: Kiel potenco povas estiĝi kaj kien ĝi povas konduki. Rakonto. Esperanto*-Übersetzung 1978

Europäische Hochsprache oder Sprachimperialismus? Die Lösung des Sprachenproblems in den Ländern der Europäischen Gemeinschaften. 1979

In der Serie „Aktuelle Information": Die Jugend als Garant der Freiheit, 1979. Europa und Sprache, 1980 (beide vergriffen)

Pendumilaj Lidoj laŭ Kristiano Morgenŝterno. Esperanto-Übersetzung 1980

In anderen Verlagen erschienen:

Vestfaliaj Flugfolioj. Minden in Westfalen, seit 1979 monatlich vier Seiten. Seit Januar 1983 werden sie dem *Speciala Cirkulero* des *Esperanto-Centro* Paderborn beigelegt.

Vestfaliaj Flugfolioj. Drei Sondernummern: 1. *Por bone kompreni la Zamenhofan temposistemon.* – 2. H. Seppik *argumentas malprogrese.* 3. *Kial la Angla ne povas esti helpa mondlingvo.* Alle drei 1982

Das wundersame Leben des armen Doktor Lazarus. Herausgeber: Gesellschaft für Christlich-Jüdische Zusammenarbeit. Stuttgart e.V., Marienstr. 1B, 7000 Stuttgart. 1982

Palmŝtrojmo de Kristiano Morgenŝterno. Esperanto-Übersetzung. *Esperanto-Centro* Paderborn 1983.

Die Posaunen von Jericho / *La trombonoj de Jeriko.* Die ersten sechs Kapitel aus dem Buch Josua in spanischen Trochäen original auf Deutsch und *Esperanto,* mit Musik von Felicitas Kukuck und Vignetten von Ernst Schomer. *Esperanto-Centro* Paderborn 1984

Vespero jam fariĝis. Agregaĵoj kaj robajoj. Esperanto-Centro Paderborn 1984

Inhalt / *Enhavo*

Seite / *paĝo*

Seite / *paĝo*

RICHARD SCHULZ:

Europäische Hochsprache oder Sprachimperialismus?

Das Sprachenproblem in Europa ist dringend. Seine Dringlichkeit in aller Schärfe bewußt zu machen und einen Weg zu seiner Lösung aufzuzeigen, ist das Anliegen dieses Buches.

Selbst die besten Dolmetscherdienste versagen vor der Vielfalt der Anforderungen. Sie sind zudem finanziell selbst im bisherigen Umfange kaum noch tragbar. Der Umfang wird aber ständig größer. Alle konservativen Lösungen der Sprachenfrage führen in Sackgassen. Weder hülfe die Anglisierung, sie wäre auch zu konfliktgeladen, noch hülfe die Einführung eines Schweizer Modells mit mehreren Amtssprachen angesichts der großartigen Sprachenpalette unseres Erdteiles.

Die einzige nicht utopische, realistische Lösung ist die normative Entwicklung einer europäischen Hochsprache als Zweitsprache für jedermann, in deren Schutz die stark individualisierten europäischen Nationalsprachen erhalten bleiben und sich eigenständig weiterentwickeln können.

Das zu erstrebende Ziel ist eine auch sprachlich integrierte Europäische Föderation, in der es selbst für die kleinste sprachliche Minderheit keine Diskriminierung mehr gibt. Dieses Buch zeigt, wie und warum eine solche Lösung der Sprachenfrage möglich ist, was auf diesem Gebiete in den Ländern der Europäischen Gemeinschaften bereits erreicht ist und welche Gestalt die Europäische Hochsprache haben kann.